PMO前沿
中国PMO & PM社区

中国项目管理实战系列丛书

互联网项目管理实战指南

PMO前沿专家团队 编著

電子工業出版社
Publishing House of Electronics Industry
北京 · BEIJING

图书在版编目（CIP）数据

互联网项目管理实战指南 / PMO 前沿专家团队编著 . —北京 : 电子工业出版社，2023.9
ISBN 978-7-121-46115-6

Ⅰ . ①互… Ⅱ . ① P… Ⅲ . ①网络公司—企业管理—指南 Ⅳ . ① F276.44-62

中国国家版本馆 CIP 数据核字（2023）第 152638 号

责任编辑：刘淑丽
印　　刷：三河市良远印务有限公司
装　　订：三河市良远印务有限公司
出版发行：电子工业出版社
　　　　　北京市海淀区万寿路173信箱　　邮编：100036
开　　本：720 × 1000　1/16　印张：16.5　字数：285千字
版　　次：2023年9月第1版
印　　次：2023年9月第1次印刷
定　　价：88.00元

凡所购买电子工业出版社图书有缺损问题，请向购买书店调换。若书店售缺，请与本社发行部联系，联系及邮购电话：（010）88254888，88258888。
质量投诉请发邮件至zlts@phei.com.cn，盗版侵权举报请发邮件至dbqq@phei.com.cn。
本书咨询联系方式：（010）88254199，sjb@phei.com.cn。

推荐语

我仔细阅读了全书，收获颇丰，对这本书非常喜爱！这本书是14位项目管理一线实战者的经验总结，书中不仅包含解决互联网行业项目管理实践中遇到的问题的思路、方法、工具和技术，还包含进一步探索的理论；不仅对互联网行业项目管理从业者来说是必不可少的参考资料，对其他行业项目管理从业者及项目管理爱好者来说也是不可多得的管理指南。14位作者具有高度敏感性和前瞻性，深入探索了VUCA时代项目管理新特点、项目经济时代如何把项目管理作为组织发展的核心抓手、敏捷项目管理、PMO的地位和发展、“人人都可以是CXO”等前沿课题。我觉得把这本书称作“项目管理百科全书”实不为过。感谢14位作者，也热切盼望在实战最前线的更多项目管理者成为项目管理著作的作者、理论探索的先驱者，为讲好项目管理的中国故事、提出项目管理的中国解决方案做出贡献！

陈信祥
中国软件行业协会项目管理专委会专家组组长
PMI（中国）大奖评委会副主任
首信集团原董事长

做好项目经理非常难，难在没有全面的思维去学习，难在不易平衡用户需求、技术可实现性和商业可持续性，尤其难在不懂得排兵布阵方略，稍有不慎，就会使项目危机四伏。由于国内缺少系统的互联网项目经理培养机制，很多年轻人初入此行时不得不“交很长时间学费”。这本书既有系统、完整的体系，又有具体的案例剖析，相信能够帮助诸多年轻项目经理建立完善的思考框架，以带领研发团队完成更多高价值项目。

孙玉麟

中国科学院大学特聘教授

管理学博士

赛格集团原董事长

这本书的重点在于系统地提出一种面向未来、适应变化的全流程项目管理思想。这种思想对企业高管、项目经理、项目团队成员、PMO、其他项目干系人等都能起到重要的启发作用。在书中，你可以看到项目管理流程指南、研发效能提升的秘密法宝、端到端交付的经典案例，以及项目管理从业者的不同发展方向。这是项目管理行业不可多得的一本好书，期待对大家有所帮助。

林飞

北京亚鸿世纪科技发展有限公司总经理

中国信息通信研究院互联网新技术新业务安全评估中心高级评估专家

广州大学“方滨兴班”企业导师

华为、京东、百度、腾讯和阿里巴巴都是国内各自领域首屈一指的企业，也是最早采用项目管理方法并借助其获得成功的企业。这本书的各位作者均来自这些成功企业，他们的项目管理实战经验对每位项目管理从业者来说都是宝贵的财富！

肖杨

“微权力下的项目管理思想”创始人

ISO/TC258/WG12挣值管理实施指南标准工作组秘书

全国项目管理标准化委员会TC343委员专家

经验是宝贵的财富，是能让知识不断产生附加价值的宝藏。这本书中既有初创企业PMO从零开始的成长案例，也有成熟企业PMO的发展、升级、转型之道。相信这本书能为互联网项目管理从业者带来一些启发和思考，值得推荐。

李杰

埃克斯工业（广东）有限公司CEO

经过20多年的蓬勃发展，一批优秀的中国互联网企业迅速崛起，从最早的搜狐、网易、新浪门户三巨头，到后来号称“BAT”的百度、阿里巴巴、腾讯，再到当下每个人都熟悉的字节跳动、美团、拼多多。每家企业都希望在瞬息万变的时代洪流中，站稳脚跟，抢占潮头。在这个过程中，项目管理能力逐渐成为企业长期发展的核心竞争力。这既需要企业高层具有项目管理的思维和理念，也需要企业中层掌握实用的项目管理体系、方法和工具，更需要一群有丰富项目管理知识和技能的基层从业者脚踏实地、知行合一地工作。

我在高校从事项目管理教学和研究多年，一直在探索与市场需求吻合的项目管理人才培养模式和方法。我日益感觉，目前的项目管理教学理论内容偏多，源于具体实践的实操内容偏少。我的学生向我推荐了这本书，我特别惊喜。在这本书中，一群来自京东、字节跳动、华为等大企业的优秀实践者系统总结了自己的工作方法论。书中既有入门级项目经理需要的流程、方法和工具，也有PMO及高级项目经理向上跃迁需要的战略管理和体系建设方法论；既有传统瀑布模式下的最佳实践总结，也有效能提升、敏捷转型需要的实操方案。总之，这是一本不可多得的实战指导手册，也是每个项目管理从业者案头必备的职业发展指南。这本书很好地弥补了项目管理教学短板，是MBA、MEM学生学习项目管理的很好的参考教材。

赵学锋
华中科技大学副教授
国际项目管理协会（IPMA）会员
湖北省经济与信息化委员会项目评审专家

幸运的是，这本书是由来自一线互联网“大厂”、平均具有15年管理经验、参与过跨国项目管理实战、具有国际视野的14位作者、演讲者、培训师和项目管理专家共同创作而成的。它为未来的项目经理、经验丰富的项目规划者、各领域PMO领导者及每位项目管理从业者提供了一份全面的项目管理指南，确实值得一读。

郑毓煌
世界营销名人堂中国区评委
清华大学经济管理学院营销系副教授、博士生导师随着企业数字化转型进入深水区，效能管理如何改善变得越来越重要。这本书从互联网项目速通开始，从认知、架构、门道、度量四个方面讲解如何在项目管理中“少走弯路，快速进阶”；随后“善其事者先利其器”，展示一系列互联网最佳实践；然后结合当前流行的数字化、智能化，讲解研发管理效能相关的数字化建设，帮助读者决胜于企业效能管理；最后通过“诊断、定位、战略、观念、分布、组织、控制、价值、标准、体系”十步走，帮助读者在互联网企业项目管理中做到“稳中求变、锐意革新”。全书比较“接地气”，实用性很强。希望它能引发你的思考，助你成为卓越的项目管理者！

郑吉敏

去哪儿旅行网技术总监、技术委员会委员、业务架构SIG负责人

这本书是资深项目管理者的成长史，更是一部软件项目管理发展简史。这本书的几位作者结合多年行业实践经验，将项目设计经历、工作日常和互联网实际案例完美结合，系统地梳理了落地方案，为项目管理从业者提供了从方法论到具体业务领域实践的完整指南，是项目管理著作中的难得佳作，非常适合互联网项目管理从业者阅读。

海波

华为土耳其研究所所长

这本书介绍了众多互联网时代的企业在项目管理方面的现实和困境。感谢来自字节跳动、腾讯、华为、京东等著名企业的14位经验丰富的作者，让我品读了这本佳作；也期待广大读者能从这本书中汲取作者的宝贵经验，使自己的项目管理之路更顺畅。

Roger（周敏）

仓储物流自动化初创公司软件交付负责人

曾任IBM大中华区全球业务咨询（GBS）合伙人

曾任NTT DATA（中国）高级副总裁

我从事互联网项目管理工作多年，一直受项目管理理论熏陶，习惯了常规的五大过程组和十大知识领域。春娇向我推荐这本互联网项目管理实战的案例集，我非常兴奋，一口气读完。在书中，我看到了公司在项目管理方面的进步，特别向大家推荐这本书，希望更多的人从中受益。

戴广智

BJC高级副总裁

在互联网时代的大背景下，怎样才能把项目做得更好？怎样才能提升项目管理能力？我们正在努力探索行之有效的方法。我推荐这本书，因为它的内容相当系统，从互联网项目管理基础知识到具体实践都有详细描述。我认为它对项目管理从业者非常有帮助。

关田铁洪（Kanda Tetsuko）

日本经营工学研究院院长

中国机械工程学会工业工程师资格认证专家组副组长

这本书源于实践，是以实际工作经验为基础的项目提炼和高层次总结。由于源于实践，这本书的语言风格和内容非常便于读者阅读和参考。这本书架构合理，内容组织良好，并结合作者的实践经验编写，我相信它会对项目经理有很大帮助。

埃姆雷·居纳伊登（Emre Günaydin）

华为土耳其研究所应用生态项目群经理和智能应用部部长

前言

项目管理已经有100多年的历史，随着社会经济的高速发展，现在已经成为众多企业成功的基础，不同行业、不同规模的企业都离不开项目管理。互联网发展历史只有短短20多年，其间，互联网企业营收规模、业务规模和组织规模都呈指数级增长，而增长的背后，互联网企业不仅要面对VUCA［易变性（Volatility）、不确定性（Uncertainty）、复杂性（Complexity）、模糊性（Ambiguity）］的环境，还要面对更加激烈的竞争。互联网企业战略、模式、组织和协作机制的持续调整与升级，离不开项目管理发挥的重要作用。但目前互联网行业项目管理著作不多，且以理论分享为主，缺乏真正可以指导互联网从业者的项目管理实践。

为此，PMO（项目管理办公室，Project Management Office）前沿组织了我国头部互联网企业的多位项目管理实战专家，系统总结了项目管理优秀工作方法和经验，把精华集结成册，希望为互联网项目管理从业者打造一本互联网项目管理实战手册。本书既有入门级项目经理需要掌握的流程、方法与工具，也有PMO及高级项目经理需要掌握的战略管理与体系建设实战兵法；既有不同互联网公司的最佳实践总结与真实案例，也有效能提升、敏捷转型的实操方案；既站在做事的角度，提供“接地气”的方法指导，也站在成长发展的角度，提供阶段性的成长建议。

全书共五章，起始于互联网端到端的项目管理实践指导，让你少走弯路、快速进阶，轻松掌握互联网项目全流程；相辅于常用的项目管理工具及实践案例，让你善其事者先利其器；承接于风云变幻的时代，互联网项目管理者如何通过持续提升组织与研发效能助力企业降本增效，帮助企业保持核心竞争力；进阶于组织级项目管理和PMO对企业治理环境的建设与发展，促进组织的项目管理体系与敏捷变革；最终回归于对互联网项目管理者未来发展的关注与建议，全场景、全方位展现互联网项目管理的实践精华与实战案例。以下是各章的简要内容。

第1章“少走弯路，快速进阶：互联网项目全流程速通指南”为你打开互联网项目管理的大门，带你纵览互联网端到端全流程及实践方法和案例。让你有认知、有架构、有门道、有度量，以全局视野掌握互联网项目管理精华。

第2章 “善其事者先利其器：互联网最佳实践荟萃”在掌握全流程的基础上，在每个项目管理阶段为你分享常用的“兵器”及最佳实践。从需求管理到项目管理体系建设，再到搭建项目管理平台，本章既总结了实战兵法，还介绍了目前互联网行业非常流行的DevOps与OKR及其实战案例。本章还包括项目管理常用的小工具，让你更容易地解决不同的问题。

第3章“精进的罗盘，制胜的密码：企业效能管理”介绍互联网企业研发管理效能数字化建设，以及全链路和数智化的研发效能建设，让项目管理在企业中的价值体现得更具体，让每次项目管理变革都有支撑、有依据，助力企业实现产研效能快速提升。在关注产研效能的同时，进一步为提升组织效能贡献力量。

第4章“稳中求变，锐意革新：互联网企业项目管理”介绍互联网企业PMO诞生的必然性，分享PMO从零开始的成长案例及战略运营型PMO的架构和运转方式。本章重点介绍从实战中提炼而成的“PMO环”理论，通过十步法建立组织级项目管理体系，并精选互联网企业敏捷转型的实战案例，期望用组织级项目管理能力支撑互联网企业的持续发展。

第5章“人人都可以是‘CXO’”介绍互联网组织中项目管理从业者的未来发展、成长路线及实际案例，并以故事的形式从业务线和管理线分别给出了项目管理从业者成长的两条路径，希望每位读者都能成为“CXO”。

本书由PMO前沿组织14位资深互联网项目管理从业者共同编著而成。他们是（排名不分先后）：郑志伟、潘继平、张文强、张嘉、代春娇、曹飞娟、朱华睿、袁照泰、何凡、蒋敏、孙国龙、杨久成、陈浩、鲍正伟。本书第1章由潘继平总负责，第2章由曹飞娟总负责，第3章由蒋敏总负责，第4章由朱华睿总负责，第5章由代春娇总负责。本书发起人郑志伟负责总统筹，张文强担任项目经理，章节思维导图及互联网项目管理知识地图由孙国龙和鲍正伟绘制。

感谢国内外数万名PMO前沿优秀成员的长期支持和帮助。PMO前沿已经成为项目管理从业者高质量的交流社区，大家在其中快速成长，拓宽视野，结交高人，获得更多机遇。欢迎读者关注PMO前沿微信公众号：PMO-QY，加入社区共同学习交流。

郑志伟

2023年5月于北京

作者简介

（排名不分先后）

郑志伟

PMO前沿（中国PMO & PM社区）创始人，现任某科技公司联合创始人。中国传媒大学硕士。获得PMI-PMP、PMI-ACP认证。荣获“2017年度中国优秀PMO总监”。曾任Capgemini公司事业部Associate Director、互联网上市公司PMO总监等。具有十多年通信及互联网行业团队管理实战经验，精通战略、项目集/项目组合、PMO、组织级敏捷等管理方法。

潘继平

华为土耳其研究所外聘高级项目顾问，负责华为云应用生态圈产品线研发管理。曾为华为全球技术服务中心、华为制造IT及华为流程与IT等多个部门提供长达8年的顾问服务。曾任环信科技有限公司华南区项目总监、金蝶国际软件集团有限公司研发工程师。获得PMI-PMP、PMI-ACP、PMI-PBA、PRINCE2、NPDP、MSP、P3O等认证。拥有1项国家专利、4部软件著作，具有丰富的项目管理实战经验。

张文强

高级项目经理。获得PMI-PMP、PMI-ACP认证。曾任在线教育、电商、在线票务等行业高级项目经理。对敏捷项目管理、项目全生命周期管理、项目绩效管理有比较深入的研究和实践。

张　嘉

杭州市高级人才，现任互联网研发中心PMO负责人，主要从事研发项目管理体系搭建及效能改进方向的工作。具有10年以上IT从业经验，以及多个从零开始搭建的PMO体系及项目管理体系实际经验。获得PMI-PMP、敏捷CSM、信息系统项目管理师、系统集成项目管理工程师、系统监理师、软件设计师、软件工程师等认证。拥有1部软件著作。

代春娇

华中科技大学MEM，PMI-PMP，EPG组长，Snago办公空间规划师，北京赛迪认证中心认证的专业人士（信息系统服务交付高级项目经理），中国网络安全审查技术与认证中心认证的专业人士［安全集成（专业级）CISAW］。现任某上市公司研发管理部负责人，曾任华为技术核心供应商的PMO负责人。拥有8年项目管理经验，擅长风险管理和计划管理，在项目管理制度、流程体系建设，工具模板、过程优化改进，项目关键角色培养赋能，构建绩效指标体系，指导项目按照标准化流程运作等方面具有丰富的实战经验。

曹飞娟

清华大学MEM，北京理工大学软件工程硕士，清华大学校友导师，PMO负责人，EPG组长。擅长结合CMMI模型组织企业进行数字化转型升级变革，组织开展敏捷管理模式训练营，研发管理体制建设战略落地、组织变革、效能提升、项目管理平台建设，获得CMMI-ATM培训、PMI-ACP、高级项目经理、敏捷教练认证。

朱华睿

项目管理研习社创办人，曾任京东集团企业信息化部PMO负责人，字节跳动科技有限公司营销生态PMO负责人。获得PMI-PMP、PMI-PgMP、PRINCE2认证。2021年大连数博会——项目管理机遇与组织变革分论坛演讲嘉宾。

袁照泰

清华大学EMBA、清华大学商学院特聘讲师、国家级项目管理专家、国家高级信息管理师、北京市评标专家、“PMO环”专利理论创始人。曾任职于工业和信息化部、印孚瑟斯（INFOSYS）公司、IBM公司、埃森哲（Accenture）咨询公司，同时担任“小滴美”（小米、滴滴和美团）多家互联网企业及国企、央企特聘咨询顾问。获得PMP、SAFe、PRINCE2从业级、PfMP、PgMP、CMMI5专业认证。TiD竞争力大会、PMO前沿、QCon、光环国际论坛特邀演讲嘉宾，国际计算机学会（Association for Computing Machinery，ACM）专家组成员。

何 凡

现任某互联网教育公司副总经理，负责技术平台建设、底层逻辑架构、支撑体系设计及数字生态发展等业务。获得PMI-PMP认证。曾任总工程师/技术总监/架构师/高级工程师，擅长战略规划、流程规范制定、团队管理、项目方案设计与实施。完成多项职业教育和国际中文教育领域的国家重点项目，申请知识产权20余项。

蒋 敏

电子科技大学MBA，2022年PMI全球50位项目管理新星，2021年中国优秀PMO团队大奖团队成员。现任中建电子商务有限责任公司PMO负责人，曾任京东集团高级项目经理。中国CCTI峰会研发效能活动演讲嘉宾。获得PMI-PMP认证，组织企业完成组织级CMMI3/CMMI5资质认证。具有丰富的组织变革、组织转型、项目管理、流程体系搭建、组织效能改进等经验。

孙国龙

安徽大学与中国科学院联合培养硕士，获得PMI-PMP认证，现任中国平安财产保险股份有限公司资深PMO，同时兼任采购管理负责人、流程管理负责人和培训师等。主导项目流程制度体系建设与管理工作。曾任华为技术文档工程师、埃克斯工业技术文档经理、资深项目经理、PMO、项目督导、研发综合中心负责人等职，有丰富的流程制度优化与改革实战经验，以及从零开始的项目管理体系建设经验。

杨久成

Thoughtworks资深管理咨询顾问。获得EXIN DevOps Master、SAFe SA、LeSS Practitioner、RSM、RSPO、PMI-PMP、PMI-ACP、PMI-PBA等认证，LEGO® SERIOUSPLAY®方法认证引导师。曾任平安银行股份有限公司资深PMO。QECon、GIAC、敏捷之旅、PMO前沿峰会、中国DevOps社区峰会等活动演讲嘉宾。具有多家企业敏捷转型、数字化转型咨询辅导经验。

陈　浩

现任某上市公司PMO负责人，曾任中英数字出版、在线教育、地产等行业项目总监、PMO负责人、资深项目管理专家等职。获得PMI-PMP认证。擅长经营角度的项目运营管理体系建设、项目管理、数字化建设、组织级效能等。PMO前沿秘书长，小二班CTO俱乐部副秘书长。

鲍正伟

某项目管理咨询公司联合创始人，圣妮文化传媒特聘可视化设计师，PMO前沿慕哲制图专栏主理人。

目录

01 第1章

少走弯路，快速进阶：互联网项目全流程速通指南

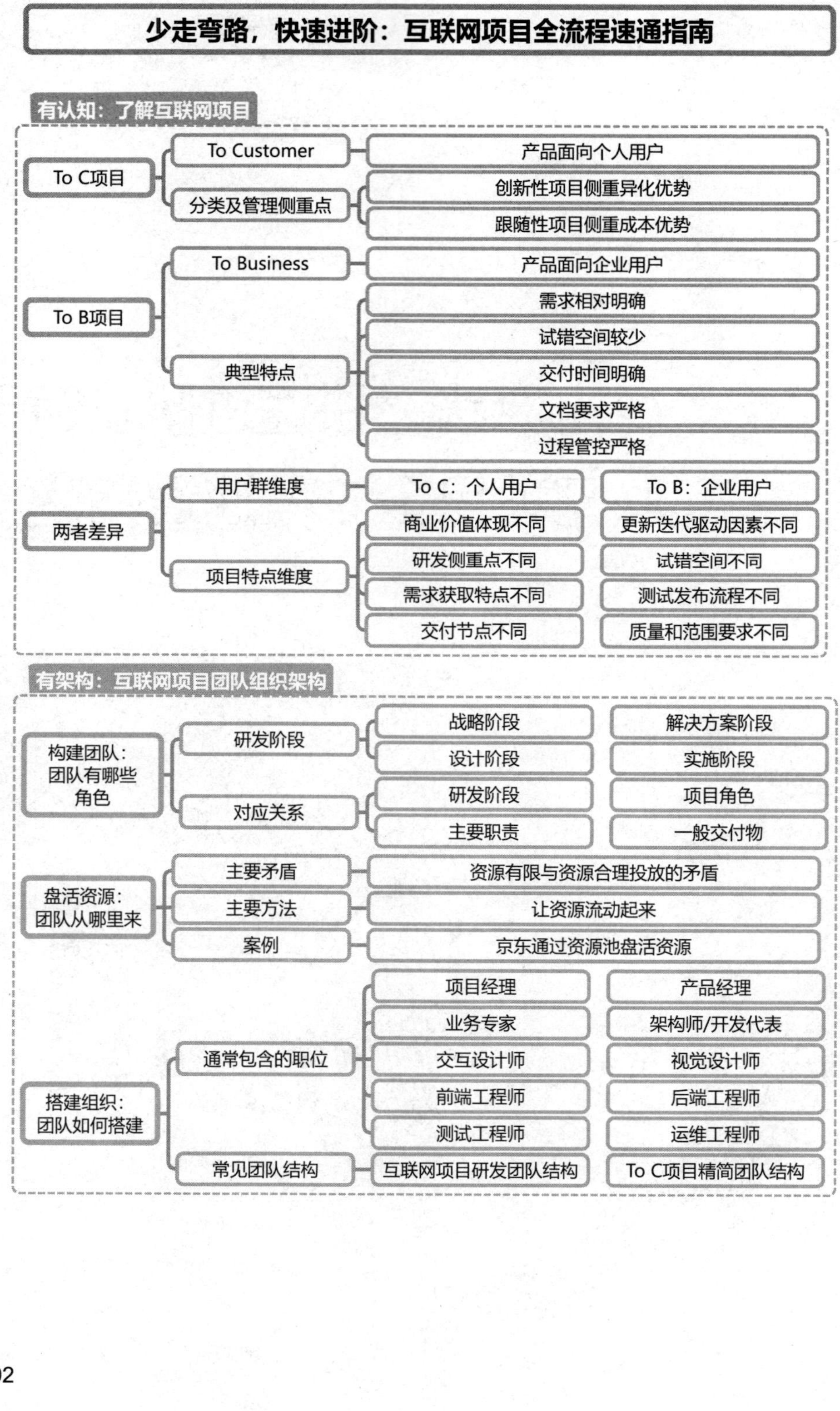
少走弯路，快速进阶：互联网项目全流程速通指南
有认知：了解互联网项目
To C项目
To Customer
产品面向个人用户
分类及管理侧重点
创新性项目侧重异化优势
跟随性项目侧重成本优势
To B项目
To Business
产品面向企业用户
典型特点
需求相对明确
试错空间较少
交付时间明确
文档要求严格
过程管控严格
两者差异
用户群维度
To C：个人用户
To B：企业用户
项目特点维度
商业价值体现不同
更新迭代驱动因素不同
研发侧重点不同
试错空间不同
需求获取特点不同
测试发布流程不同
交付节点不同
质量和范围要求不同
有架构：互联网项目团队组织架构
构建团队：团队有哪些角色
研发阶段
战略阶段
解决方案阶段
设计阶段
实施阶段
对应关系
研发阶段
项目角色
主要职责
一般交付物
盘活资源：团队从哪里来
主要矛盾
资源有限与资源合理投放的矛盾
主要方法
让资源流动起来
案例
京东通过资源池盘活资源
搭建组织：团队如何搭建
通常包含的职位
项目经理
产品经理
业务专家
架构师/开发代表
交互设计师
视觉设计师
前端工程师
后端工程师
测试工程师
运维工程师
常见团队结构
互联网项目研发团队结构
To C项目精简团队结构

有门道：互联网项目要管哪些事？怎样管

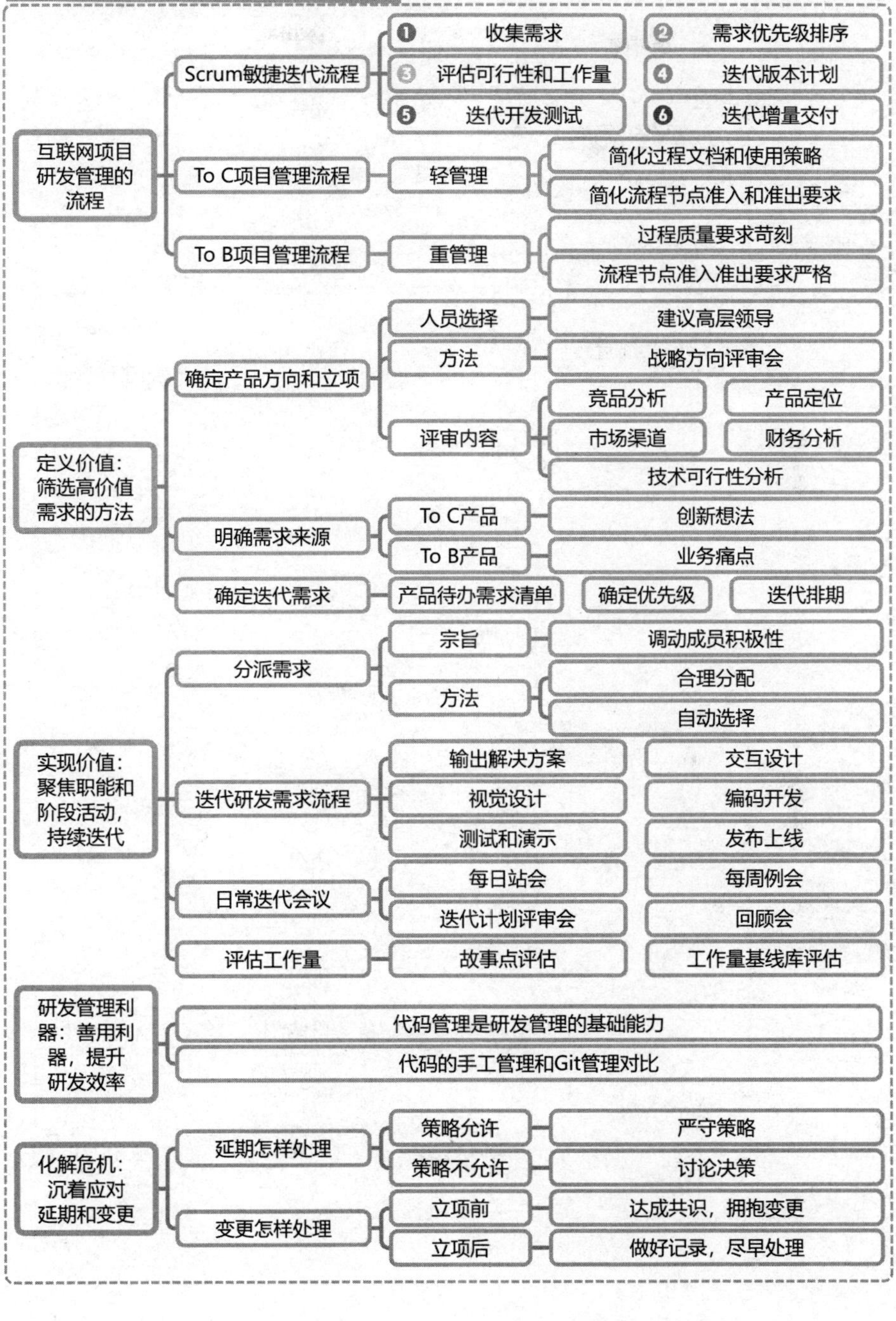

有度量：互联网项目及团队成员如何度量？

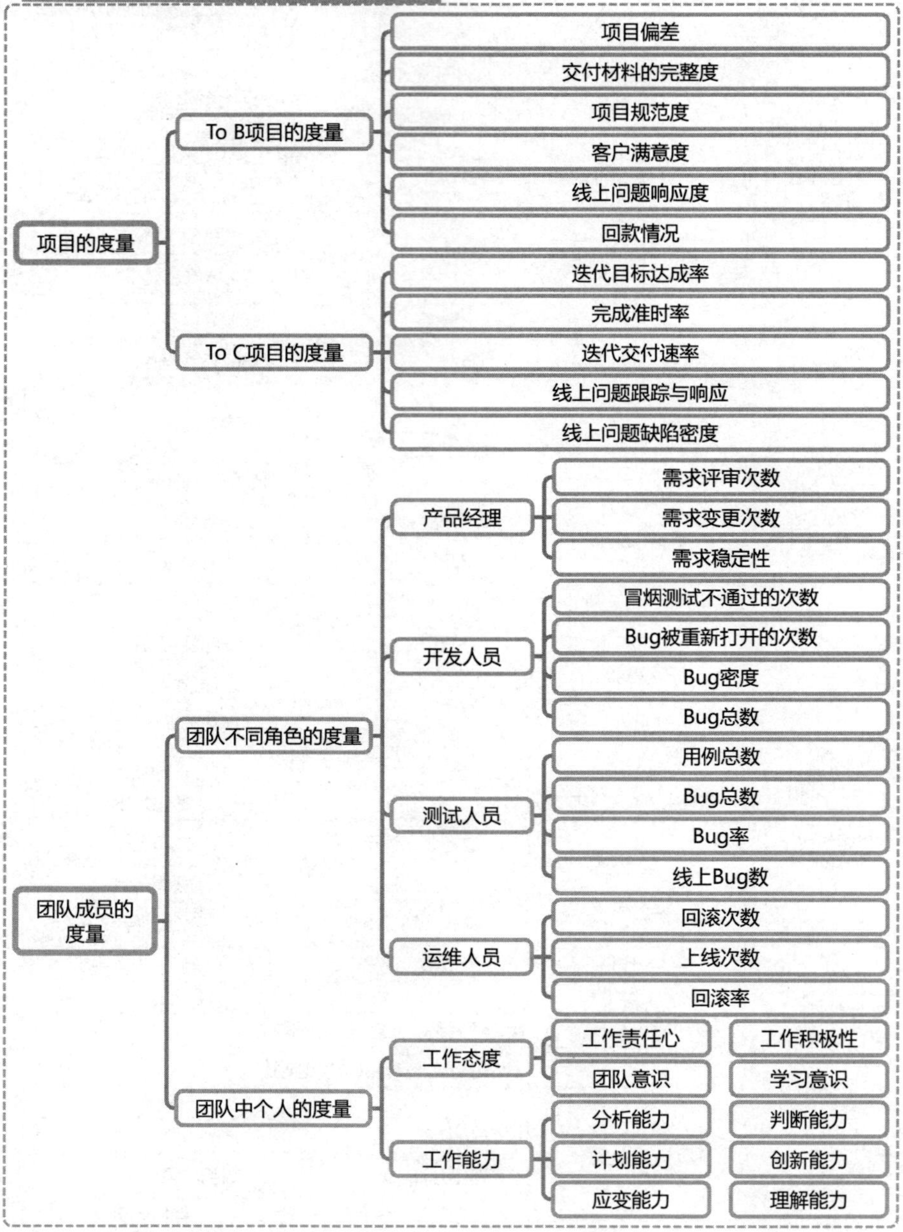

对于刚开始从事项目管理的读者或希望通过项目管理提升管理水平的企业，了解和把握项目管理的全流程，有助于提升管理效率，少走弯路，快速进阶。本章从基础认知入手，介绍互联网项目的类型；这些项目都有哪些特点；由哪些角色负责实现项目目标；这些角色是怎样实现目标的；目标实现后，怎样判断团队和个人在实现目标的过程中做得好还是不好。

1.1 有认知：了解互联网项目

潘继平 ◆

想了解互联网项目全流程，先要了解互联网项目的类型，因为不同类型的项目具备不同的特点，项目管理的角色和流程及管理重心都有些差异。互联网项目主要分为两大类，一类是To C项目，另一类是To B项目。下面详细介绍这两类项目。

1.1.1 To C 项目：轻管控，小步快跑

To C即To Customer的缩写，To C产品面向的是个人用户。这类项目的特点是用户都是产品的实际使用者，产品不仅要解决他们的问题，还要满足他们的审美、易用、好用等需求。只有满足大多数用户的需求，不断提升用户体验，才能更好地留住老用户，吸引更多新用户。根据产品的创新程度，To C项目一般分为创新性项目和跟随性项目两类。

创新性项目侧重点在于异化优势。适用场景是没有可借鉴的标杆产品，或者没有理念类似的产品，因此需要通过创新的方法打造产品，发现哪里不足就要快速更新迭代，不断试错，以小步快跑的方式研发新产品。对项目的要求是尽可能轻量管理，流程和制度不要太复杂，越简单越好。轻量管理聚焦于产品体验，大大减少了文档和正式会议，能快速响应用户，极大地提升用户体验。相反，过于复杂的流程和制度会让研发团队把时间投入编写文档、参与会议等非必要、非核心的事务性工作，导致产品更新太慢，严重影响用户体验。

除了创新性项目，还有一类项目是跟随性项目，即参考竞争企业的产品，分析竞争产品拥有哪些功能、特性，我们的产品也跟随拥有该功能、特性。跟随性产品要不断参考竞品，因为需求已经明确，所以相对于创新性产品，跟随性产品对交付质量的要求更严格。这类产品的项目管理的侧重点在于确保高质量交付，核心是成本优势。

1.1.2 To B 项目：重管控，步步为营

To B即To Business的缩写，To B产品面向的是企业用户。通常，To B项目具有以

下特点。

- 与 To C 产品的跟随性项目一样，需求相对明确。
- 试错空间较少，交付质量要求较高。
- 有明确的交付时间要求，最好能确保项目稳步前进。
- To C 项目对文档要求不严格，只要有核心内容即可。而 To B 项目要严格按照合同约定详细描述相关文档。
- To B 项目更关注过程管控，每步都严格按照流程执行，极少允许过程裁剪，在执行过程中不满足条件时，流程就停止，直到解决问题为止。

To C项目由于没有受到合同的约束，与To B项目相比，自主性更强。所以To C项目可以轻管控，小步快跑。而To B项目往往受到合同的约束，不允许试错，只能步步为营，把过程管理好。

除了管理上的差异，To C项目和To B项目还有其他方面的差异，如表1-1所示。

表 1-1　To B 项目和 To C 项目的差异

维度		To C 项目	To B 项目
用户群		个人用户	企业用户
项目特点	商业价值体现	为个人用户提供有价值的服务，满足用户需求，增加用户黏性	相对于用户体验，更侧重解决问题或实现业务价值。To B 产品使用户的工作更加高效、快捷和方便
	更新迭代驱动因素	产品上线后，根据产品使用量、使用偏好和用户反馈的建议等，综合数据信息，规划出下一个版本的研发内容	实施项目后看是否解决问题或达到预期效果
	需求获取特点	通过调研或参考竞品获取项目的需求功能特性。需求不太明确	根据痛点解决方案获取需求。需求明确
	研发侧重点	除了实现需求价值，还要兼顾良好的用户体验	相对于用户体验，更侧重解决问题或实现业务价值
	测试发布流程	一般要灰度发布，并进行灰度测试验证，再全量发布	通过内部测试团队验证，再经过内部测试团队和外部业务测试团队联调测试，才可以交付
	试错空间	允许在一定范围内试错	大部分项目不允许试错
	交付节点	按内部定义的时间节点发布，可适当调整发布时间	按合同约定，在约定时间点交付
	质量要求	按内部定义的质量要求研发	按合同约定的质量要求研发
	范围要求	按内部定义的范围要求研发，可适当调整范围	按合同约定的范围要求研发

1.2 有架构：互联网项目团队组织架构

潘继平

1.2.1 构建团队：团队有哪些角色

想了解团队有哪些角色，先要了解为什么需要这些角色，这要从互联网项目生命周期谈起。互联网产品的研发是有序的，先做什么工作，后做什么工作，都非常明确。可以按产品研发生命周期分阶段管理，图1-1为互联网项目研发阶段。

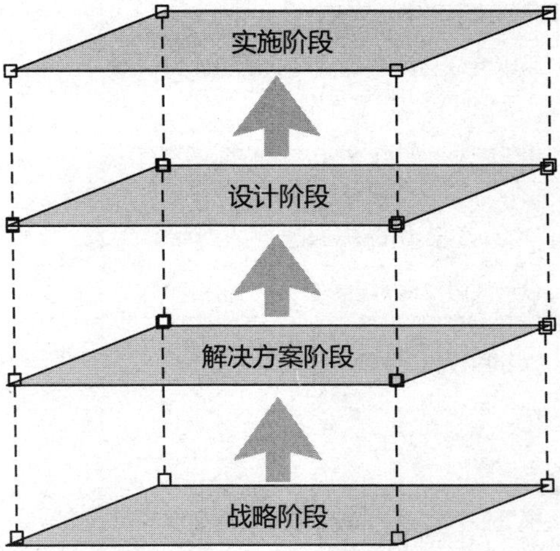

图 1-1　互联网项目研发阶段

第一阶段是战略阶段，决定做哪个方向，面向哪些用户群体，以及产品包含哪些核心功能。

第二阶段是解决方案阶段，确定商业价值、商业逻辑和业务逻辑。

第三阶段是设计阶段，回答产品与用户交互该有哪些信息，以及实现业务逻辑的代码逻辑。

第四阶段是实施阶段，包括设计视觉效果、编写前端和后端逻辑程序、发现缺陷、评估质量、修改Bug、发布上线、收集上线数据等。该阶段属于产品的核心生产、交付和上线环节。

每个阶段都有对应参与的角色和职责，以及输出的交付物。互联网项目每个阶段角色及主要职责的对应关系如表1-2所示。

表 1–2　互联网项目每个阶段角色及主要职责的对应关系

研发阶段	项目角色	主要职责	一般交付物
战略阶段	中高层领导	确定方向，提供资源	战略方向会议纪要，包括：要做什么产品，产品具有哪些核心竞争力；需要投入哪些资源，投入多少预算；大概什么时候产品必须上线
	产品经理	确定产品方向、用户群，进行市场调研，确定有价值的产品	市场需求文档（Market Requirement Document，MRD）
解决方案阶段	产品经理	设计出可以满足用户需求的产品，给出相应的业务方案	产品需求文档（Product Requirement Document，PRD）
	项目经理	组织会议讨论和确定产品解决方案，推进产品团队输出产品方案	产品方案会议纪要、项目计划
设计阶段	项目经理	组织研发团队讨论输出实施前的设计方案	实施设计方案结论
	产品经理	评估交互稿、后端逻辑，测试用例是否满足方案，并提出修改建议	修改建议
	交互设计师	设计前端页面为用户呈现哪些信息	交互方案
	后端代码工程师	设计后台实现方案	后台实现方案
	测试工程师	设计测试用例，确定测试覆盖度和测试方法	测试用例
	运维工程师	根据后台实现方案和交互方案设计环境及部署方案	部署方案
实施阶段	项目经理	组织日常会议，确保研发工作有序开展；协助团队解决研发过程中遇到的各种问题；识别风险，提前给出应对方案；与干系人保持良好沟通，及时反馈研发状态	日常会议报告、进展、风险及应对方案、评审结论
	视觉设计师	提供满足交互的用户界面（User Interface，UI）设计视觉稿	视觉稿
	前端开发工程师	使用编码的方式实现 UI 和交互效果，同时负责实现前端的业务逻辑	可运行的前端程序
	后端开发工程师	使用编码的方式实现后端的业务逻辑	可运行的后端程序
	产品经理	评审视觉稿、前端和后端程序是否符合预期，并提出建议	对视觉稿、前端和后端程序提出的建议
	测试工程师	确保程序实现效果符合方案要求	Bug 描述和验证报告
	运维工程师	确保程序在服务器上正常运行，确保硬件设备正常工作	运维状态报告、运维问题跟踪报告

1.2.2　盘活资源：团队从哪里来

大部分企业的资源都是有限的，合理解决资源投放的矛盾问题非常重要。资源使用不合理会导致有些人很闲，而有些人很忙。如果把一些人限制在一个项目上，可能有些人并没有太多非做不可的工作，但是项目经理和产品经理总要给他们安排一些与公司或部门战略无关的事，让那些人看上去不那么清闲，否则领导会觉得员工的工作量不饱和。同时，有一些项目人手紧张，在短时间内不容易招到合适的人，或者整个部门人员已经超额了，不能再招人，这些项目的人就非常忙。为了解决资源投放矛盾问题，通常需要让资源流动起来。

【案例】

在项目成员管理方面，京东集团引入资源池的概念，也就是业务部门范围内的“BOSS”机制，目的在于把资源盘活，使资源投入当下最重要的项目。BU（Business Unit）指的是京东集团的一个事业部，这个事业部共享一个资源池，所有的研发、产品和测试资源都属于这个资源池。项目立项，项目团队建立时，项目经理需要跟资源池负责人沟通锁定相关资源，待项目结束后，锁定的资源再回归资源池。资源池也是各个项目团队进行资源博弈的地方，资源负责人在经过评估后，会把核心资源和优质资源朝重点项目倾斜，不太重要的项目或盈利存在问题且非战略性的项目大多会兼并或关闭。

研发工程师可以在部门内自主挑选产品团队，为该产品团队工作。同时，某个产品团队如果对某个研发工程师的能力感兴趣，也可以主动找他加入团队。如果多人竞聘同一产品团队，只能从中选择一个合适的人，那么谁的能力越强，就越容易选入该产品团队。

很多时候，不是研发工程师能力不行，而是他所在的产品团队不能很好地规划产品。这样，产品的口碑或效益会越来越差，团队成员也会慢慢流失，对应的产品就自然而然被淘汰。这种适者生存、不适者淘汰的方式有效激励整个团队都想办法努力做出贡献，所有资源都被盘活。

1.2.3　搭建组织：团队如何搭建

互联网项目研发团队一般包括很多职位，如图1-2所示。

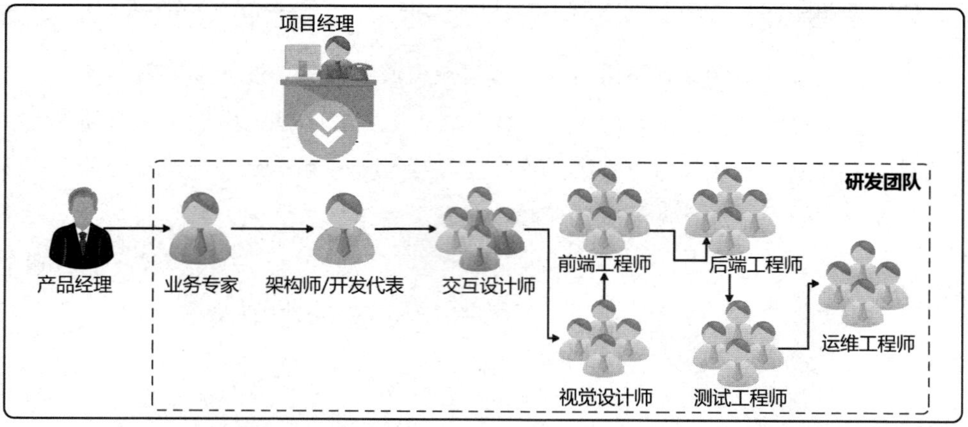

图 1-2　互联网项目研发团队结构

1）项目经理。项目经理主要负责有序推进项目任务，同时为顺利交付项目保驾护航。其任务通常包括如下几点。

- 组织产品经理收集需求。
- 组织研发团队挑选需求放入迭代计划。
- 为团队成员解决日常工作中遇到的困难。
- 组织日常会议。
- 组织验收，发布上线产品。
- 总结优化流程，更新工作流程。
- 鼓舞士气。

2）产品经理。产品经理负责收集需求，排列需求优先级，给出核心的解决方案。

3）业务专家。业务专家负责细化业务方案，把产品经理给出的方案转化成业务落地方案，如设计出流程、页面逻辑等细节。

4）架构师/开发代表。架构师/开发代表负责把详细的业务方案转换成逻辑代码层级的解决方案。

5）交互设计师。交互设计师负责把设计呈现给用户，包括呈现哪些信息及用怎样的方式呈现信息。

6）视觉设计师。视觉设计师负责为用户设计良好的视觉体验方案，如统一界面字体、颜色、界面配色、插图等。

7）前端工程师。前端工程师负责实现视觉设计师的设计方案，把方案用前端语言落实到界面上，用前端脚本实现交互设计的方案。

8）后端工程师。后端工程师负责实现业务逻辑代码，包括数据新增、修改、删除和查询，以及系统的安全保护、性能调优等。

9）测试工程师。测试工程师负责发现缺陷和功能遗漏，确保功能都已经按验证要求实现，性能已经达到预期要求，检验安全性也达到了预期要求。

10）运维工程师。运维工程师负责把符合质量要求的程序部署在服务器上，并且维护产品成功运行。

由于To C产品的项目管理通常适合轻量管理，因此在有些公司中，一个人身兼多个职位，如项目经理和产品经理都由项目经理一个人担任；视觉设计师、前端工程师、后端工程师和运维工程师也可能统一由开发工程师担任；而测试工程师也可以由自动化测试工具代替，如图1-3 所示。

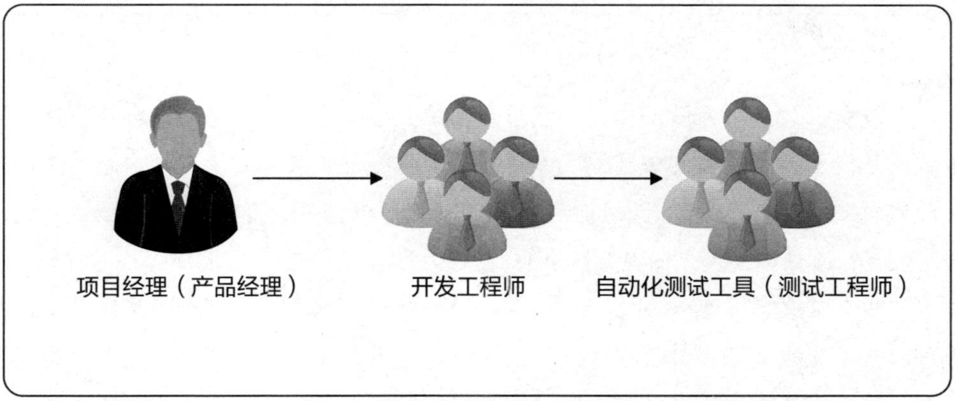

图 1-3　To C 项目精简团队结构

1.3 有门道：互联网项目要管哪些事？怎样管 潘继平

常见的互联网项目研发管理流程中的Scrum是一种敏捷管理框架（见图1-4）。通常先由产品经理收集需求；然后产品经理按需求优先级进行排序；再由项目经理组织产品经理和开发团队成员开会评估需求可行性和工作量，选择待开发版本的需求项，把待开发版本的需求项纳入迭代版本计划中；最后启动迭代版本开发，一般开发周期都是1~2周，也有1~2个月，周期长短取决于产品或公司规定的节奏，一般确定之后就不会随意变更。

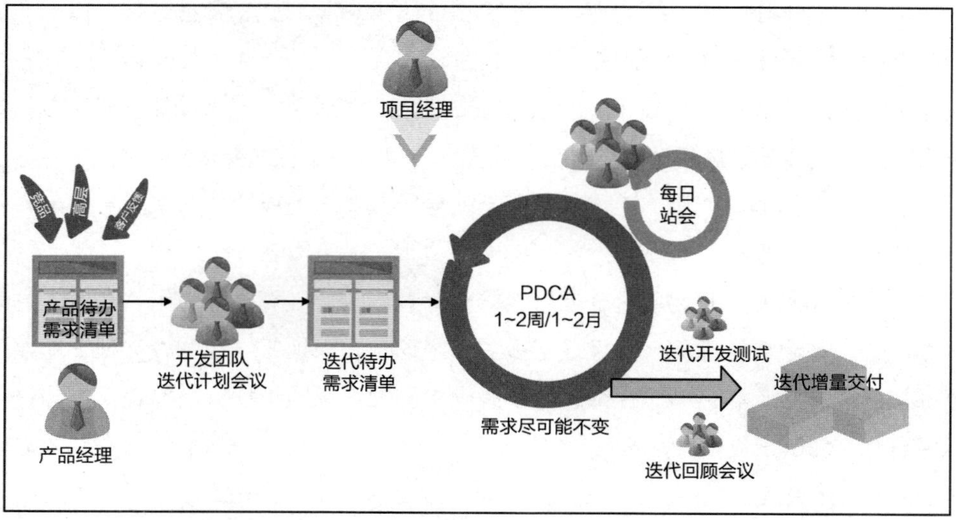

图 1-4　互联网项目研发管理流程中的 Scrum

在迭代开发中，团队成员每天都要参加站立会议（每日站会），会议上所有团队成员都能及时了解其他成员的工作进展，项目经理收集进展并发现风险，协助团队成员解决困难。在迭代开发过程中，一般不允许变更需求，但是如果遇到致命缺陷或领导行政性强制要求变更，就只能变更。

当迭代中的某个需求开发完后，要进行迭代开发测试。项目经理会邀请产品经理、开发工程师和测试工程师参加产品演示会议，如果迭代的全部需求都验收通过了，就要增量发布版本需求，即进行迭代增量交付。一般发布迭代版本后，开发团队都会进行回顾，总结工作经验，总结开发过程中哪些工作做得好，值得继续发扬，哪些工作做得不到位，需要优化和改进。项目经理根据反馈的建议不断优化项目工作流程。

1）To C项目轻管理。To C项目并不像To B项目那样，把产品部署上线就算结束。To C产品的需求发布上线后，项目还未正式结束，一般会在约定时间（如3天）后观察发布后的上线数据，评估上线情况，根据实际情况收集需求或优化需求，然后进入下一轮迭代，持续开发产品。To C项目的管理流程是完整的，但轻管理，因为To C项目管理简化了过程文档和使用策略，以及流程节点的准入和准出要求。

【案例】

A公司的研发流程是：从需求调研开始，对于需求调研后的文档，只要求有对应的草图，并在草图中描述核心内容，需求准备之后进入版本迭代。版本迭代的过程是：进行需求宣讲，需求宣讲结束后，进行需求评审和技术方案评审；开展开发工作，并同步开展测试用例编写工作，测试用例编写完成后就启动测试评审；需求编码开发完成后，开发各端就进行联调，联调结束后提测验收，验收通过后进行产品验收。每个迭代为两周，然后依次迭代。

如果在迭代结束时，到了发布产品环节，还有Bug未解决，这时能发布该迭代版本吗？能不能发布版本取决于发布策略。发布策略在项目初期就约定好，满足什么条件能发布，满足什么条件不能发布。比如，发布策略约定非致命Bug允许发布。那么到了发布产品环节，如果还有未解决的非致命Bug，也是允许发布的。

一个产品线一次迭代有二三十个需求，等二三十个需求全部验收完成了，这个迭代才算全部验收结束。验收后部署上线，先实施后端上线，再整体客户端进行灰度，灰度包括技术灰度和业务灰度两种。技术灰度有两天，业务灰度有三天。灰度结束就进行全量部署，全量部署之后就对需求效果复盘。即上线一周左右，项目经理组织评审每个需求上线之后的效果。最终看需求是否达到了预期的效果，如是否达到日访问量一万人次以上。如果需求无效，或者对产品其他功能特性有影响，产品经理会发起下线。如果上线效果比较好，或者对其他需求没有影响，就会继续迭代。

2）To B项目重管理。To B项目的过程质量要求相对于To C项目更苛刻，所以管理上基本每个环节都增加了控制，流程节点准入和准出要求严格。某个需求上个环节的工作没有完成，不允许进入下个环节，如不允许没有想清楚的需求进入研发环节。华为就有需求准入评审会议评审需求的价值：为什么要做这个需求？收益是什么？高阶解决方案是什么？技术层面能不能满足要求？工作量是多少？产品经理和研发团队对方案和工作量是否达成一致？评审通过才能进入研发环节。

研发环节首先要确认开发方案，即与产品经理确认将要开发的需求UI、业务逻辑、验收标准，并正式输出会议结论。

测试环节在开始时需要给出测试用例方案，测试团队邀请产品经理、业务专家、开发工程师一起评审，评审通过后才能开展测试工作。另外，当需求都开发完成，测试通过后，开发工程师需要邀请产品经理参加演示验收会议，会议中开发工程师按需求演示功能，产品经理确认功能是否达标。

当版本迭代的所有需求都验收完成后，运维工程师就把产品发布上线，真实用户验收通过后，迭代才算通过。如果迭代不通过，就要马上修复Bug，再发布上线。

【案例】

华为某部门负责开发制造执行系统（Manufacturing Execution System，MES）产品，研发流程从需求收集开始。每个月，项目团队都会从生产部门、业务部门和合规部门收集需求，然后进行需求优先级排序，挑选出进入迭代的需求。迭代版本规划好之后，就开始需求宣讲，然后进行技术方案评审。在正常的开发过程中，会有用例的评审，然后开发各端进行联调。联调结束就提测，测试工程师展开测试工作。测试过程中，人机交互工程师也会进行验收，测试通过之后会进行产品验收。每个迭代为两周，然后依次迭代。

一个产品线一次迭代有几十个需求，等全部验收完了，这个迭代才算全部验收结束。在整个过程中，文档内容要求和流程节点准入、准出要求都严格按合同进行，不能对要求进行任何裁剪。

1.3.1 定义价值：筛选高价值需求的方法

1. 确定产品方向和立项

一般由中高层领导确定战略方向，但这样做的弊端很明显。有些中高层领导不了解真正的市场，盲目自信，按以往成功的经验做出错误的决策，导致项目失败率高。为了防止决策错误，在确定大方向前，一般要举行战略方向评审会，参与评审的人员通常是各个部门中的高层，包括首席执行官、技术总监、副总裁、产品总监、财务总监和渠道总监，评审内容包括竞品分析、产品定位、市场渠道、财务分析等，最后技术方面也会进行可行性分析。战略方向评审会在正式启动项目前进行多轮可行性评估，只有通过评审才会正式立项，这就基本上确定了新产品的方向及演进路线。方向确定以后的工作就是多次迭代开发，发布上线，每次迭代都基于上一次的迭代结果和新需求，推进、优化产品。

2. 明确需求来源

1）To C产品需求主要来自创新想法。需求来源与产品的研发策略有关，如果产品定位是行业的跟随者，那么需求往往来自竞品分析，这样的需求几乎占了总需求的一半以上。还有一部分需求来自用户反馈、风控反馈、领导或其他部门反馈，以及客服反馈的用户使用问题。这类项目适合传统项目的开发方式，偏重清晰的规划，分步增量实现需求。如果产品定位是行业领先的创新产品，那么需求往往来自用户的需求和产品团队的创新想法，这样的需求往往只能在迭代中调整，小步快跑，不断更新。

【案例】

A公司的研发策略是跟随者策略，他们参考飞书的功能，开发了一套内部沟通系统。这类项目适合传统项目的开发方式，偏重清晰的规划，分步增量实现需求。

B公司的研发策略是创新性策略，他们专注于元宇宙方向，研发多感官体验的游戏产品。研发团队没有相关经验，市场上也没有类似的竞品，需求只能来自用户的需求和产品团队的创新想法。这样的需求往往只能在迭代中调整，小步快跑，不断更新。

2）To B产品需求主要来自业务痛点。To B项目与To C项目一样，都从收集需求开始，只是需求的来源不同。To B产品需求更多来自客户反馈或业务痛点，价值聚焦于解决痛点或财务收益，不像To C产品价值聚焦于用户体验。往往To B项目交付上线后，研发团队和产品经理就要开展复盘工作，复盘后正式结束本次迭代，继续进入下一轮迭代开发。

【案例】

华为菲律宾电信项目，一部分需求来自菲律宾电信集团的旧系统功能，另一部分需求来自新的业务场景需要和对已有功能的优化。

3. 确定迭代需求

一般来说，产品经理要尽可能多地收集需求，整理出产品待办需求清单，然后根据一些指标确定优先级。比如，指标是双月的目标和关键成果（Objectives and Key Results，OKR）的目标，找出能满足OKR的最重要的几个需求，把这些需求设成优先级最高（P0）级别，其他优化类、显示类、健壮类或紧急程度不高的需求都可以设置成P1或P2级别。

有了具有优先级的产品待办需求清单，下一步就是产品经理从清单中根据需求优先级挑选出优先级高的需求，把这些需求排在新的迭代研发计划中，即迭代排期。因为团队的资源是有限的，不可能把所有产品待办需求都排在迭代计划中，否则满足不了小步快跑的作战方式。这时选出的需求仅仅是未确认的迭代版本待办需求清单，还需要研发团队确认通过，才算正式的迭代计划需求。

通常，一个迭代为1~2周。挑选的待确认待办需求清单提供给产品负责人审批，审批通过后，项目经理就要组织产品经理和研发团队一起评估需求可行性和工作量。评审会议上，产品经理会对研发团队宣讲需求及方案，开发和测试人员会对需求进行工作量和可行性评估，最终选出哪些需求进入迭代开发计划。对于评审不通过的需求，要么修改，要么删除。在这个环节中，项目经理需要组织团队进行协调，以确定需要开发的迭代需求。有可能举行多次需求确认会议，因为某些需求不能解决实际问题时，产品经理需要时间重新构思新的需求方案或更换需求，在这种情况下需要进行下一轮需求对齐，直到选出合适的需求。

1.3.2 实现价值：聚焦职能和阶段活动，持续迭代

1. 分派需求

迭代需求计划制订后，就要让开发工程师和测试工程师认领需求。建议团队成员自主选择需求任务，然后由开发代表负责评估选择的需求是否合理。评估侧重点在于个人能力和需求工作量，复杂或重要的功能往往交给资深的成员负责，简单或时间充裕的需求可以交给不熟悉该特性的成员负责。可能有些需求有强关联性，对于强关联性的需求，建议交给资深的开发工程师和测试工程师负责。认领需求后，开发工程师和测试工程师就需要将对应的需求拆分成子任务，并评估任务工作量和完成时间。在研发过程中，可能个别需求已经提前完成，而个别需求遇到困难，进展较慢，这时项目经理可以建议团队成员重新分配任务，让已经完成任务的成员帮助未完成任务的成员开发新特性，让团队更高效地完成任务。合理分配、自主选择任务有助于调动成员的积极性。

2. 迭代研发需求流程

当迭代待办需求清单已经制定，研发团队也认领了需求，就要进入迭代研发需求流程，如图1-5所示。

1）输出解决方案。产品经理日常的主要工作集中在处理产品待办需求清单和输出解决方案，包括梳理需求功能、需求优先级排序、细化功能逻辑、设计UI等。这个环节常用的工具包括功能列表、思维导图、流程图、需求文档等。项目经理在这个环节主要与产品经理沟通产品迭代的满意度、进展、质量，并提出需要提升的地方，同时为产品经理提供紧急支援，如进行需求变更等。

（1）To C产品解决方案注重用户体验。To C产品解决方案要描述清楚方案对应的用户体验目标，目前体验如何，期望提升到什么体验水平，为什么方案能提升体验水平，方案的顶层模块思路如何，以及能给用户带来哪些价值。

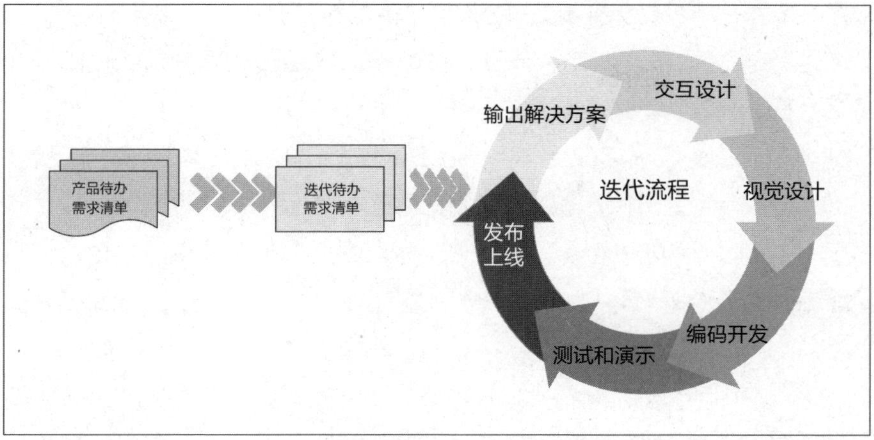

图 1-5　迭代研发需求流程

（2）To B产品解决方案注重解决业务痛点。To B产品在制订项目解决方案之前应该清楚需求的背景是什么，为什么要解决这个需求，痛点是什么。要多提问题，问一下这个需求是为了解决什么问题，有没有替代方案。只有知道了问题的背景，我们才能给出更合适的方案。拿到需求时，我们应该聆听客户的声音，多问问为什么。现在的客户往往带着方案和问题与项目团队沟通，产品经理要从专业的视角识别这个方案是不是最优方案。如果不是最优方案，应该提出最优方案。如果是最优方案，则要看需求有没有写清楚背景和收益。如果没有写清楚，就可以直接否决这个需求。如果有收益，收益怎么衡量也要写清楚。当需求的背景和收益都写清楚后，我们再看一下需求涉及哪些流程，正常流程是什么样的，异常流程是什么样的，边界范围是什么，新特性是什么，软件易用性如何，产品是需要比较长的学习时间还是一看就可以使用，需求方案有没有考虑到安全方面的设计等。填写检查项时如果涉及必填项，都必须填写；如果不涉及必填项，就要标注原因。比如，某需求不涉及保存数据到数据库，但是公司规定数据库项是必填项，就要写清楚本需求只是界面操作，不涉及数据库操作。

（3）需求检查项。需求文档如果包含图1-6中的检查项，需求会更明确，更容易落地。检查项详细含义如下。

①需求背景。主要描述为什么要做本需求，目前系统或业务操作上存在哪些痛点，本需求是为了解决什么问题。

②需求收益。主要描述做了本需求和不做本需求有什么区别，做了本需求谁会

获得收益，收益是多少，怎样衡量收益。

③数据流。主要描述本需求涉及哪些数据，数据从哪里来，经过哪些加工逻辑，最后数据会存放到哪里。

④正常流程。主要描述什么条件会触发本需求，需要经过哪些角色、哪些人、哪些逻辑，会触发哪些动作，最后怎样停止流程。

⑤异常流程。主要描述错误导致流程异常终止。比如，用户在自动柜员机提取现金，账户金额信息已经更新，但现金还没出来，这时停电了，系统要考虑异常处理。

⑥边界范围。主要描述哪些功能需要做，哪些功能不需要做。比如，开发支付系统，本阶段只需要支持人民币币别，并只支持中文，不支持其他货币和非中文语言。

⑦易用性。一般描述UI、交互信息和帮助信息。

⑧安全设计。主要描述本需求所在的系统位置，外界系统边界的安全设计，以及系统异常时的自动保护设计。

⑨新特性。描述本需求涉及哪些新增加的功能。

⑩性能要求。描述本需求对性能的要求。

⑪使用环境。描述本需求软件使用的最低软件及硬件配置信息。

⑫使用对象。主要描述哪个角色使用了本需求的特性。

⑬应用程序接口（Application Programming Interface，API）要求。主要描述本需求涉及的API信息。

⑭UI要求。主要描述UI的设计要求，如页面要求、字体要求等。

⑮数据库要求。主要描述数据库的配置版本信息。

⑯验收标准。主要描述怎样才算完成了本需求的功能特性研发工作。该标准必须是可衡量的标准。

⑰参考资料。主要描述设计本需求时参考了哪些材料、链接地址等信息。

2）交互设计。虽然产品经理文档中已经包含了UI草图，但往往只是轮廓性的方案，不够详细，还需要交互设计师再细化设计。交互设计师基于高级的UI草图、需求背景和解决方案，设计出符合使用要求的人机交互稿。人机交互稿可以手工绘制，也可以使用软件绘制，如常用的Axure工具。通常，交互设计师会把整理好的人机交互稿与产品经理对齐方案。在腾讯、京东、阿里巴巴和华为的部分部门，这项职责由产品经理承担。

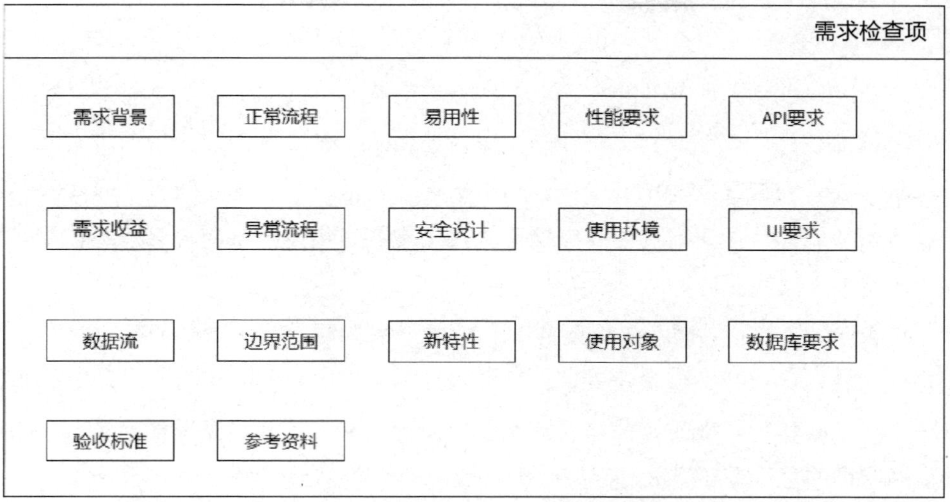

图 1-6　需求检查项

3）视觉设计。完成交互设计且经过产品经理确认后，下一步工作是视觉设计。视觉设计师应该在深入理解产品方案后，结合人机交互稿，使用视觉语言完善每个UI上的具体细节。视觉稿一般包括：元素静态要求，如颜色、形状、大小、对齐等；元素动态要求，如按钮常态、激活或非激活状态等。

4）编码开发。视觉设计完成后，前端开发工程师和后端开发工程师根据解决方案和测试用例开发特性功能，然后根据测试用例自行完成测试工作。开发过程中可能反复多次与产品经理确认逻辑。完成自测后，提交给测试团队测试，测试团队会提出Bug，开发团队根据测试提出的Bug修复缺陷。经过反复修改，开发工作才可能真正完成。项目经理在这个环节主要与开发工程师沟通，帮助消除外界影响，防止干扰开发工作，并协调专家帮助解决开发工程师在开发过程中遇到的技术或业务问题。

5）测试和演示。开发完成的功能可能有各种各样的问题，专业测试人员根据测试策略，在非开发环境中通过正常流程、异常流程、边界值、容错、单元测试、功能测试、模块测试、集成测试、冒烟测试等手段充分验证程序的正确性，才能把产品发布到线上。不少公司开始运用自动化测试工具进行自动化测试，效率远比人工测试高。比如，腾讯的一些部门已经弱化人工测试，偏向由自动化测试工具替代测试工程师。测试完成后，测试负责人要给出测试报告。有了测试通过的报告，项目经理会组织功能成果演示，通常产品经理和开发人员都必须参加，由开发人员演示开发成果，产品经理根据演示给出建议和结论。通常，主要功能需按要求一次完成，次要功能可多次演示。演示评审通过后，就可以发布App或页面程序了。

6）发布上线。

（1）To C产品上线弱化规范要求。To C产品的研发，基本上功能逻辑简单，不涉及敏感信息，往往以基于信任的方式管理团队，偏轻量管理，相信研发团队成员已经按要求完成开发和测试工作，如果出现了问题，需要进行回溯来查找问题原因，并解决问题。对于有用户敏感信息的To C产品，最好还是有检查清单和签字确认更为妥当。当然，有些To C产品涉及敏感信息，也要强化规范要求。

（2）To B产品上线强化规范要求。To B产品的研发需求比较明确，客户不希望反复试错，所以往往偏重量管理，严格管控每个环节，每个环节都必须明确确认才往下走。在华为，To B产品除了严格要求交付结果合规，研发过程合规也同样重要。有专门的可靠性部门负责合规检查，上线时也需要走华为官方发布流程。

（3）产品发布上线。演示通过后，根据测试策略判断是否允许发布程序。有时并非所有Bug都修改完才能发布。比如，测试策略规定，只要最高级别的功能测试通过就可以发布；把所有需求功能级别分为重要和非重要两个级别，分别用P0和P1表示，某些P1级别的功能虽然还没修改完Bug，也允许发布。一般上线都由运维工程师负责，保证正确安装部署。中小企业运维岗位可能由开发工程师兼任。通常，上线之后发现Bug就立刻修复，修复完再发布上线。

一般发布上线后，项目经理要组织研发团队进行开发复盘，总结开发过程中哪些做得好，哪些做得不好；上线一段时间后，也要组织产品团队进行业务复盘，总结是否达到预期目标。业务目标才是最终的目标。

（4）灰度发布。灰度发布是指让一部分用户开始使用产品新的功能特性，如果这部分用户没有提出负面意见，就逐步扩大用户范围。灰度发布可以保证整体系统稳定，在灰度的时候就可以发现、调整问题。为了确保灰度发布的可靠性，某些公司在灰度发布之前先验证新特性是否可靠、稳定。客户端暂时不更新，先线上更新后端代码，进行线上验证，验证通过后再进行灰度发布。

【案例】

某科技公司研发了一款婚姻介绍App。3月，App开发了查看信息是否已被阅读的功能。开发完该功能后，研发团队就在官网上直接发布了该功能。自该功能发布后，用户数量增长缓慢，还有部分用户卸载App，对市场影响很大。事后回溯分析得出结论：直接把新功能发布给所有用户，存在很大的风险；公司后续将灰度发布新功能，即给部分用户发布新功能来验证市场效果，再决定是否给所有用户发布新功能。5月底，该公司又开发了一个视频功能，进行了灰度发布，先发布给最活跃的3000名用户，然后是5000名用户，紧接着是5万名用户，最后才发布到应用市场。

以上是迭代开发过程中要做的工作。一般迭代都在1~2周，迭代过程中不建议变更需求，除非遇到很特殊的情况，如需求发生重大变化，无法满足需求预期指标。迭代过程中，并不是等待所有需求在某个阶段都做完了才进入下个阶段，而是某个需求或Story完成后就可以进入下个阶段。

3. 日常迭代会议

1）每日站会。每日站会一般在早上举行，大家同步一下昨天的进度，讲一讲遇到的问题，并且讲述今天自己计划做什么工作。每日站会不允许展开讨论问题，只收集进展、状态和计划。一般设置一个时间范围，如15~20分钟。如果有看板，每日站会后就要相应地调整看板中的任务状态。在每日站会中，项目经理了解到团队项目进展是否正常，是否遇到障碍，是否有需要协调的事情，然后发出日报表，一般只发送给团队成员。

2）每周例会。每周都定期举行一次例会，对齐各自负责的需求开发进展、遇到的困难、待解决问题的责任人、预计解决时间，目的是从迭代需求整体上发现风险、管控风险，并获得待解决问题责任人的承诺。会后发会议纪要，发送给团队成员并抄送给相关领导。一般在周五下午召开。

3）迭代计划评审会。通常，在产品经理梳理完产品待办需求清单，确定优先级，并挑选出即将开发的需求后，项目经理组织召开迭代计划评审会，主要内容包括产品经理宣讲迭代计划的需求，开发和测试团队针对需求方案评审可行性和工作量，最终选择能在迭代内完成的需求作为新的迭代需求，另外制订出每个需求详细的迭代完成计划，实际上是获得团队承诺。最后，项目经理输出会议结论。该会议纪要需要发送给所有团队成员并抄送给相关领导。

4）回顾会。回顾会一般在迭代工作结束时举行。该会议鼓励团队对自己的开发过程进行反思，并确定什么样的调整可以使下一迭代的效率更高、结果更令人满意和工作更容易。会议不会对团队或个人做得不够好的方面进行考核。回顾会只对事，不对人。

会议发起人一般是项目经理，会议参与人是项目研发团队全体成员。会议步骤如下。

（1）会前，通知相关人员预留时间参加会议。

（2）相关人员应该准备好会议材料，但不宜长篇大论。

（3）会中，每人围绕以下四个问题谈谈自己的想法。发言的时候要注意简洁、聚焦。

①哪些事情对团队的某个方面或自己的任务产生了很好的推动作用?

②哪些事情并没有让团队或自己的工作达到预期？有什么应对措施?

③在项目中学到了什么？不要仅仅关注事情本身，还要关注从这个过程中得到了什么。

④哪些事情自己还不清楚怎样做更合适，需要其他同事给出意见?

（4）项目经理选出几个最重要、改动最小的改进措施，作为下次迭代的优化点。

（5）会后发布会议纪要，并跟踪关闭。

4. 评估工作量

通常，评估工作量有两种方法：一种是故事点评估，另一种是工作量基线库评估。

1）故事点评估。故事点评估通常是用相对复杂度来评估项目需求复杂度的方法。1个故事点对应1个数字。通常，研发团队先确认1个故事点的参考基准，然后对故事进行斐波那契数列评估，一般该数列有数字1、2、3、5、8、13、21、34、55等。团队成员从中选出自己评估的数值作为故事点数，数值越大，复杂度越高。选出最大和最小的数值，各自阐述自己的想法，最后项目经理引导确认一个数值。

实施过程中，可以让团队成员把故事放入对应的故事点列表中。比如，开发经理先让研发小组确认读取一个数据表的脚本为1个故事点。现在要评估读取用户行为习惯的数据脚本的复杂度，该数据涉及5个表。小李的评估结果是1个故事点，老李的评估结果是5个故事点，小张和小王的评估结果都是2个故事点。开发经理让小李和老李各自阐述评估理由，最后由开发经理引导，最终达成一致，这个读取脚本的故事点为2个故事点，如图1-7所示。

2）工作量基线库评估。对于工作量评估，不少企业很困惑，往往评估的工作量和实际工作量差距很大。有什么好的办法可以更准确地评估工作量呢？这里分享华为的做法：基于工作量基线库评估工作量。工作量基线库可以是一个系统，也可以是一个Excel表。架构师分解工作任务后，按照工作量基线库，找到工作任务对应的计算方法来计算工作量。工作量基线库中列出了能开发的所有任务类型的标准工作量，不同复杂度的任务，工作量计算方法也不一样。复杂度一般分为简单、中等和复杂三种。

图 1-7　故事点评估

- 简单，如1条javascript或几句简单的逻辑代码。
- 中等，如需要查询数据库，对数据进行加工转换。
- 复杂，如需要调用第三方接口，获取数据后，对数据进行加工，之后再对数据回写接口。

简单、中等、复杂都有明确的定义，在复杂度说明列中注明，如表1-3所示。具体计算方法在工作量列中注明，如简单的工作量是$1\times n$，中等是$7\times n$，复杂是$12\times n$，n指有多少个这样的类似功能接口。比如，要实现2个接口，第1个接口是上报文件数量，第2个接口是上报文件的下载数量。按简单计算工作量，$1\times 2=2$（人天），按中等计算工作量，$7\times 2=14$（人天）；按复杂计算工作量，$12\times 2=24$（人天）。

架构师计算出新特性开发工作量后，再计算安全送检工作量。可以将新特性开发工作量乘以20%作为安全送检工作量，最后再加上1人月的版本发布工作量。所谓版本发布工作量，就是发布时要做的工作所花的工作量，一般包括准备发布材料、走发布申请流程等。

工作量基线库的标准工作量来自实施部门、业务部门的专家评审和历史经验数据，一般一个季度刷新一次。一旦确定，就按工作量基线库的计算方法计算，如果有歧义，就要等下次迭代更新。主要由开发代表负责组织维护更新。

表 1-3　工作量基线库

序号	定制分类	模块	客户场景	详细需求场景	开发能力	分类	开发方式	工作量（人天）简单	工作量（人天）中等	工作量（人天）复杂	复杂度说明	备注
1	集成类	北向	新增上报数据接口	新增加测试数据上报接口	支持设备测试数据上报第三方北向系统	B	JS	$1\times n$	$7\times n$	$12\times n$	n 为字段数，根据需求复杂度具体评估。 简单：字段可直接获取并返回； 中等：字段需解析后返回； 复杂：字段需求关联接口并返回	后续切换系统需要重新定义工作量
2	集成类	南向	新增上报数据接口	新增加测试数据上报接口	支持设备测试数据上报第三方北向系统	B	JAVA	$3\times n$	$10\times n$	$15\times n$	n 为字段数，根据需求复杂度具体评估。 简单：字段可直接获取并返回； 中等：字段需解析后返回； 复杂：字段需关联接口并返回	

说明：

基础工作量 =1 人月 / 版本

安全送检工作量 = 新特性开发工作量 ×20%

总工作量 = 基础工作量 + 新特性开发工作量 + 安全送检工作量

工作量基线库评估的流程是：首先由业务部门或市场部们把外部需求转换成项目需求，然后分发到研发部门；研发部门收到需求后，架构师设计方案，并根据基线库评估工作量；然后参加需求可行性会议，这个会议由评估需求工作量的架构师、研发专家、业务需求方和研发行管参加，评估业务部门、实施部门、出资部门各方是否都能接受方案可行性和工作量；评审通过之后就正式上报预算，如果不通过再重新评审。具体流程如图1-8所示。

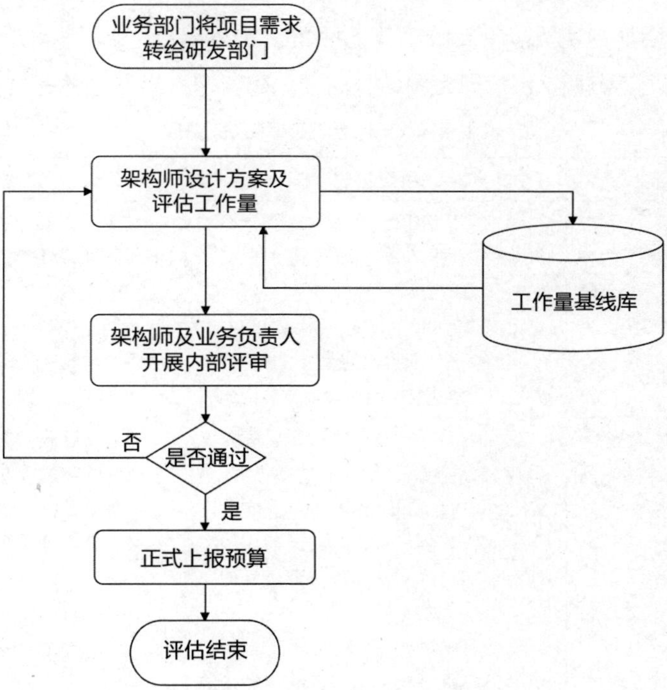

图 1-8　工作量基线库评估流程

除了以上工作量评估，还要做方案的可行性评估，主要包括以下几点。

- 技术可行性。
- 开发环境是否支持使用的技术。
- 是否采用新的技术，如果是新技术，可能存在技术风险。
- 除了特性功能，是否包含安全、性能要求。
- 业务可行性。
- 是否包含业务正常流程。
- 是否包含业务异常流程。

- 是否包含指定的角色、权限。
- 是否描述清楚故事场景。
- 是否描述清楚故事价值。
- 是否描述清楚验收标准。

1.3.3 研发管理利器：善用利器，提升研发效率

代码管理是研发管理的基础能力。很多公司都使用相关工具管理代码，因为代码管理工具有明显的优势。常用的工具包括Git、SVN等。

表1-4以手工管理和Git管理为例，介绍了代码管理不同方法的差异。

表 1-4 代码的手工管理和 Git 管理

场景	描述	手工管理	Git 管理
登记跟踪	记录项目由开始到结束的整个过程，以及研发过程中所有内容的变化情况	通常可以使用记事本手工登记每次修改的内容。比如，程序员 A 提交了 100 行代码给项目经理，项目经理手工登记提交时间、修改内容和修改人。 劣势：手工管理由项目经理负责，如果项目经理很忙，就可能耽误登记代码	程序员 A 自己提交代码到 Git 服务器即可。系统会自动登记修改人、提交时间和修改内容。 优势：Git 管理很方便，只涉及程序员，而且登记过程简单
版本控制	可以清楚地知道每个版本的功能范围	项目经理手工创建不同版本的代码库保存代码。比如，创建文件夹 WMS-V1000 和 WMS-V2000，存放两个不同版本的代码，并且为对应的文件夹编写日志文件，登记两个文件夹的代码需求范围。 劣势：操作烦琐，没有冻结代码功能。已经发布的版本，由于没有冻结代码功能，很容易被修改，最终导致历史版本和后续版本代码不一致	项目经理只需要简单创建版本或使用命令创建版本，并写上对应版本的需求范围，即可生成不同的两个版本，并且系统会自动冻结旧版本的代码。 优势：操作简单，有冻结代码功能，已经发布的代码不能随意更改
权限控制	防止代码混乱，提高安全性，防止一些不必要的损失和麻烦	无法控制。 劣势：无法保障代码安全	用简单的权限命令或在有操作界面的 Git 上给对应的角色分配权限即可。权限包括查看、编辑。 优势：操作简单，安全可靠
责任追究	防止互相推卸责任，可以清楚地知道谁对哪个文件进行了什么修改，导致项目无法正常运行	通常只能按模块划分责任边界，不同模块由不同的人负责。如果相同模块多人负责，就很难区分责任边界。 劣势：多人协同时，无法区分责任	提交代码时，Git 会自动记录每个人的每次操作内容，所以能很方便地区分操作责任，防止推卸责任 优势：能满足多人协同工作，责任清晰

续表

场景	描述	手工管理	Git 管理
回退处理	执行了错误的操作之后，还有补救的机会	开发过程中，当一个代码修改错误，希望回退到以前的代码时，就要借助代码对比工具找到代码差异，才能解决回退问题。 劣势：回退代码非常困难	自带代码对比功能，也能制定代码对比工具，还有所有文件所有修改时间点的记录，包括谁在什么时间修改了什么内容。程序员很容易找到合适的回退内容，进行回退操作。 优势：回退代码很简单

除了代码管理工具，还有其他研发管理工具，如禅道、Jira和飞书，以及华为的祥云。这些工具都具备以下功能：创建、维护、拆分、分配原始需求、转化为产品需求、产品需求维护、拆分和分配；把需求关联到研发平台、代码管理库管理、测试管理、发布管理和运维等。第2章将对此进行详细介绍。

1.3.4　化解危机：沉着应对延期和变更

1. 延期怎样处理

假设双周迭代一次，发布时间定在双周周六，那么截止时间就是周六，也就是人们常说的最后期限。所有需求都有最后期限。

比如，开发某款婚庆App产品，约定第一天需求宣讲，第二天出技术方案，然后是六天的开发时间，最后是一天的测试和一天的回归集成与上线，合计十天。所以到了第十天，所有的任务必须完成。

偶尔，个别项目到了最后期限都无法完成任务，这样就出现了延期或跟不上版，通常这时要结合产品发布策略来决定要不要发布上线。比如，策略允许P0级别的关键需求测试通过就能发布，这样即使还有非关键需求的Bug没关闭，但项目可以发布。并非所有情况都要遵从发布策略，有时虽然没有达到发布策略的要求，但项目经理也可以主动与产品经理或产品组讨论是否能发布上线。

2. 变更怎样处理

开发过程中一般不允许变更，但是某些情况不得不变更，如访问第三方系统，系统变更了访问接口，开发过程发生了变动。此时就必须停止旧的方式，变更成新的方式。

一般情况下，要根据变更情况开展合适的活动，而这些活动最好在立项初期就与上下游、平行职能部门达成共识，一旦遇到变更，则拥抱变更，充分沟通。如果变更工作量很小，不影响交付，就直接在本次迭代修改；如果变更工作量比较大，超出了交付截止时间，就要跟产品经理反馈问题，产品经理应根据实际情况终止该需求，替换新的需求。所以变更都应该有记录，并尽早处理。项目应记录并跟踪变更情况，便于后续管理。

如果企业有变更管理委员会，项目经理应组织变更会议，邀请变更管理委员会、开发人员、产品经理、测试人员讨论确认变更。在华为To B项目中，一旦发生变更，必须组织同行评审和变更评审，评审通过后才能变更。

当遇到必须变更的情况时，建议尽早变更，因为如果没有及时变更，就可能导致在错误的代码上耦合越来越多，后面修改就越困难，付出的代价就越大。

1.4 有度量：互联网项目及团队成员如何度量 张文强 ◆

在项目中，我们会看到各种角色，并观察到整个团队的配合。但是如何度量项目和项目中某个团队成员？下面从两个方面介绍，一方面是项目的度量，另一方面是团队成员的度量。

1.4.1 项目的度量

1.To B 项目的度量

想有效度量To B项目，首先要分析To B项目的对象。To B项目一般是对机构交付的，需要签订合同，合同中有非常明确的交付时间、范围及成本要求。对于这类项目的度量，我们要根据合同的要求，并结合项目管理的方式进行设计。在跟踪监控过程中，将项目分成不同阶段，确定不同阶段的交付物、交付时间，同时对项目的汇报机制、问题风险解决进行跟踪记录。项目偏差、交付材料完整度、项目规范度、客户满意度、线上问题响应度、回款情况等均可以作为项目的度量参考。

【案例】

A公司作为乙方，开发了一个对外交付的学习软件。项目计划开始时间为2023年3月1日，计划结束时间为2023年6月30日，实际开始时间为2023年3月1日，实际结束时间为2023年7月15日。项目阶段分为产品、开发、测试、上线、验收，每个阶段都有交付物及时间要求，如表1–5所示。

说明：该项目为虚拟项目，因为每个里程碑节点都涉及不同的阶段，项目会根据实际情况进行裁剪，所以此部分只作为参考。

表 1–5　项目基本情况

<table>
<tr><td>计划开始时间</td><td>2023-3-1</td><td>计划结束时间</td><td>2023-6-30</td><td>实际开始时间</td><td>2023-3-1</td><td>实际结束时间</td><td>2023-7-15</td></tr>
<tr><td>阶段</td><td colspan="2">预期交付物</td><td>实际交付物</td><td colspan="2">预计交付时间</td><td colspan="2">实际交付时间</td></tr>
<tr><td>产品</td><td colspan="2">可行性研究报告、需求文档</td><td>完整</td><td colspan="2">2023-3-10</td><td colspan="2">2023-3-9</td></tr>
<tr><td>开发</td><td colspan="2">架构设计、数据库设计、概要设计、详细设计</td><td>完整</td><td colspan="2">2023-5-20</td><td colspan="2">2023-5-30</td></tr>
<tr><td>测试</td><td colspan="2">可上线安装包</td><td>完整</td><td colspan="2">2023-6-28</td><td colspan="2">2023-7-13</td></tr>
<tr><td>上线</td><td colspan="2">上线文档、运维承诺书</td><td>缺少运维承诺书</td><td colspan="2">2023-6-29</td><td colspan="2">2023-7-14</td></tr>
<tr><td>验收</td><td colspan="2">验收文档</td><td>完整</td><td colspan="2">2023-6-30</td><td colspan="2">2023-7-15</td></tr>
<tr><td colspan="8">项目规范度</td></tr>
<tr><td>汇报</td><td colspan="7">缺少一次汇报</td></tr>
<tr><td>沟通</td><td colspan="7">每次沟通都输出纪要或待办</td></tr>
<tr><td>变更</td><td colspan="7">符合流程</td></tr>
<tr><td>上线</td><td colspan="7">符合流程</td></tr>
</table>

根据项目基本情况，我们可以对项目过程中关注的每项或重要的几项制定评分标准，这个评分标准需要经过整个团队评审、确认并认可。对于项目度量表中的数据，所有权重相加必须为100%。

根据该学习软件项目的交付情况，制定项目度量表，如表1-6 所示。

表 1–6　学习软件项目度量表

分类	评分标准（总分 10 分）	权重	评分	备注
项目偏差	0< 项目偏差 <0.5，8~10 分； 0.5< 项目偏差 <0.9，5~8 分； 0.9< 项目偏差 <1.1，3~5 分； 1.1< 项目偏差 <2，0~3 分	20%	7	项目偏差 =（实际结束时间 – 实际开始时间）/(计划结束时间 – 计划开始时间）

续表

分类	评分标准（总分 10 分）	权重	评分	备注
交付材料完整度	0< 缺少材料数量 <2，8~10 分； 3< 缺少材料数量 <4，6~8 分； 5< 缺少材料数量，0~6 分； 同时参考材料的重要程度	10%	9	—
项目规范度	项目汇报、沟通、变更、上线等符合流程； 汇报缺少一次，扣 0.05 分； 沟通后缺少纪要或待办，扣 0.05 分； 不符合规定变更，扣 1 分； 上线流程不符合规范，每次扣 3 分	15%	9.95	—
客户满意度	客户根据项目交付情况，对项目进行客观评分，总分为 10 分； 非常满意，9~10 分； 满意，8~9 分； 一般，5~8 分； 不满意，0~5 分	40%	8.5	—
线上问题响应度	未出现问题，10 分； 出现问题后有响应并跟踪，8~10 分； 出现问题后响应不积极，6~8 分； 出现问题后无人响应，0 分	10%	9.9	—
回款情况	完成交付后一个月内回款，10 分； 完成交付后半年内回款，8~10 分； 完成交付后一年内回款，5~8 分； 超过一年未回款，0~5 分	5%	8	对于不同公司，项目回款情况可能作为一个参考项，不作为项目度量的主要方面
总　计	—	100%	8.58	总权重 = 分权重 1+ 分权重 2+……=1 总评分 = 分项 1 分值 × 权重 1+ 分项 2 分值 × 权重 2+……

通过案例及上面的说明，我们可以知道，项目基本情况表是项目度量表的基础。因为项目具有独特性，所以项目基本情况表中的各项会根据具体情况进行裁剪，这就影响到项目度量表中的度量项及相应的权重。这也间接说明，即使同一项目团队，对于不同的项目，裁剪的度量项及权重不同，得到的度量表也不同。即使同一项目，由不同的项目团队来操作，裁剪的度量项及权重也存在差异，项目度量表也是存在差异的。

2.To C 项目的度量

对于To C项目，也要分析其对象。To C项目的对象一般是直接用户。这类项目更关注用户的体验及满意度，一般通过迭代增量的方式进行发布。

对于这类项目，项目度量更多地关注迭代目标达成率、完成准时率、迭代交付速率、线上问题跟踪与响应、线上问题缺陷密度等。

【案例】

某学习类App发布的版本是2.1.1，该版本在迭代会议期间计划完成109个故事点，但实际完成100个故事点。团队目前处于稳定状态，团队的平均速度为110，计划开发周期为10个工作日，实际开发周期为11个工作日。该App有效代码行数为140千行，测试过程中发现高优先级Bug25个，中优先级Bug62个，低优先级Bug15个。团队成员达成共识，选择低优先级的Bug作为1个标准，将其视为1，中优先级Bug视为2，高优先级Bug视为4。线上出现了1个中优先级Bug。

迭代目标达成率计算公式如下：

迭代目标达成率=实际完成故事点数/计划完成故事点数×100%

一般情况下，迭代会议会确定计划完成的故事点数，迭代结束后，会得到实际完成的故事点数。案例中，此次迭代的目标达成率为91.74%。

完成准时率计算公式如下：

完成准时率=开发实际周期/开发计划周期×100%

案例中，此次迭代的完成准时率为90.91%。

迭代交付速率计算公式如下：

迭代交付速率=迭代速度/团队平均速度×100%

迭代速度是此次迭代完成的故事点数。当项目团队进入稳定期时，团队的速度一般也会趋于稳定。通过统计稳定期的多次迭代速度，可以计算出团队的平均速度。案例中并没有说明该团队是固定团队成员、固定迭代周期的，所以该项可能不适用。

线上问题跟踪与响应没有具体的计算公式。团队一般会提前明确线上问题跟踪与响应的时间。在发现问题后，响应时间需要控制在4小时内，解决时间控制在24小时内。问题发现者会监督问题，促使团队解决问题，同时对团队的跟踪及响应时间打分。案例中未提及该项，可以不作为度量标准。

线上问题缺陷密度计算公式如下：

线上问题缺陷密度=线上问题个数×对应优先级标准值/有效代码行数

在案例中，线上问题缺陷密度=1×2/140=0.014。如果线上出现了1个高优先级Bug、2个低优先级Bug，则线上问题缺陷密度=（1×4+2×1）/140=0.042。

1.4.2 团队成员的度量

为了控制项目质量，同时对团队成员进行绩效评定（或作为评级参考），一般会对团队成员进行度量。团队成员的度量一般分成两部分，一部分是团队中不同角色的度量，在项目过程中为不同角色设定度量参考项；另一部分是团队中个人的度量，为个人与项目成员间的协作等设定度量参考项。两种度量方式通过不一样的权重评分，得出项目团队成员的度量。

1. 团队中不同角色的度量

不管是To B项目还是To C项目，每个项目都是由不同的角色共同完成的，所以对于各个角色有不同的度量方式。需求变更次数、Bug总数、线上Bug数等都可以作为不同角色的度量参考项。部分项目角色度量参考项如表1-7所示。

表 1-7 部分项目角色度量参考项

角 色	度量参考项	备 注
产品经理	需求评审次数	—
	需求变更次数	—
	需求稳定性	1-（修改、增加或删除的分配需求数 / 初始的分配需求数）×100%
开发人员	冒烟测试不通过的次数	—
	Bug 被重新打开的次数	—
	Bug 密度	Bug 数量 / 本次 Bug 总数 ×100%
	Bug 总数	—
测试人员	用例总数	—
	Bug 总数	—
	Bug 率	Bug 总数 / 用例总数
	线上 Bug 数	—
运维人员	回滚次数	—
	上线次数	—
	回滚率	回滚次数 / 上线次数

需求评审次数、需求变更次数和需求稳定性都体现了产品经理是否想清楚了自己设计的产品。评审次数越多，说明产品遗漏的点越多；变更次数越多，说明产品需求越不稳定。这部分可以根据具体情况裁剪，作为参考项。

冒烟测试不通过的次数体现了开发人员正式提测前开发的质量，有时也作为开发人员的度量参考项（冒烟测试指的是开发团队提测前，需要完成自测，走通主流程。测试人员在拿到提测版本后，也会进行一次主流程的测试，如果没有走通主流程，就定义为冒烟测试不通过）。Bug被重新打开的次数体现了开发人员修改Bug的质量。Bug密度及Bug总数体现了项目或产品的开发质量。对于不同的团队，对开发人员度量的维度不同，也可能采用不一样的度量参考项。

Bug一般分成高、中、低优先级，开发人员按照优先级的不同修复Bug。通过计算高优先级Bug密度、中优先级Bug密度及低优先级Bug密度，确定评分规则及评分。该项有时作为开发人员的度量参考项。

需要特别说明的是，该部分的Bug密度和案例中的Bug密度不同，因为两个团队达成的共识不同，所以存在计算方法标准的区别。

测试人员的度量一般包括几个点，如用例总数、Bug总数、Bug率和线上Bug数。用例总数反映本次测试的范围；Bug总数反映本次产品的缺陷多少；Bug率反映Bug总数与用例总数的比值，比值越大，Bug越多。线上Bug数一般分为两类，一类是上线时带的Bug，另一类是被用户发现的Bug，可以根据实际情况选择，并根据严重程度进行度量。

运维人员（负责集团内所有产品的上线）的度量一般包括一定时间内的回滚次数、上线次数或回滚率。回滚次数多了，可能暴露两个问题，一是上线的产品本身有问题，二是运维人员能力有问题。比如，一个月内张三上线了8次，回滚6次，只有2次成功。李四上线了10次，只有1次回滚。张三和李四的回滚率很明显。

团队中不同角色的度量没有统一标准，不同公司可以根据不同的目的，列出相关指标，裁剪选择适合项目团队的方式。

2. 团队中个人的度量

每个人都是团队的组成部分，有些团队中，团队成员会采用匿名的方式互评，互评的分数作为度量的一部分，如工作态度、工作能力等。

对于团队中个人的度量，可以制作团队互评表，如表1-8所示。

表 1-8　团队互评表

分类	评价项	评分规则	权重	分数
工作态度	工作责任心	总分 10 分 工作责任心强烈，8~10 分； 工作责任心一般，5~7 分； 工作责任心待提高，0~5 分	10%	
	工作积极性	总分 10 分 工作积极性非常高，8~10 分； 工作积极性一般，5~7 分； 工作积极性待提高，0~5 分	10%	
	团队意识	总分 10 分 团队意识非常高，8~10 分； 团队意识一般，5~7 分； 团队意识待提高，0~5 分	10%	
	学习意识	总分 10 分 学习意识非常高，8~10 分； 学习意识一般，5~7 分； 学习意识待提高，0~5 分	10%	
工作能力	分析能力	总分 10 分 分析能力非常高，8~10 分； 分析能力一般，5~7 分； 分析能力待提高，0~5 分	10%	
	判断能力	总分 10 分 判断能力非常高，8~10 分； 判断能力一般，5~7 分； 判断能力待提高，0~5 分	10%	
	计划能力	总分 10 分 计划能力非常高，8~10 分； 计划能力一般，5~7 分； 计划能力待提高，0~5 分	10%	
	创新能力	总分 10 分 创新能力非常高，8~10 分； 创新能力一般，5~7 分； 创新能力待提高，0~5 分	10%	
	应变能力	总分 10 分 应变能力非常高，8~10 分； 应变能力一般，5~7 分； 应变能力待提高，0~5 分	10%	

续表

分类	评价项	评分规则	权重	分数
工作能力	理解能力	总分 10 分 理解能力非常高，8~10 分； 理解能力一般，5~7 分； 理解能力待提高，0~5 分	10%	
总分	总分 = 分项 1 分数 × 权重值 1+ 分项 2 分数 × 权重值 2+……		100%	

说明：评分规则由团队成员共同协商，自定义完成。不同的团队关注的重点不同，各评价项的权重值也可能有一些差异，只要保证所有项的权重之和为100%即可。

在企业中，对于项目或团队成员的度量不会单独使用，一般综合考虑项目、团队成员角色及个人的度量，作为团队或个人绩效的一种参考。

02 第2章

善其事者先利其器：互联网最佳实践荟萃

善其事者先利其器：互联网最佳实践荟萃
最佳实践分享：需求管理四部曲
需求过程
❶ 需求采集
❷ 需求分析
❸ 排期规划
❹ 迭代开发
❺ 功能验收
❻ 需求验收
❼ 问题验收
需求结构
❶ 业务需求
❷ 产品需求
❸ 技术任务
需求协作
❶ 业务人员/客户代表
❷ 交付专家/产品经理
❸ 研发团队
需求优先级
❶ 项目影响
❷ 商业价值
❸ 其他影响
最佳实践分享：项目管理体系建设
定流程
项目管理，流程先行
引进来，再设计
顶层设计与实操相结合
流程再造
定关键
人定事成，抓大放小
定义关键角色及分工
定义关键里程碑
定后方
后方稳固，交付舒心
拉通周边的支持团队
得到公司领导和各部门负责人的支持
定监控
监控过程，保证结果
把里程碑跟关键角色一一对应
专项跟踪
定模板
项目管理体系的建设规划
基于现状的端到端改进
建流程、重过程、靠组织
流程改进，文化先行
最佳实践分享：搭建项目管理平台
行业调研
项目管理平台现状
阿里巴巴
云效DevOps平台
京东
行云DevOps平台
字节跳动
飞书
腾讯
TAPD
小米
飞书+ONES
确定方案
飞书+自研数字化项目管理平台
架构设计
❶ 项目仪表盘
❷ 质量仪表盘
❸ 研发效能仪表盘
❹ 人力资源仪表盘
❺ 工时上报系统
平台建设
❶ 产研项目管理过程模块
❷ 需求模块及有效性监控
❸ 定制化可视分析平台
❹ 预警和产研数字化展示分析平台

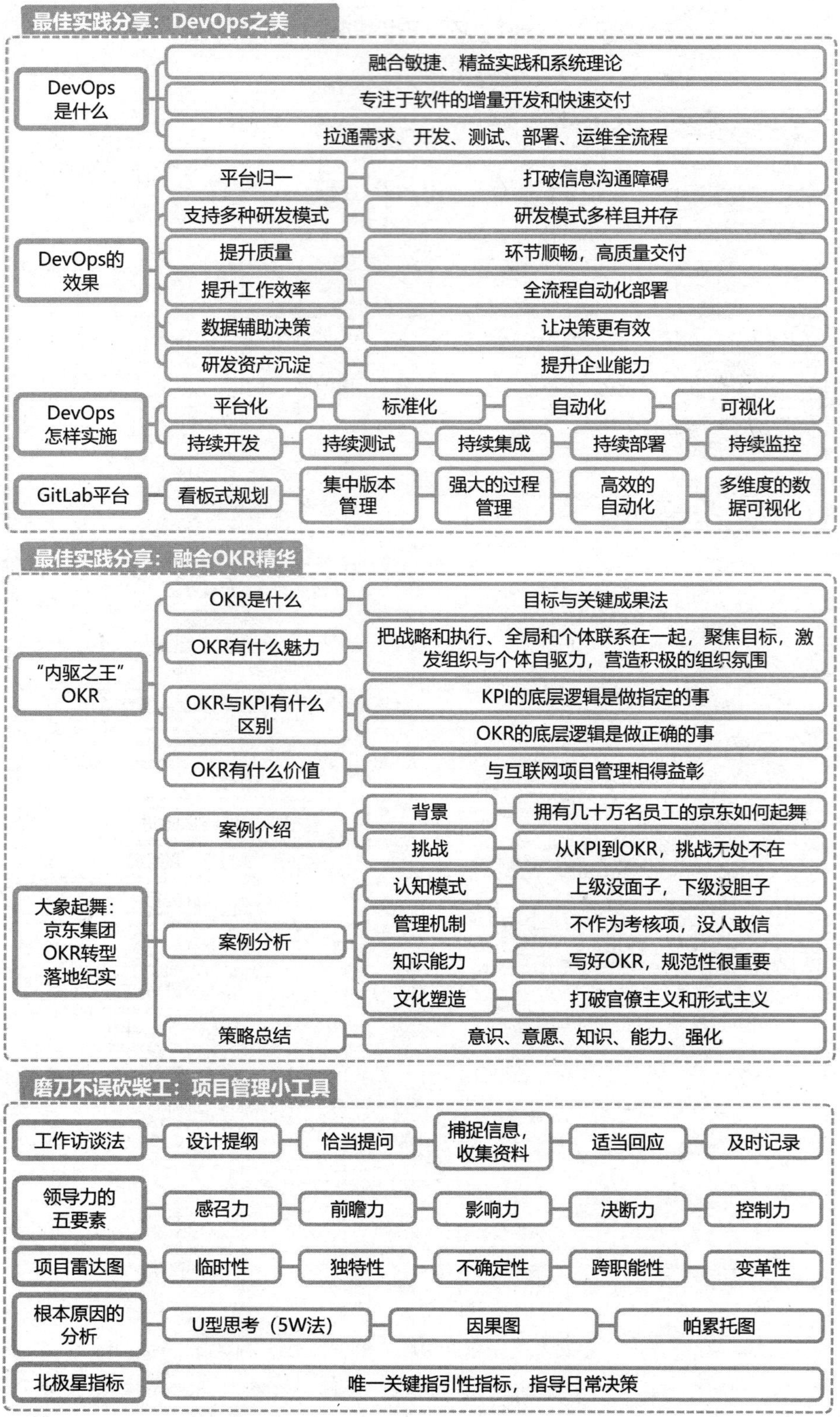
最佳实践分享：DevOps之美
DevOps是什么
融合敏捷、精益实践和系统理论
专注于软件的增量开发和快速交付
拉通需求、开发、测试、部署、运维全流程
DevOps的效果
平台归一
打破信息沟通障碍
支持多种研发模式
研发模式多样且并存
提升质量
环节顺畅，高质量交付
提升工作效率
全流程自动化部署
数据辅助决策
让决策更有效
研发资产沉淀
提升企业能力
DevOps怎样实施
平台化
标准化
自动化
可视化
持续开发
持续测试
持续集成
持续部署
持续监控
GitLab平台
看板式规划
集中版本管理
强大的过程管理
高效的自动化
多维度的数据可视化
最佳实践分享：融合OKR精华
“内驱之王”OKR
OKR是什么
目标与关键成果法
OKR有什么魅力
把战略和执行、全局和个体联系在一起，聚焦目标，激发组织与个体自驱力，营造积极的组织氛围
OKR与KPI有什么区别
KPI的底层逻辑是做指定的事
OKR的底层逻辑是做正确的事
OKR有什么价值
与互联网项目管理相得益彰
大象起舞：京东集团OKR转型落地纪实
案例介绍
背景
拥有几十万名员工的京东如何起舞
挑战
从KPI到OKR，挑战无处不在
案例分析
认知模式
上级没面子，下级没胆子
管理机制
不作为考核项，没人敢信
知识能力
写好OKR，规范性很重要
文化塑造
打破官僚主义和形式主义
策略总结
意识、意愿、知识、能力、强化
磨刀不误砍柴工：项目管理小工具
工作访谈法
设计提纲
恰当提问
捕捉信息，收集资料
适当回应
及时记录
领导力的五要素
感召力
前瞻力
影响力
决断力
控制力
项目雷达图
临时性
独特性
不确定性
跨职能性
变革性
根本原因的分析
U型思考（5W法）
因果图
帕累托图
北极星指标
唯一关键指引性指标，指导日常决策

2.1 最佳实践分享：需求管理四部曲

张嘉 ◆

2.1.1　需求管理一部曲：需求过程

互联网行业身处多变的VUCA时代，需要不断优化管理、优化流程，以应对变化。当下，互联网公司最核心的目标是快速交付客户需求。研发的交付效率越高，产生的业务价值就越高，公司在相同竞品的赛道上竞争时也会胜人一筹。因此，围绕提高客户需求交付效率这件事，互联网公司需要构建最小化过程浪费、高效交付客户需求的需求管理流程，在高效交付客户需求的同时实现用户价值最大化，最终实现互联网公司业务的成功。

大部分互联网公司均以业务驱动公司发展，公司通过组织内的相关协作，最终交付的一定是来自客户的业务需求。如何理解需求的含义呢？从广义上说，首先，需求一定是有一定周期的，也就是有交付完成的时间；其次，需求一定是基于解决具体的业务问题的；最后，需求最终是以具体的功能或提供相关的能力来体现的。

简单来说，需求满足是通过一定的协作过程实现的，一般涉及几个子过程：需求采集、需求分析、排期规划、迭代开发、功能验收、需求验收、问题验收，如图2-1所示。

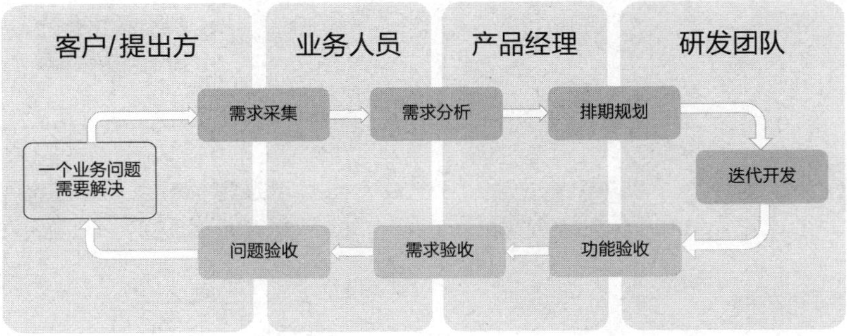

图 2-1　需求满足的一般过程

2.1.2　需求管理二部曲：需求结构

在做产品研发的时候，究竟需要做些什么呢？其实，任何产品的研发都是从用户目标或业务目标出发的，要基于用户目标和业务目标规划业务需求。当然，如果是一个正在运行的系统，也有可能把不断产生的客户诉求转化为业务需求，而这样产生的业务需求会被进一步拆分为产品需求。业务需求从用户的角度解决具体的业务问题，如我们要解决员工差旅报销流程烦琐且报销周期长的问题，希望简化报销流程，同时将原有的报销周期由1周减少到2天。那么在这个业务场景下，产品需求是什么呢？要有报销自动审核、报销规则配置、审批自动提醒，甚至在个人报销的规则内实现免审直接报销到账的功能，这些都需要分到不同的产品需求去实现。所以，业务需求要能够拆分到各个产品中，以产品需求的形式实现，同时产品需求最终也将分解成一个个技术任务，通过技术任务的版本交付，最终完成业务需求，为用户的业务目标及客户诉求服务。

当然，并不是所有产品需求都直接来自用户的业务需求。有些产品需求来自产品本身直接规划的技术需求，如需要升级后端的微服务架构、重构系统的交付页面，以及新增的相关安全防护策略等，最终目标还是服务于用户，如提高页面的响应速度、提高操作系统的效率、增强企业的数据安全性等。通过产品需求的交付满足业务诉求，最终实现业务目标。图2-2展示了需求的三层结构。

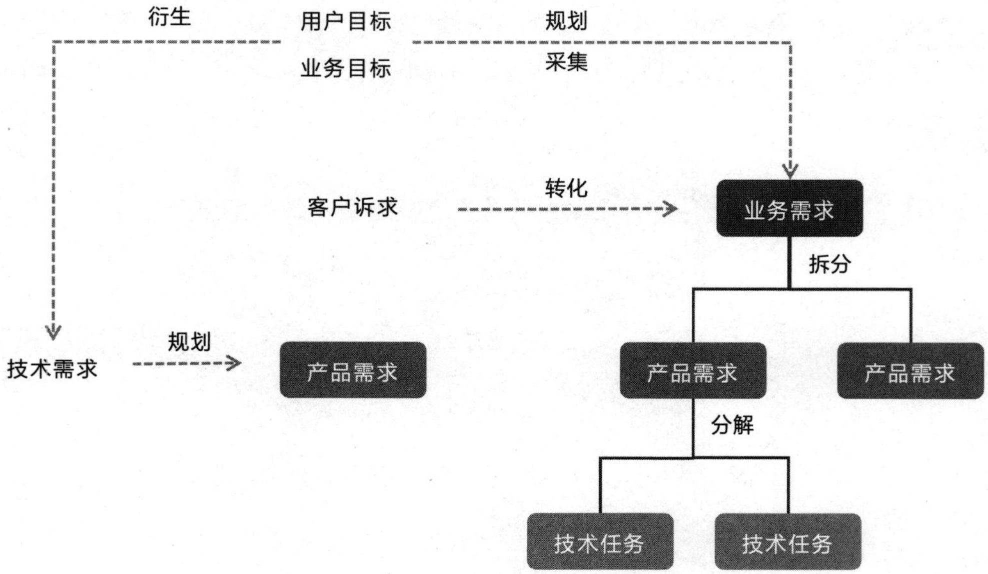

图 2-2　需求的三层结构

在图2-2中，最上层为业务需求。业务需求承载业务的价值，是业务验收的基本单元，也是运营和发布的基本单元，每个业务需求通常可以单独对外发布和运营。

中间层为产品需求。产品需求承载产品的具体功能，是产品集成和测试的基本单元，通常也是系统版本部署的基本单元，往往多个产品需求的实现最终达成一个业务需求。最下层为技术任务。技术任务承载具体的技术实现工作，是研发内部工作分配的基本单元，也是技术实现的基本单元，多个技术任务的实现往往最终以一个产品需求的完成来体现。

2.1.3　需求管理三部曲：需求协作

在需求结构的基础上，组织内部要通过怎样的协作方式来高效地交付需求呢？如图2-3所示，左边为需求结构。当业务人员或客户代表从客户那里采集并创建具体的业务需求后，一部分简单业务需求由业务人员直接拆分成具体的产品需求进行流转分配，另一部分复杂业务需求则需要通过内部交付团队的交付专家或产品经理“消化”后创建内部的产品需求。产品需求可以直接拆分为具体的技术任务。研发团队对产品需求进行需求澄清后，综合评估技术方案和可行性并进行需求分解，各个技术任务再分配给不同的开发角色，随着版本迭代进行交付。

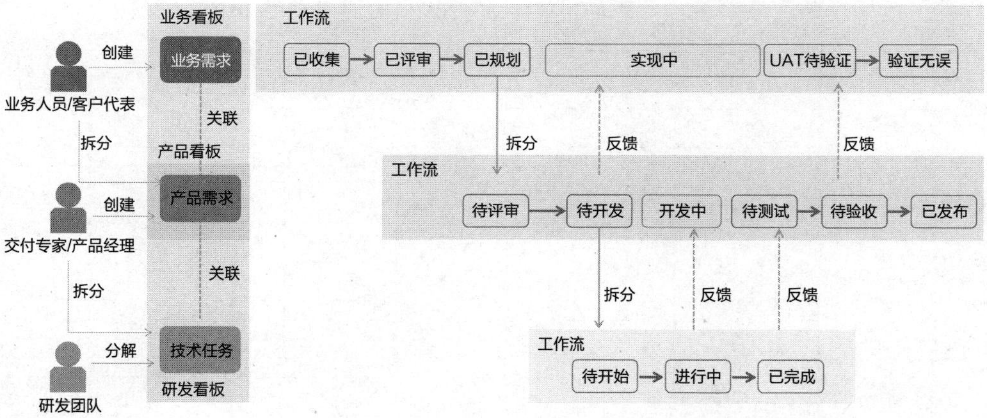

图 2-3　组织协作模式

在需求的三层结构中，由于不同角色的分工及各自关注点的不同，需要形成各自专属的可视化需求看板或任务看板，以便管理和协作。业务人员关注的是业务需求的状态，针对关注的业务需求进行管理，形成业务需求的工作流。通过端到端的状态流转，始终关注自己聚焦的业务需求，同时通过关联关系，向下实时了解拆分的产品需求进展。产品经理关注的是拆分后分配到自己身上的产品需求状态，向上对齐业务部门的业务需求，防止跑偏；向下了解所分解任务的状态，以防止进度延期导致产品需求无法交付，作为中间层起到承上启下的作用。研发团队作为底层，聚焦于自己的技术任务，时刻关注任务的完成情况，当出现延期风险时，始终做好向上对齐、及时反馈，最终自下而上形成完整的组织协作模式。各角色的看板及相关工作流的设置最大限度上实现了过程浪费的最小化，使不同角色更加聚焦于自己负责的领域，提升各自的交付效率，最终顺畅、高质量地实现业务需求，达成业务的交付目标。

2.1.4 需求管理四部曲：需求优先级

在组织协作过程中，需求优先级的界定需要遵循一定的标准。由于角色的分工和立场不同，如果在未达成共识的情况下进行需求排期，就会造成很多分歧。比如，站在业务的角度，客户的需求永远是第一位的，需要优先满足。而站在产品交付的角度，有时为了服务更多的潜在客户，会从长期考虑，将产品需求的优先级放到最高。为了减少内部损耗，提升整体交付效率，需要制定需求优先级评估标准。图2-4展示了某新兴SaaS（Software as a Service，软件即服务）行业一家头部公司内部的需求优先级评估标准，供读者参考。

<table>
<tr><th rowspan="3">序号</th><th rowspan="3">评估维度</th><th rowspan="3">权重</th><th colspan="2" rowspan="2">评估子项</th><th colspan="2" rowspan="2">子项分解</th><th colspan="4">需求优先级</th></tr>
<tr><th>紧急</th><th>高</th><th>次高</th><th>普通/较低</th></tr>
<tr><th>子项</th><th>比重</th><th>细则</th><th>比例</th><th>两个迭代内解决</th><th>两个月内解决</th><th>本季度解决</th><th>半年内解决</th></tr>
<tr><td rowspan="5">一</td><td rowspan="5">项目影响</td><td rowspan="5">50%</td><td>卡上线</td><td>40%</td><td colspan="2">/</td><td>△</td><td>△</td><td>△</td><td>△</td></tr>
<tr><td>卡验收</td><td>30%</td><td colspan="2">/</td><td>△</td><td>△</td><td>△</td><td>△</td></tr>
<tr><td>关键相关方</td><td>20%</td><td colspan="2">/</td><td>△</td><td>△</td><td>△</td><td>△</td></tr>
<tr><td>用户体验</td><td>5%</td><td colspan="2">/</td><td>/</td><td>△</td><td>△</td><td>△</td></tr>
<tr><td>缺陷转需求</td><td>5%</td><td colspan="2">/</td><td>/</td><td>△</td><td>△</td><td>△</td></tr>
<tr><td rowspan="8">二</td><td rowspan="8">商业价值</td><td rowspan="8">30%</td><td rowspan="5">祝业务商业价值</td><td rowspan="5">70%</td><td>战略客户</td><td>70%</td><td>△</td><td>△</td><td>△</td><td>△</td></tr>
<tr><td>KA客户</td><td>50%</td><td>/</td><td>△</td><td>△</td><td>△</td></tr>
<tr><td>战略+KA客户</td><td>80%</td><td>△</td><td>△</td><td>△</td><td>△</td></tr>
<tr><td>其他客户,年ACV≥10万元</td><td>50%</td><td>/</td><td>△</td><td>△</td><td>△</td></tr>
<tr><td>其他客户,年ACV<10万元</td><td>20%</td><td>/</td><td>△</td><td>△</td><td>△</td></tr>
<tr><td rowspan="3">其他商业价值</td><td rowspan="3">30%</td><td>核心类产品</td><td>60%</td><td>△</td><td>△</td><td>△</td><td>△</td></tr>
<tr><td>辅助类产品</td><td>20%</td><td>/</td><td>/</td><td>△</td><td>△</td></tr>
<tr><td>新产品</td><td>20%</td><td>/</td><td>/</td><td>△</td><td>△</td></tr>
<tr><td rowspan="4">三</td><td rowspan="4">其他</td><td rowspan="4">20%</td><td>交付发现待优化</td><td>30%</td><td colspan="2">/</td><td>/</td><td>△</td><td>△</td><td>△</td></tr>
<tr><td>投诉/抱怨</td><td>30%</td><td colspan="2">/</td><td>△</td><td>△</td><td>△</td><td>△</td></tr>
<tr><td rowspan="2">其他客户有相同需求</td><td rowspan="2">40%</td><td>关联战略/KA客户需求</td><td>80%</td><td>△</td><td>△</td><td>△</td><td>△</td></tr>
<tr><td>关联其他客户需求</td><td>20%</td><td>/</td><td>△</td><td>△</td><td>△</td></tr>
</table>

图 2-4　需求优先级评估标准

在图2-4中，该公司通过三个维度评估需求优先级：项目影响、商业价值和其他影响。为各个评估维度分配相应的权重，权重依据公司当前的重点确定。该公司目前以交付型项目为主，因此为影响项目上线的需求、影响项目验收的需求及影响客户满意度的需求分配了较高的权重。具体说明如下。

- 需求优先级。主要按评估维度的权重加总排序。

- 其他商业价值。需要结合产品线的成熟度、预期合同金额、预期签约可能性等条件进行评估。
- 卡上线、卡验收。需要提供相关证明，包括但不限于经客户确认的相关文件（如SOW、蓝图方案、里程碑计划等）。
- 关键相关方。主要为客户方首席财务官、首席信息官或其他对项目有决定权的核心人员。
- 一个迭代内必须解决的超紧急需求，由业务侧通过流程发起需求交付保障。

2.2 最佳实践分享：项目管理体系建设

代春娇

产品经理的主要工作是挖掘用户需求，提炼、整合产品卖点，输出需求规格说明书；开发工程师的主要工作是输出设计文档和编写编码；测试工程师的主要工作是输出测试方案和测试用例，完成版本测试。每个不同的角色在自己的岗位上承担着不同的任务，项目管理者需要充分进行资源整合，以实现项目目标。

项目中的不同角色是独立的个人，虽然在同一个项目组，但是其他成员的领域对他们而言似乎是未知的。从整体和局部的关系上看，他们应该是一个链条上的某个环节，只是不太清楚自己这颗螺丝钉对于组织目标、项目目标的达成到底有多大的作用和价值。有时，他们很失落，找不到自己的位置。这是现实生活中很多人的真实写照。因此，项目管理的工作就非常必要和有价值。

作为项目管理的组织形态，有一个专有名词——项目管理办公室（Project Management Office，PMO）。PMO的主要服务对象是项目，围绕人、流程、组织和工具开展日常工作。项目管理体系建设就是把组织中合适的资源整合在一起，按照一定的流程制度要求监控其执行情况的过程，从而完成项目交付。

2.2.1 定流程——项目管理，流程先行

没有规矩不成方圆，所有组织都需要共同的语言和流程制度作为向导，确保所有操作都是一致的、被认可的。对于一家进行基础流程建设的公司，可以先借鉴行业的优秀实践，然后结合自己公司的特点，进行流程再造和系统的流程建设。

1. 引进来，再设计

可以根据互联网项目管理的行业经验，把别人的制度引进来，然后根据自己公司的实际业务特点，对流程进行加工。

2. 顶层设计与实操相结合

在流程制度设计的过程中，我们要有顶层设计、业务操作指南和具体各个环节的操作指导，保证所有流程制度都接受顶层设计纲领性文件的指导，又满足业务实际操作需求。

3. 流程再造

随着业务的深入发展和公司顶层设计的完善，需要对已经运用的流程进行优化和再造，确保提升研发效率和质量。

2.2.2　定关键——人定事成，抓大放小

1. 定义关键角色及分工

我们需要根据业务流程中的角色，明确定义项目团队关键角色。根据互联网行业项目管理经验，关键角色一般有项目经理、需求负责人、研发负责人、测试负责人和运维负责人。在项目立项环节，需要明确并任命项目经理；在项目启动环节，需要明确除项目经理外的所有项目关键角色，确保项目核心团队顺利组建，而且得到各团队成员的部门负责人支持（这里默认项目为矩阵式结构）。

2. 定义关键里程碑

我们需要根据业务流程的各个环节，识别需要重点关注的业务节点，即关键里程碑。根据互联网行业项目管理经验，产品中的关键里程碑一般有产品立项、需求评审、设计评审、测试评审、产品试用、产品发布；项目中的关键里程碑一般有项目启动、需求评审、设计评审、测试评审、部署上线、运行维护。在实际业务中，关键里程碑可以根据不同情况进行调整。

2.2.3　定后方——后方稳固，交付舒心

除了项目团队的关键角色，我们还需要拉通周边的支持团队，如财务部、销售部、行政部、人力资源部等，确保这些支持团队知晓项目团队的存在，支持项目目标的达成，在关键问题上支持或至少不反对项目使用资源。同时，在关键事项上，我们需要得到公司领导和各部门负责人的支持，以保证在项目攻坚遇到困难，需要

各产品部门和研发部门支援时，有一个稳固的后方，交付舒心。

2.2.4　定监控——监控过程，保证结果

来自公司各个部门的关键角色因为一个共同的项目目标聚在一起，项目目标也进行了分解，且识别了关键里程碑。但这只是计划，项目结果并不会自动变好。我们还需要监控过程，把里程碑跟关键角色一一对应，并进行专项跟踪，分时段或专项进行进度、质量等维度的汇报。只有过程好了，结果才会好。比如，跟踪年度责任书完成情况时，将具体情况细化到月度跟踪，并且根据实际完成情况月度给出预判得分。这样，我们就可以在过程中实时分析差距，识别需要改进的点，并在过程中改进，而不是到年底核算年度责任书时直接给出一个结果，导致没有时间和空间去做任何改进。由此可见，做好过程监控是十分必要的。

2.2.5　定模块——项目管理体系建设规划

本节我们通过一个案例讲述如何在新的业务环境下基于原有的业务流程搭建一套项目管理体系。

背景：小D有6年项目管理经验，曾经是A厂的PMO负责人。后来由于工作调动加入了一家互联网公司，担任研发管理部负责人，负责体系化的流程建设、涵盖项目管理、产品管理、配置管理和效能提升等方面。

发现的问题：小D对新公司的流程制度和产品/项目运作流程进行盘点，发现该公司流程繁多，但是缺少统一的纲领性文件。从某种意义上说，就是有单独的需求管理规范、缺陷管理规范，但是没有系统的集成项目管理规范。公司现状是，每个环节都是独立存在的，产品、研发和测试人员都沉浸在自己的世界中，每个角色还把大量的时间浪费在讨论某个流程是不是该由某个角色来主责上。简单来说，就是没有系统的概念。大家没有把自己当作项目团队或产品团队的一员，无法拧成一股绳来形成合力，这让原本为弱矩阵的组织架构更加不堪一击。直接后果是，产品的迭代速度慢、质量不高，研发对产品、测试对研发、运维对测试、研发对运维都怨声载道。从质量成本管理角度看，就是上一环节的缺陷流入了下一环节，增加了研发成本，降低了产品质量，增加了研发浪费，拉长了交付周期。从长远看，公司在行业中的竞争力必然受到不良影响。

对策：根据现状分析，小D做了五件事。一是牵头梳理公司业务流程，绘制详细的产品/项目交付全生命周期流程图，明确定义每个角色在每个流程活动中的工作职

责和标准，并详细定义各个活动的紧前紧后活动、准入准出标准；二是根据实际业务流程、明确的里程碑制定集成项目管理制度，作为现行的各类研发管理规范的顶层设计，并完成各类规范的修订；三是把各类流程制度和操作指导分别制作成12期宣传海报，每周滚动宣传；四是开展半年度普及性流程制度考试；五是根据考试结果总结出薄弱的知识点，再次进行赋能培训。

1. 案例分析

值得肯定的是：①从纷繁复杂的流程中，提取共性流程指导实践，让一切有规可循；②锚定关键问题，做好整体顶层关键规划，让规范有章可循；③用通俗易懂、形象的方式浓缩并讲解枯燥乏味的规范。

需要注意的是：①研发团队已经熟悉现行流程，对流程的梳理会打破现有的平衡，从而在一定程度上影响现行的交付节奏和速率；②生命周期的范围很大、很广，没有系统接受过项目管理理论知识的群体可能存在一定程度的抵触，一味强推会引起逆反；③标准流程使用不娴熟，或者团队规模不大时，流程制度在一定程度上会影响交付和迭代的速率；④单纯的流程制度只是一纸空文，只有与实际的项目管理工具和手段结合起来，才能发挥真正的作用。

2. 案例解法

1）梳理流程后，邀请各领域的权威代表参与评审，充分利用专家判断，减少后期推广阻力。

2）每月开展项目管理知识和流程的培训，进行项目管理文化建设，营造良好的氛围。

3）分享行业最佳实践：树立标杆项目，投入精力重点看护，打造精品项目标杆。

4）梳理产品/项目管理操作指南，包括各类模板，指导项目管理实践活动。

5）组织产研培训，让参与者明白如何做。

6）项目管理流程制度刷新，号召全员参与意见征集，不断改进过程并校验优化。

7）组织任务管理与工时填报，确保效能分析数据源准确，具备可分析性。

3. 项目管理体系建设规划：必备基本功

1）基于现状的端到端改进。研发流程管理部门首先需要全盘了解业务运作流程，详细了解现行流程在运作过程中的实际问题和改进点，针对通用性问题或可以提高质量、提升效率的部分进行优化和改进。

PMO、项目管理工程师或职责类似的部门，每天总是门庭若市，各个部门都会过来反馈问题。比如，测试部说运维部或舆情组乱提问题，研发部说测试部总是提之前的版本都有的问题，产品需求总是一句话需求，开发完了才说不是自己想要的……我们很容易陷进一个个具体问题中。

这时，我们就需要坚持自己的原则和底线。五大过程组和十大知识领域再好，也不可能全部照搬。我们需要做的第一件事就是拿出纸笔，画出当前公司的业务流向、各个节点的责任人、准入和准出原则分别是什么。然后比对标准的管理流程，看看缺少了什么，哪些确实是当前项目必须改进的。图2-5展示了一家互联网公司梳理的产品全生命周期流程，其中包括完整的流程、具体的里程碑和交付件，对于项目组的一个成员，可以很清晰地找到自己的位置和上下游。

2）建流程、重过程、靠组织。首先，我们要在一个项目中明确关键角色，如项目经理是谁，产品经理是谁，研发经理是谁，测试经理是谁，确保项目中的每件事都有责任人为之负责。所有人为了一个目标通力合作，需要一个业务流程，需要遵循一定的规章制度，这就是我们所说的流程。

其次，有了人，有了流程，还需要执行的过程，以确保工作符合预期的时间、进度和质量要求。在这个过程中，我们还需要引入过程审计，并且给予及时激励和长期激励。有的公司会采取月度绩效、职级晋升、评优评先、年终激励等方式。

最后，我们在项目交付过程中需要遵照一定的沟通和汇报机制。这里所说的组织，既包含公司的组织架构，也包含具体产品/项目的交付矩阵。公司的组织架构也称事业环境因素。

3）流程改进，文化先行。很多时候，缺少的不是流程，而是执行。其实不是项目成员不想执行，而是觉得很麻烦。举个例子，有个项目经理在三个月的时间里向PMO询问了三次项目启动会需要准备哪些材料，但他的项目仍然没有启动。他给出的理由是太忙，有其他更紧急的事情要处理。其实，他就是嫌麻烦，同时从心里觉得项目启动会可有可无。

要解决这个问题，一是要让项目成员了解这个流程对项目成员来说到底有什么作用，可以是正式的文案宣传或非正式的沟通；二是要通过各种方式让项目成员了解这个流程的具体执行步骤和交付件，消除因为不了解而拒绝的心理。常用的方式是每周一期的流程规范宣传，张贴各类流程海报，或者通过项目组例会进行宣传，如图2-6和图2-7所示。无论什么方式，一定要简单、通俗易懂，具有亲和力。

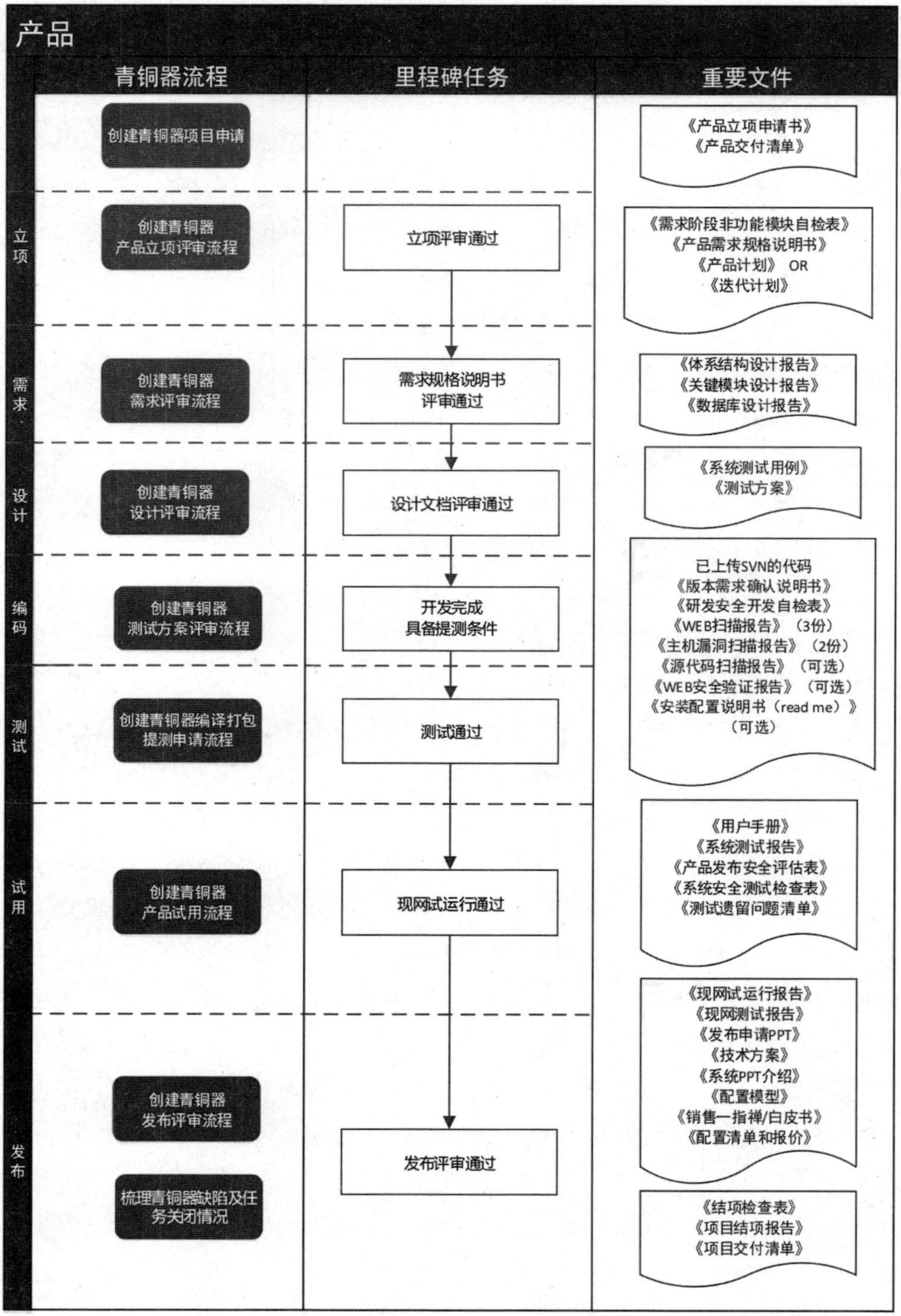

图 2-5　产品生命周期流程

研发流程管理规范宣传
【研发流程系列宣传——项目 / 产品管理规范篇】第一期：合同项目管理规范
【研发流程系列宣传——项目 / 产品管理规范篇】第二期：产品研发管理规范
【研发流程系列宣传——项目 / 产品管理规范篇】第三期：测试管理规范
【研发流程系列宣传——项目 / 产品管理规范篇】第四期：产品发布管理规范
【研发流程系列宣传——项目 / 产品管理规范篇】第五期：升级包管理规范
【研发流程系列宣传——项目 / 产品管理规范篇】第六期：现网问题处理流程规范
【研发流程系列宣传——项目 / 产品管理规范篇】第七期：需求反馈管理规范
【研发流程系列宣传——项目 / 产品管理规范篇】第八期：技术评审规范
【研发流程系列宣传——项目 / 产品管理规范篇】第九期：信息安全管理制度
【研发流程系列宣传——项目 / 产品管理规范篇】第十期：系统安全管理规范
【研发流程系列宣传——项目 / 产品管理规范篇】第十一期：产品全生命周期
【研发流程系列宣传——项目 / 产品管理规范篇】第十二期：项目全生命周期

图 2-6　研发流程管理规范宣传

项目管理工具 A 系统使用规范宣传
【研发流程系列宣传——A 系统使用规范篇】第一期：如何创建 A 系统项目
【研发流程系列宣传——A 系统使用规范篇】第二期：如何使用 A 系统进行计划管理
【研发流程系列宣传——A 系统使用规范篇】第三期：如何使用 A 系统进行任务管理
【研发流程系列宣传——A 系统使用规范篇】第四期：如何使用 A 系统进行人员管理
【研发流程系列宣传——A 系统使用规范篇】第五期：如何使用 A 系统进行变更管理
【研发流程系列宣传——A 系统使用规范篇】第六期：如何使用 A 系统进行缺陷管理
【研发流程系列宣传——A 系统使用规范篇】第七期：如何使用 A 系统进行问题管理
【研发流程系列宣传——A 系统使用规范篇】第八期：如何使用 A 系统进行配置管理
【研发流程系列宣传——A 系统使用规范篇】第九期：如何使用 A 系统进行提测管理
【研发流程系列宣传——A 系统使用规范篇】第十期：如何使用 A 系统进行风险管理

图 2-7　项目管理 A 工具系统使用规范宣传

2.3 最佳实践分享：搭建项目管理平台

曹飞娟

互联网公司发展到一定规模，就要考虑借助平台进行团队和项目管理。互联网是人才密集型行业，人力成本是公司成本的主要方面，人员效能的提升尤为重要。通过项目管理平台对研发效能进行度量，是互联网公司提升效能的最佳手段之一。数字化的项目管理平台是衡量研发效能的重要工具，能塑造组织行为、促进组织快速迭代、内化组织能力、减少文化稀释，促进公司达成战略目标。如何从零开始搭建一个合适的项目管理平台，是很多中小型公司面临的重要挑战。

本节分享了某互联网公司从零开始搭建项目管理平台的方法和过程。通过对需求的端到端管理过程分析，公司建立了一套基于项目实施过程的数字化项目管理平台，同时融合了飞书的任务管理、云文档等功能，让公司的项目管理过程更加智能、自动。平台划分为资源效率、质量管理、项目进度等模块。提炼项目过程数据，对其进行多维度的统计分析，形成数字化的看板，实时展示公司的资源利用率、项目交付率、需求流动效率、线上Bug解决率等信息，方便PMO实时发现项目团队问题，并不断改进。

互联网公司搭建自己的项目管理平台，可以从以下四个步骤着手。

- 第一步：行业调研。充分对行业最佳实践进行调研，吸取可借鉴之处。
- 第二步：确定方案。结合公司自身特点和诉求，确定初步的建设方案。
- 第三步：架构设计。根据建设方案绘制系统架构图，以及各个层级的逻辑关系。
- 第四步：平台建设。按照系统架构图规划搭建步骤，分期进行系统模块建设。分期建设的好处是强化有用的功能，削弱无用的功能，增加系统可用性。

2.3.1 行业调研

为了结合行业最佳实践，找到合适的融合点，公司前期进行了大量调研，通过对比各大互联网公司工具使用情况，发现一些特点：互联网公司需要快速响应市场变化，虽然均采用敏捷项目管理模式，但是不同业务和组织的项目管理规范和流程差异大。很多大公司均采用自研系统，使工具适应本公司的项目管理规范及流程。互联网公司主流项目管理平台如表2-1所示。

表 2-1　互联网公司主流项目管理平台

公司名称	项目管理平台	系统名称	平台核心功能
阿里巴巴	自研 DevOps 系统	云效 DevOps 平台	需求、任务、迭代、看板、度量分析
京东	自研 DevOps 系统	行云 DevOps 平台	贯穿需求、开发、测试、部署、配置、监控、运维等的全生命周期管控
字节跳动	自研项目管理平台	飞书	项目管理平台
腾讯	自研项目管理平台	TAPD	看板、文档、迭代计划与跟踪、需求规划、缺陷跟踪管理等
小米	ONES	飞书 +ONES	多维表格 +ONES 进行管理

1. 阿里巴巴的项目管理平台

阿里巴巴主要使用自研的云效DevOps平台，主要功能为需求、任务、迭代、看板、度量分析。云效DevOps平台涵盖了项目协作域、研发域、测试域及运维域。其中，项目协作域包括项目管理和指挥部；研发域包括代码管理、配置管理、应用管理和交付管理；测试域包括单测持续集成、测试环境管理、WebUI自动化、性能自动化测试、接口自动化、集成自动化、MOCK测试中心等；运维域包括资源管理、发布部署、作业平台、账号权限管理及智能监控等。

2. 京东的项目管理平台

京东以应用为中心，打造了覆盖软件交付全生命周期的一站式DevOps工具平台——行云DevOps平台。提供需求、开发、测试、发布、运维的全流程协同及研发工具支持，提升软件交付质量与速度，研发效能可量化、可视化，帮助客户落地敏捷与DevOps，助力企业数字化转型。主要功能为贯穿需求、开发、测试、部署、配置、监控、运维等的全生命周期管控。面向敏稳双模体系，无缝融合传统项目和敏捷协作模式，完成应用高质量快速交付；以效能为导向，建设可度量、可分析、可改进的数据驱动研发体系。

3. 字节跳动的项目管理平台

字节跳动使用的是飞书系统，从即时通信、知识库到项目管理，均采用飞书平台。其中，项目管理功能模块属于新建立的模块，具有随时创建、项目定制化等特色，与任务管理模块融为一体，将项目管理、迭代管理、任务管理均放到一个系统中，同时支持模块定制化管理，具有一定的灵活性。

4. 腾讯的项目管理平台

腾讯自研的腾讯敏捷产品研发平台（Tencent Agile Product Development,

TAPD），凝聚腾讯多年团队协作理念和敏捷研发精髓，提供看板、文档、迭代计划与跟踪、需求规划、缺陷跟踪管理等丰富功能，帮助团队可视化工作进展、沉淀分享项目知识、提升协作效率。

5. 小米的项目管理平台

小米主要使用ONES项目管理平台，ONES平台是行业内比较成熟的项目管理平台，平台的功能非常全，对敏捷类项目进行全流程管理，帮助企业从需求管理、项目管理、团队管理等模块进行产品和研发全流程管理。

可以看出，自研的项目管理平台主要是需求管理、项目开发过程管理、任务管理、迭代管理及DevOps集成的运维一体化平台。产研运营过程中产生的基础数据都需要项目管理工具进行收集和整理分析。不同的公司由于业务方向不同，专注的核心模块也不同，但是最终都有度量数据的沉淀，为公司数字化建设打好基础。沿着这个思路，某互联网公司也开始了自研项目管理平台的规划和建设之路。

2.3.2 确定方案

经过充分调研和对比，某互联网公司计划采用自研数字化项目管理平台，同时与飞书融合，进行整体组织效能管理。行业内项目管理平台与飞书融合的方案主要有三种，如表2-2所示。

表 2-2 项目管理平台与飞书融合的方案

方案名称	主要功能	主要实现步骤
方案 1：飞书 +Jira	Jira 承接项目管理，飞书进行任务提醒	Jira 进行正常项目管理，飞书创建任务并提醒、监控
方案 2：飞书多维表格直接管理	需求拆解、任务分配、单表工时统计、任务到期提醒、子任务管理	计划 1：按照业务线进行管理，分为不同表，分别维护； 计划 2：按照时间分为不同表，分别统计
方案 3：飞书 + 云效	云效进行需求管理、项目管理、任务管理、统计分析，飞书进行任务管理、云文档管控	成熟系统，直接用

方案2多维表格无法统计工时，部分数据沉淀做不了，且表较多，不太满足某互联网公司的需求。方案3云效是一个成熟的系统，可与飞书进行融合，是一个非常好的方案。

2.3.3 架构设计

根据公司战略，分解战略落地实施路线，形成系统整体架构设计的指导纲领。

整体架构分为数据标准体系模型、企业数据模型及数据资产共享/服务模型，这三大模型支撑项目管理平台底层数据流转和元素标准化，方便后期维护系统，及时响应重大调整。

设计好三大模型后，收集、整理和分析项目管理平台建设需求，最终规划出五个可视化界面，包括项目仪表盘、质量仪表盘、研发效能仪表盘、人力资源仪表盘及工时上报系统，每个主界面都有各自的子功能和子界面。项目管理平台整体架构如图2-8所示。

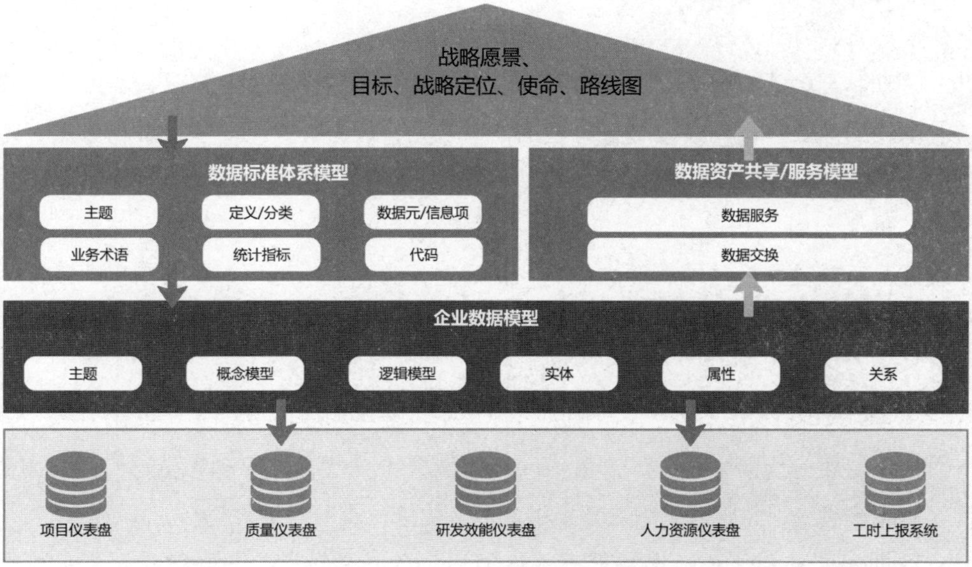

图 2-8　项目管理平台整体架构

1）项目仪表盘。项目日常监控，主要包括项目进度、项目延期率统计、项目投入产出比、项目工时占比等。

2）质量仪表盘。为研发过程改进提供有力数据支撑，主要包括项目线上缺陷、缺陷原因分布、缺陷逃逸率、缺陷解决趋势等。

3）研发效能仪表盘。主要分析团队效能情况，主要包括需求吞吐量、需求按时交付率、需求生存时长、需求价值度量四个模块。

4）人力资源仪表盘。分析人力资源，方便PMO和项目经理管理团队人员，主要包括工时统计、预估偏差率、人员饱和度、人员工作进度等。

5）工时上报系统。研发效率的提升来自对效率的衡量，每日工时统计作为非常重要的基础数据，需要由专门的上报系统进行统计汇总，以备后续分析使用。每个研发人员都需要上报每日工时。

自研平台通过底层的数据管理、各个元素标准化及各方关系的标准化梳理，为后续系统扩展、变更打好了基础。平台规划出五大模块，分别从进度、质量、效能、人员管理等方面进行展示，并可针对不同的角色定制化展示，具有支撑决策、预警提醒、协助管理、统计分析等智能化功能。

2.3.4 平台建设

为了尽快上线项目管理平台，让产研团队的项目管理过程尽快流程化和系统化，某公司将项目管理平台建设分为四期，如图2-9所示。

一期主要建设产研项目管理过程模块，主要包括进度模块、风险模块及公共模块。本期的主要目标是建设一套完整的需求流动管理系统，沉淀项目过程数据，为研发效能度量积累基础数据。

二期主要针对产品侧的需求管理及需求有效性进行数字化建设，主要包括需求模块及有效性监控。所有产品线需求可视化，实现需求过程跟踪及需求有效性分析，最终可沉淀需求数量、吞吐情况、业务线资源利用率情况、需求有效率情况等信息，对产品的需求规划能力、需求有效性、团队资源利用率情况进行分析。

三期主要为管理层建设定制化的可视分析平台，根据不同的角色展示不同的分析面板，主要分为研发模块、产品模块、效能模块及首席执行官驾驶舱和首席技术官驾驶舱等模块，为管理层做决策提供更多、更全、更准确的数据。

四期主要在前三期功能均已投入使用后，建设预警和产研数字化展示分析平台，做到大屏风险预警和效能分析，实时展示目前产研团队的任务进展，所有产品线迭代的需求吞吐、项目进度、项目风险、人员工作量分配、任务安排饱和度及吞吐率情况，将产研团队工作进展情况可视化，用数据实时展示团队的效能情况。

某公司项目管理平台的搭建，除了结合行业最佳实践和公司特点，建立适合该公司的功能模块，还与飞书任务管理和即时通信融合，主要体现在以下两个方面。

第一，将飞书云文档作为整体需求管理模块的主要工具。产品侧所有需求文档全部放到飞书云文档中，应用多维表格将所有需求进行统计和状态更新，并将已评审通过的需求自动同步到项目管理平台，做到实时可读取，而且需求的关键字段也可读取，产品只需要在飞书完成需求文档工作及评审即可，无须多次搬运需求文档，减少了工作量。

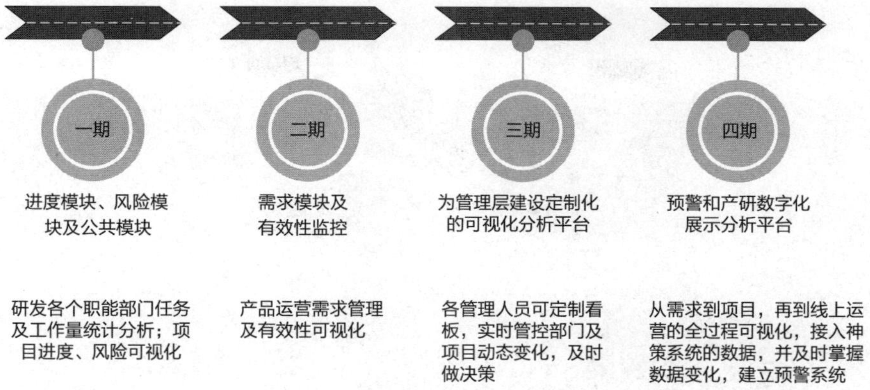

图 2-9　某公司项目管理平台整体规划

第二，将飞书任务管理作为项目任务管理模块。项目管理平台上所有创建的任务全部同步到飞书任务中，所有产研人员只需要在飞书上查看自己当前的任务，并点击完成和修改时间，项目管理平台自动同步状态。飞书还有自动提醒功能，可提醒即将到期的任务，方便产研人员管理自己当前的任务。

经过团队的努力和不断优化，目前某公司项目管理平台一期、二期已上线运行，团队的效率、需求吞吐、需求有效性、质量情况均实现可视化。项目管理平台还能对过程中出现的异常数据进行分析，发现团队的改进点，不断进行过程改进。

2.4 最佳实践分享：DevOps之美

潘继平

2.4.1 DevOps 是什么

DevOps是Development和Operations两个单词的组合，其工作原理如图2-10所示。DevOps融合了敏捷、精益实践和系统理论，专注于软件的增量开发和快速交付，同时拉通了需求、开发、测试、部署、运维全流程。DevOps希望打通产品交付过程中的IT工具链，它有助于开发工程师、测试工程师和运维工程师更好地沟通合作，使各个团队减少时间损耗，更加高效地协同工作，并通过自动化流程使研发整体过程更加快捷、可靠。

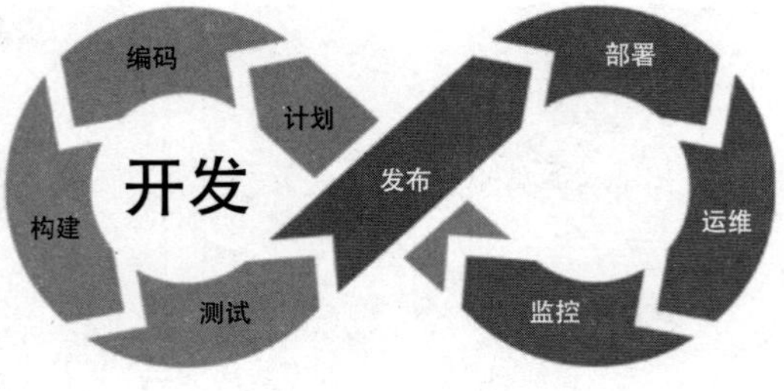

图 2-10　DevOps 工作原理

2.4.2　DevOps 的效果

从管理层面看，DevOps的效果包括交付过程中返工和阻碍减少，高效率交付；交付过程中产生的缺陷较少，交付以后线上的故障较少，高质量交付；能真正解决客户的问题，高价值交付。同时，它能满足以下六大企业诉求，如图2-11所示。

第一个诉求是平台归一。不少企业使用工具或平台管理项目，如使用Jira平台管理需求，使用Confluence管理文档，使用Jenkins工具持续集成新功能特性。在企业内，这些平台都是孤立的，没有进行很好的信息互通。企业希望解决多系统互相融合问题，打造出一站式的研发协作平台，打破信息沟通障碍。

第二个诉求是支持多种研发模式。不少企业在研发管理上有多种模式并存，如需求管理服务端比较适合持续发布的模式，但App端比较适合迭代版本的模式，这两种模式都要并存。除了模式，团队之间水平参差不齐，不同水平的团队，工作模式也不能一刀切。研发模式多样且并存，同时企业又想统一管控研发流程，两者看似矛盾，但实际上是真实的诉求。

第三个诉求是提升质量。希望需求、研发、测试、发布和运维每个环节都顺畅、不返工，确保每个环节都高质量交付，这是企业最关心的问题。

第四个诉求是提升工作效率。手工部署代码已经赶不上时代潮流，企业希望一站式交付，实现需求、研发、测试、发布全流程自动化，提升每个环节的工作效率。

第五个诉求是数据辅助决策。交付过程中出现了问题，问题源于何处，怎样改进？如果没有数据端到端的分析，结论就只依赖于个人经验。实际上，需求、代码、测试、发布、回滚等一系列数据都已经进入平台，但怎样整理数据，依靠数据得出结论，让决策更有效尤为重要。

第六个诉求是研发资产沉淀。每个企业的研发资产都很多，如个人的能力经验总结，项目或产品的研发管理过程文档、研发心得、需求文档、架构文档、测试用例、相关故障及解决文档等，这些资产都需要沉淀、回顾、学习，帮助企业提升能力。比如，华为有dbox系统，京东有藏经阁支持知识沉淀。

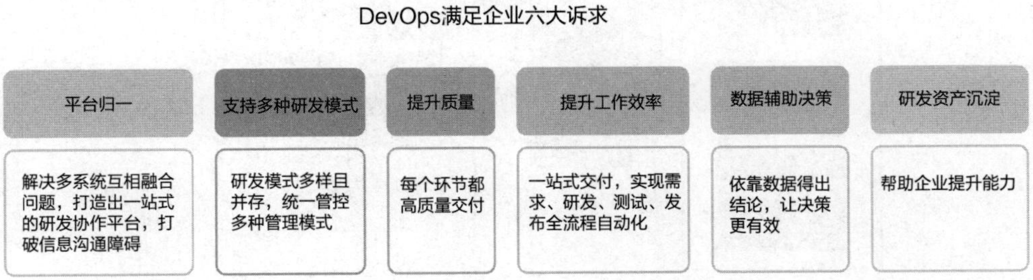

图 2-11　DevOps 满足企业六大诉求

从团队结构上看，没有实施DevOps时，基本上需求、开发、测试和运维团队都是独立的，也有部分企业可能把需求、开发、测试统一为研发团队，把运维团队独立出来。实施DevOps后，完全端到端地拉通了需求、开发、测试和运维团队，如图2-12所示。

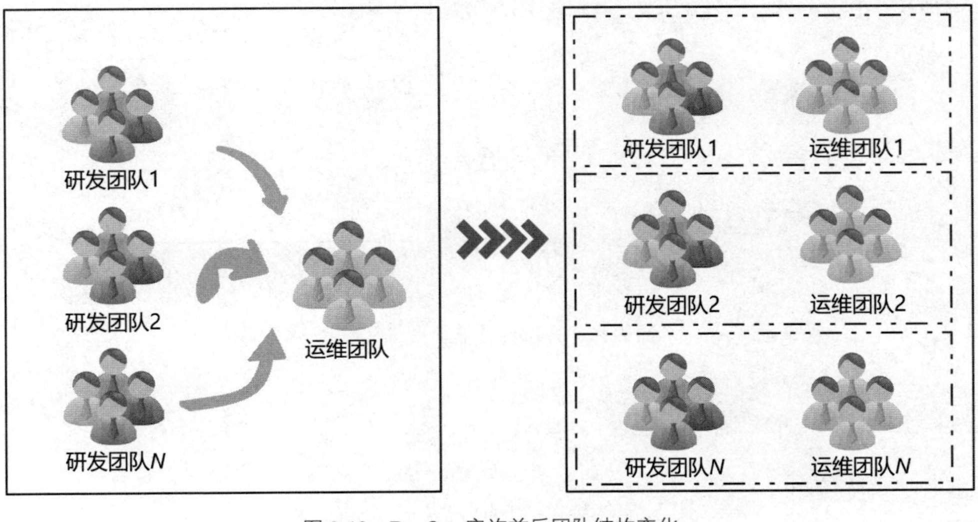

图 2-12　DevOps 实施前后团队结构变化

从图2-13可看出，DevOps打通了所有环节的孤立系统，让信息共享，建立了从需求开发到持续发布的全流程管理。

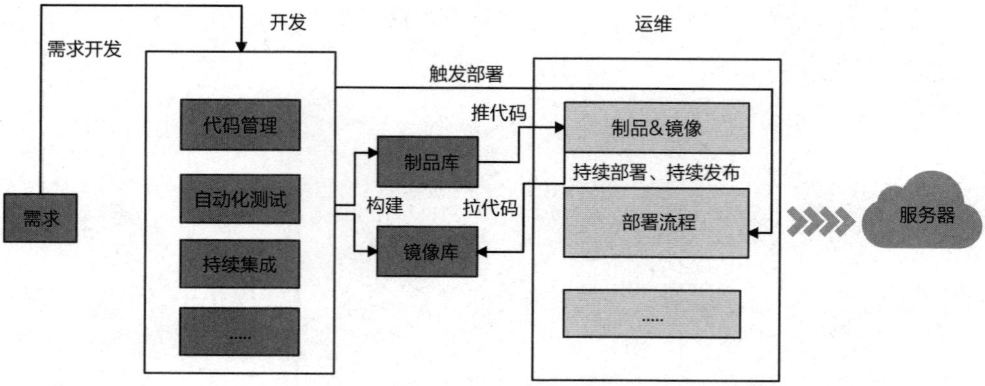

图 2-13　DevOps 信息流

从工具层面看，不少企业都会自己搭建零散的工具，通常包括项目管理工具、测试管理工具、代码管理工具、CI/CD工具。比如，用GitLab管理代码，用Jenkins做持续集成，用Selenium做自动化测试，用Ansible做自动化部署，用Puppet管理基础环境，等等。工具之间是互相独立的，缺少数据共享、权限共享、系统交互等功能。实施DevOps后，就可以整合这些工具中的数据，如图2-14所示。

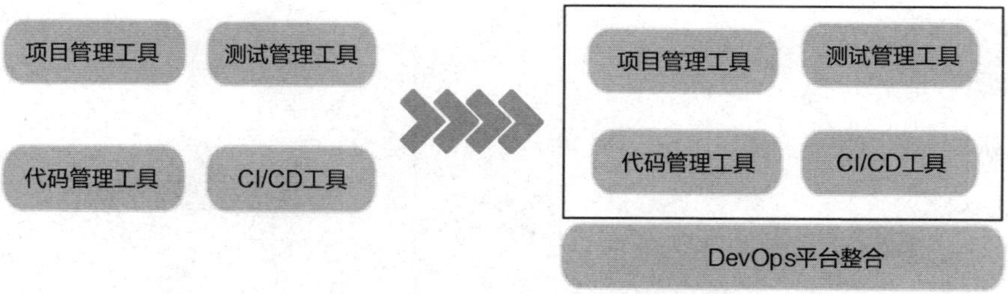

图 2-14　DevOps 实施前后工具变化

2.4.3　DevOps 怎样实施

1. 实施策略

DevOps的实施策略分为平台化、标准化、自动化和可视化四个步骤，如图2-15所示。

图 2-15　DevOps 实施策略

1）平台化。企业需要搭建一个项目管理、研发、测试、发布一体化的平台，不仅平台的各个模块要相应打通，而且平台上的所有数据都要沉淀到线上，基于这些数据做相应的持续改进。企业可以自研DevOps平台；采购DevOps平台，如Gitee；或者使用开源平台GitLab。

2）标准化。建立端到端的标准化管理。需求管理规范化，包括需求的准入规则和准出规则、需求变更的流程、变更的前提等。研发编码规范化，最简单的就是代码规范，包括变量怎么命名、注释怎么写、多人怎么提交代码、合并代码、谁来审批等。测试用例和Bug规范化，包括测试用例有哪些等级、测试用例应该怎样描述、Bug怎样描述等。编译打包规范化，如在相同编译环境下，相同的源代码构建出来的包都应该是相同的包，否则就不规范了。

3）自动化。手工测试和部署的效率很低，而且出错率很高。自动化包括设计自动扫描代码，检查代码质量是否超过质量红线；选择自动编译工具；配置自动测试方案和自动部署程序等。

4）可视化。需要设计可视化看板，如研发效能的可视化、质量的可视化等。通常，DevOps平台自带自定义看板，我们需要根据实际情况设计出满足研发需要的看板，让看板和数据帮助决策，及时发现问题，有效纠正问题。

2. 实施阶段

DevOps实施阶段一般包括持续开发、持续测试、持续集成、持续部署和持续监控，如图2-16所示。

1）持续开发。产品开发是持续的，整个开发过程往往分割成小的迭代开发周期。持续开发阶段主要包括做计划和开发两项工作。其中，做计划主要包括汇总需求，确定优先级，在总需求中挑选迭代需求，把需求落到迭代计划中，并描述需要完成的工作，细化验收标准；开发主要包括编写代码、提出变更并与相关干系人讨论评审变更，实施变更。

2）持续测试。使用自动测试，确保代码健康、可用，以确保其正常工作。持续测试中可以使用自动化测试工具，如TestNG、JUnit、Selenium等。

3）持续集成。在持续集成阶段，每次代码更新都会触发这样的机制：新功能代码和稳定版本功能代码集成在一起，通过静态和动态测试、模糊测试和依赖扫描来检查软件是否包含漏洞，以确保代码集成的安全性，并通过DevOps的配置功能实现产品版本稳定、可靠。

4）持续部署。在持续部署阶段，部署过程将持续进行。DevOps要求，任何时候在代码中所做的更改，都不应该影响产品现有功能。

5）持续监控。在持续监控阶段，运维团队持续监控生产环境，观察发布的产品对基础设施和用户的影响，依靠监控到的数据有效响应各种事件，如及时发现、处理和关闭Bug。

图 2-16　DevOps 实施阶段

2.4.4　GitLab 平台

DevOps平台有很多，如微软公司的Azure DevOps Services、华为公司的DevCloud、奥思网络科技有限公司开发的Gitee、京东集团的云翼和美国的开源平台GitLab，这些平台都是安全、稳定、高效的云端软件开发协作平台。由于篇幅有限，本节仅介绍开源、免费的GitLab平台的核心功能。

GitLab是开源的DevOps平台，它能让研发效率更高，同时加强安全性和合规性，使组织能够最大限度地增加软件开发的整体回报。GitLab功能很多，如图2-17所示。以下详细介绍其主要功能。

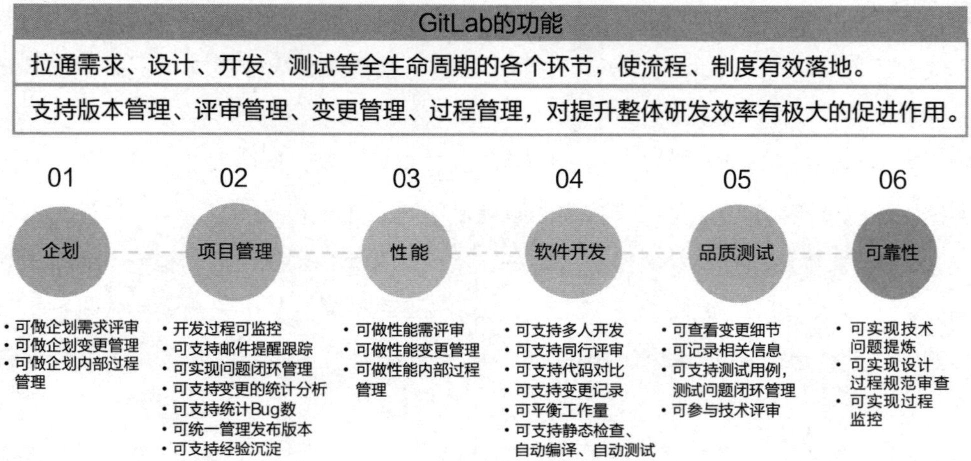

图 2-17　GitLab 的功能

1. 看板式规划

帮助团队规划工作，在从构思到产出的交付周期中，保持端到端的直观可见性和问题的可追溯性，如图2-18所示。

图 2-18　看板式规划

2.集中版本管理

统一管理和冻结每个版本的代码、资料等信息，便于追踪每个迭代版本的信息，如图2-19所示。

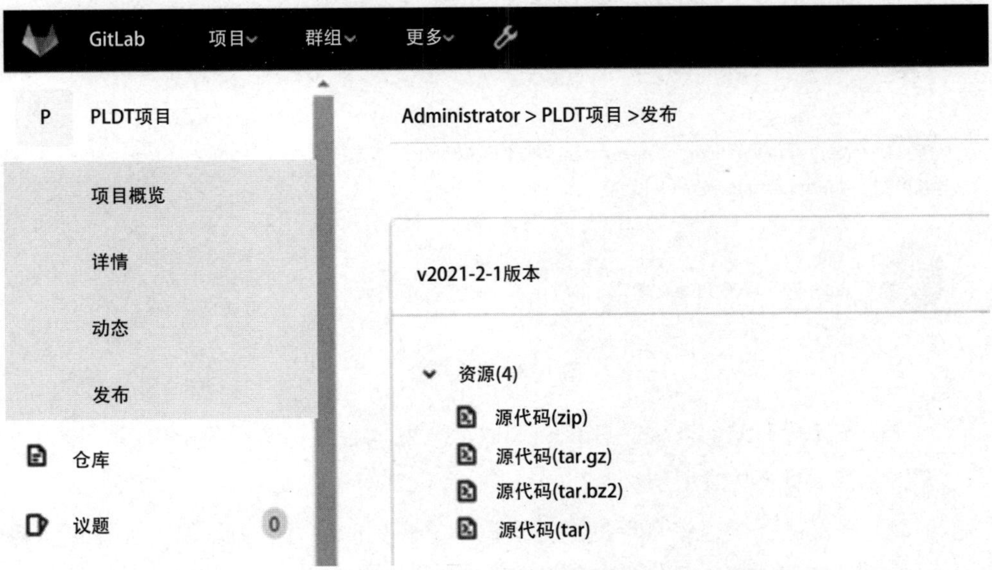

图 2-19　集中版本管理

3. 强大的过程管理

1）代码管理。GitLab支持多人开发和代码对比，帮助团队高效、高质量地开发产品。

（1）支持多人开发。如图2-20所示，一个团队通常有多位开发人员，每位开发人员编写的代码都应该及时合并到共同的代码库中，如果不及时合并到代码库，会导致其他人员的代码缺少未合并的代码。GitLab提供了合并代码的功能，如果A修改了代码段，B也修改了相同的代码段，这时GitLab会提示有冲突，可以根据冲突提示很容易地识别和调整代码。如果A修改了代码段，B并没有修改相同的代码段，GitLab会自动合并代码。

图 2-20　多人开发

（2）支持代码对比。通过GitLab可以很方便地看出每次修改的内容、修改行数、修改时间，如图2-21所示。

（3）开发过程可监控。可追溯提交记录、变更内容等，为质量保障提供了抓手，也有效约束了开发人员按规范要求开展工作，如图2-22所示。

（4）支持记录测试问题。测试过程中发现问题，可以在线记录问题，开发人员根据描述确认问题并解决问题。整个过程都集中记录，方便追踪和总结问题，如图2-23所示。

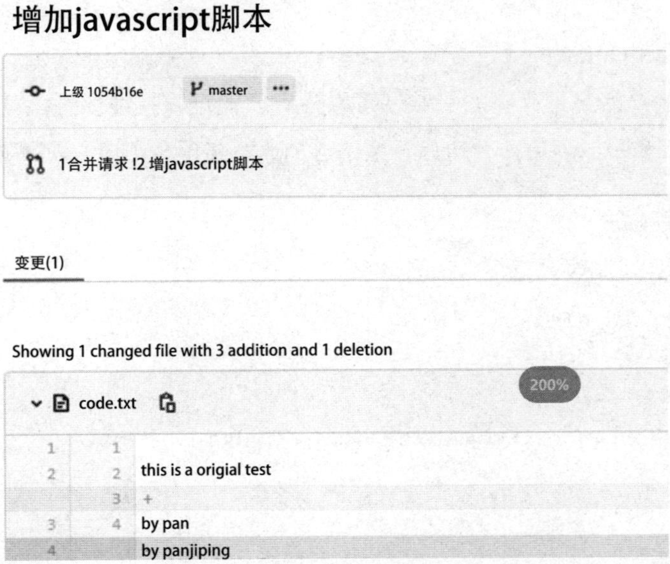

图 2-21 代码对比

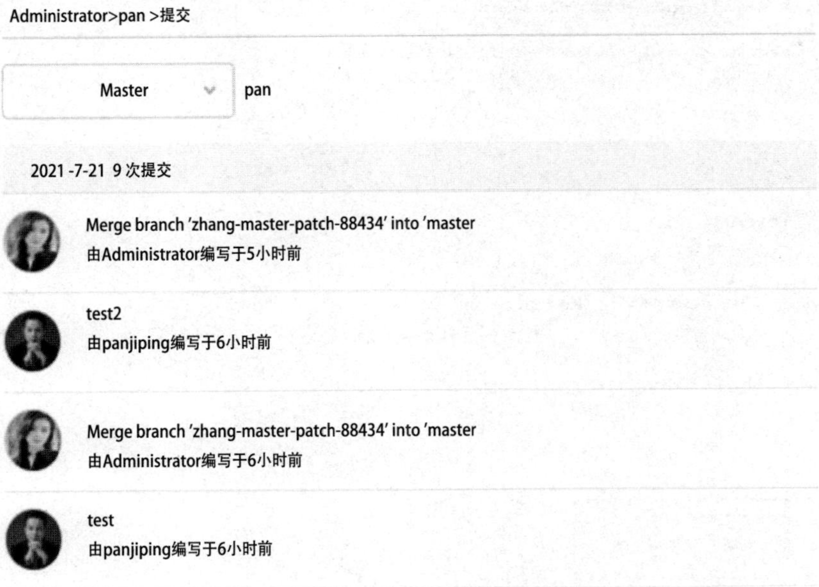

图 2-22 开发提交日志

（5）支持同行评审。同行评审是指邀请相同职能的同事帮忙评审某些工作内容，如图2-24所示。同行评审可线下也可线上。线上评审能够有效提高交付质量，同时不需要参与评审的同事都同时在线，所以能够提升评审效率。比如，需求设计后某产品经理利用GitLab的评审议题发起邀请，让另一些产品经理在线评审需求设计方案。被邀请的产品经理有空的时候就可以评审，他可以在线评注，可以评分，不需要等待其他同事一起评审。评审后，系统自动通过邮件或短信方式通知发起人。

图 2-23　测试问题单

图 2-24　同行评审

2）变更管理。GitLab可追溯每个变更内容的变更人及变更时间，如图2-25所示。

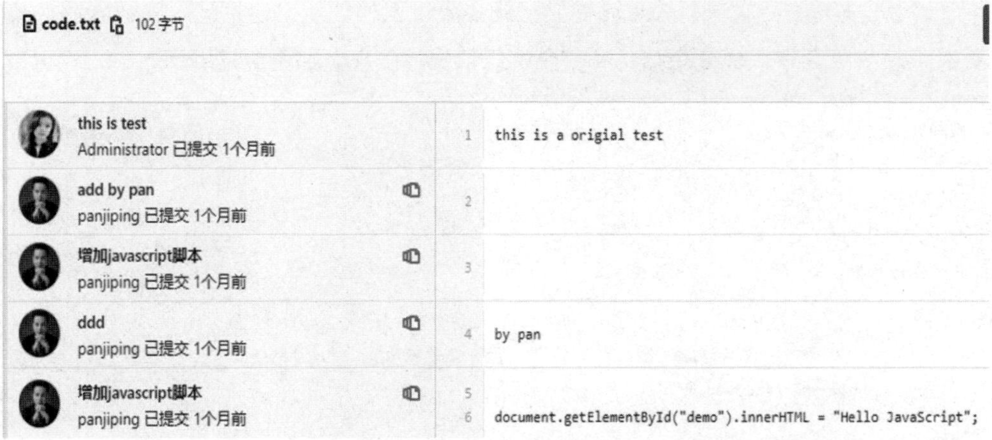

图 2-25　变更管理

（1）可统计变更曲线。GitLab提供了按时间段统计变更数量并按数量显示变更曲线的功能，从而帮助质量保证工程师或项目经理识别变更因素和变更趋势，为提高质量提供了抓手。比如，从曲线看出，变更最多的代码是A的代码，这意味着要重点关注A的代码质量（见图2-26）。

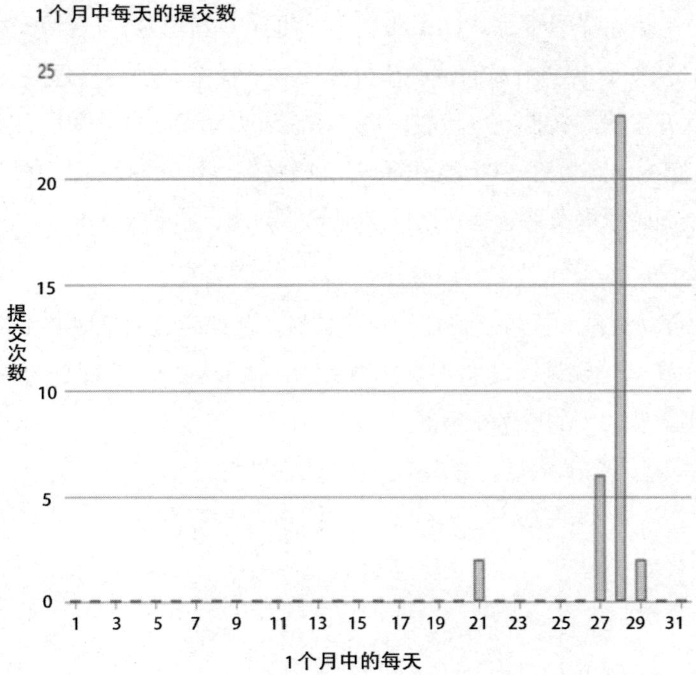

图 2-26　统计变更曲线

（2）支持变更记录。GitLab提供记录变更过程的功能，包括记录变更内容、变更时间、变更评审人、变更结论和变更执行情况等信息，如图2-27所示。

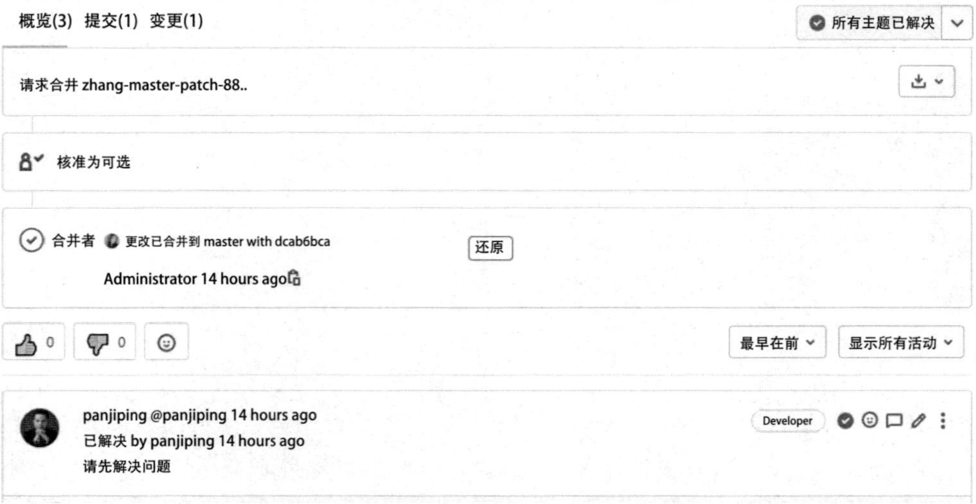

图 2-27　变更记录

3）支持跟踪闭环。

（1）支持邮件提醒跟踪。GitLab提供了事件触发功能，任何事件都可触发邮件发送功能，通知订阅的人员关注的事件有变动。比如，项目经理关注任务状态变动，当任务从开发状态转为完成状态，邮件系统会自动发邮件通知项目经理。

（2）可实现闭环管理。GitLab提供了看板视图，可对问题或任务实施创建、处理、关闭等不同阶段的跟踪管理，最终实现闭环管理，如图2-28所示。

4. 高效的自动化

1）借助自动测试和报告严格控制代码质量，快速定位问题。GitLab提供了自动化测试、静态安全性测试、动态安全性测试和代码质量分析功能，为开发和测试人员提供与代码质量相关的快速反馈。

2）静态检查，自动编译。静态检查状态如图2-29、图2-30所示。

图 2-28　任务状态

图 2-29　静态检查状态 1

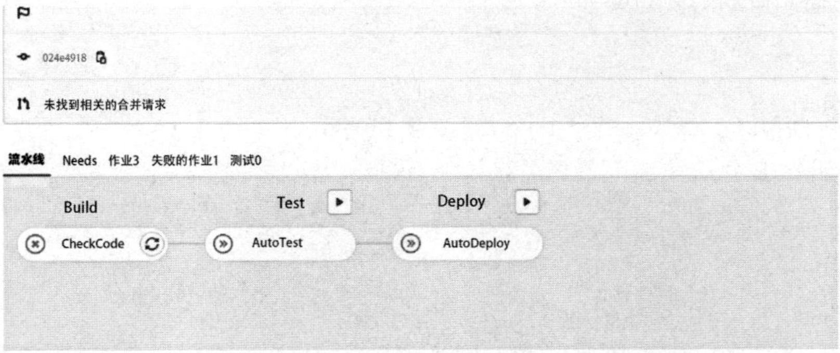

图 2-30　静态检查状态 2

3）自动测试。GitLab支持自动测试，如图2-31所示。

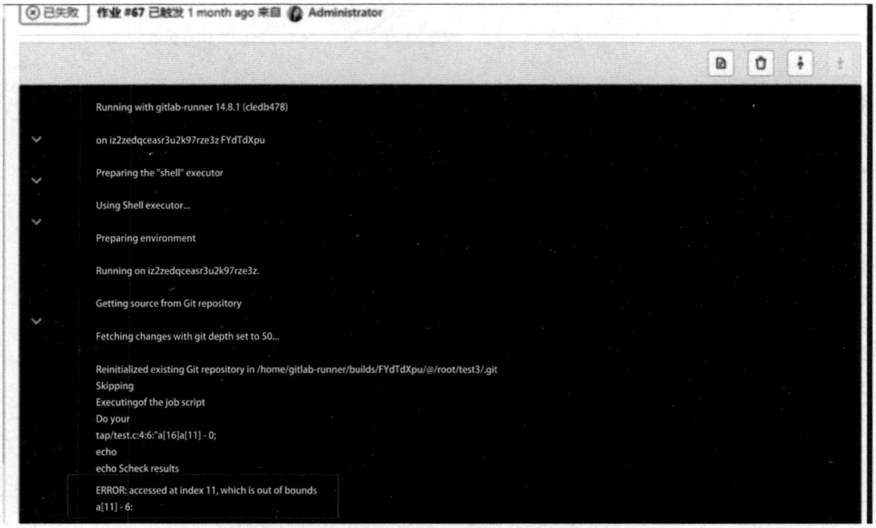

图 2-31　自动测试

4）自动化发布。GitLab支持自动化发布和交付应用程序，缩短交付生命周期，简化手工流程，如图2-32所示。

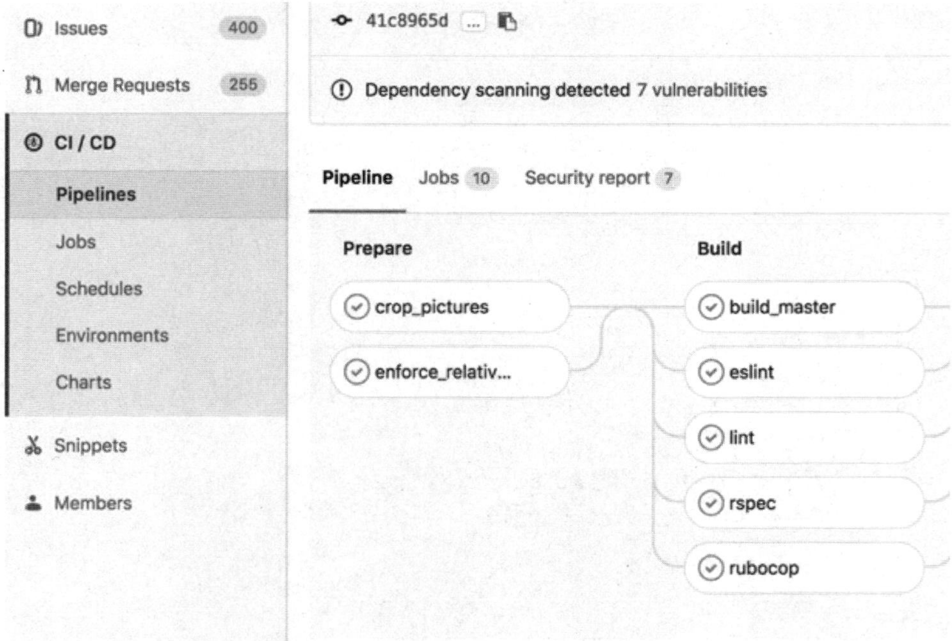

图 2-32　流水线自检状态

5. 多维度的数据可视化

1）直观洞悉业务绩效。GitLab提供多种衡量指标和研发价值流洞察等功能（见图2-33），帮助团队管理和优化软件研发生命周期，从而简化交付流程，加快交付速度。

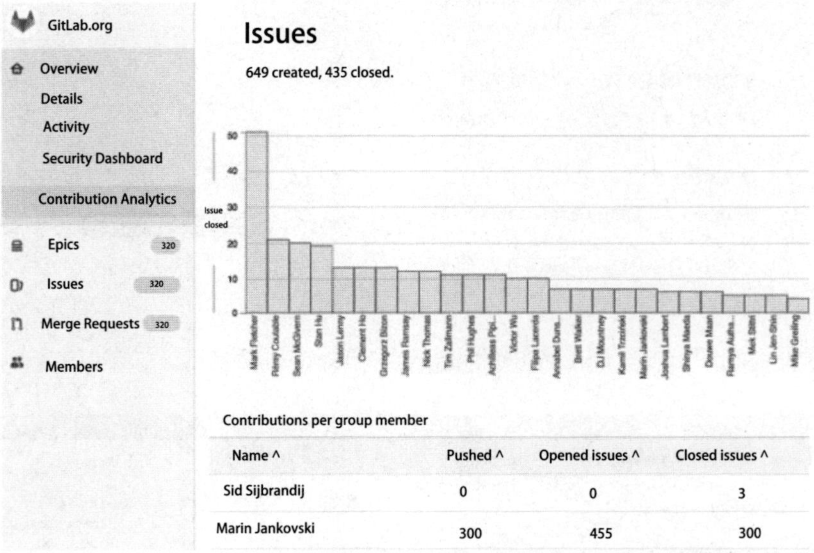

图 2-33　价值流

2）GitLab支持统计提交次数，如图2-34所示。

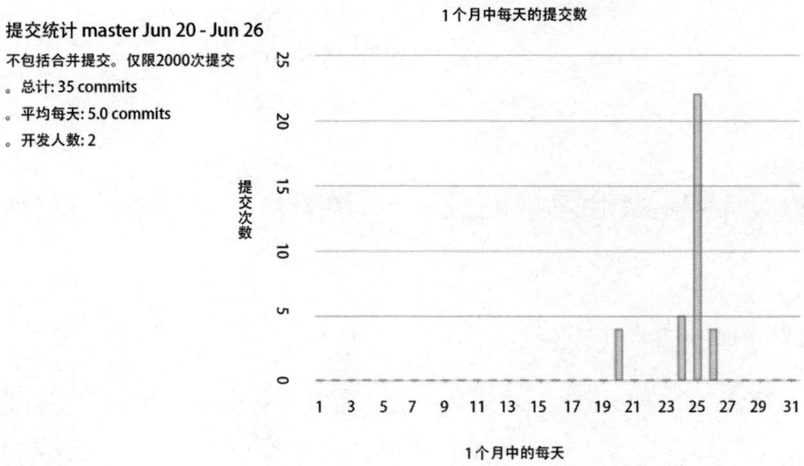

图 2-34　统计提交次数

3）GitLab支持统计Bug数，如图2-35所示。

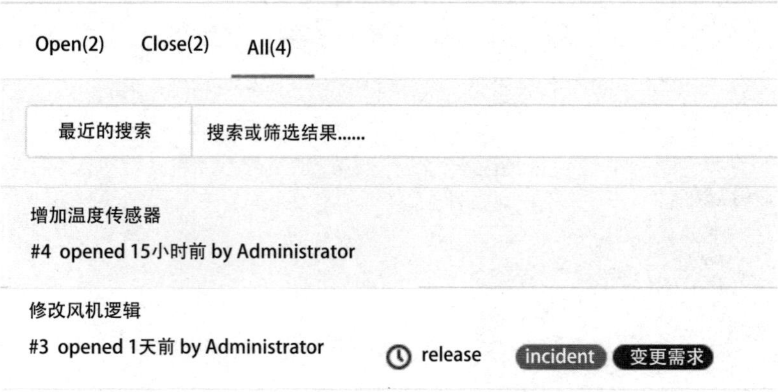

图 2-35　统计 Bug 数

4）支持知识沉淀。GitLab自带经验沉淀WIKI，方便易用，如图2-36所示。

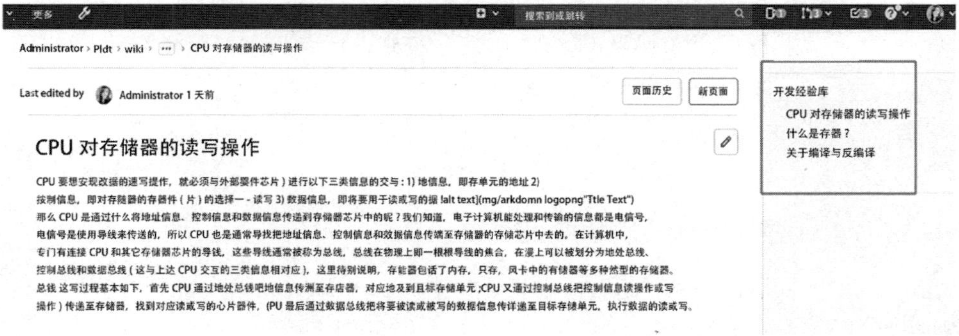

图 2-36　经验沉淀 WIKI

2.5 最佳实践分享：融合OKR精华

郑志伟

2.5.1 “内驱之王”OKR

提到OKR，互联网行业的人都不陌生。国内外众多大型互联网公司都在应用OKR，尤其字节跳动，更从创立之初就搭建了以OKR为基础的目标管理体系。OKR这股旋风从国外“卷”到国内，从各大互联网公司“卷”到了各行各业，众多企业都踏上了OKR之路。那么，OKR到底是什么呢？

1.OKR 是什么

OKR（Objectives and Key Results）即目标与关键成果法，是一套定义和跟踪目标及其完成情况的管理工具和方法，是企业进行目标管理的一个简单、有效的系统，能够将目标管理自上而下贯彻到基层。它承接企业的使命、愿景、战略，引导项目与任务，帮助组织和员工明确目标、聚焦重点，朝着一致的方向前进。OKR由英特尔公司创始人安迪·葛洛夫发明，后来被约翰·杜尔推广到甲骨文、谷歌、领英等高科技公司，并逐步流传开来。

2.OKR 有什么魅力

现在的企业基本上处于VUCA环境，这就要求每个企业主动适应当下的环境，并且在激烈的竞争中努力争取胜利。OKR在这样的环境下越发体现出特有的魅力。

首先，OKR是战略和执行的桥梁，是一个企业的神经网络，它把组织战略和执行、全局和个体有机地联系在一起。

每个企业都面临战略执行的难题。大部分企业制定战略时都经过了详细的分析和烦琐的步骤，花费了巨大的精力和资源，但是战略和执行之间有一条巨大的鸿沟，经常无法逾越。这样看来，寻找一座战略和执行的桥梁就非常重要了。OKR就是这座桥梁，就像把大脑做出的战略决策传达到身体各个部位的神经网络，并且身体各个部位接收到的信息都会通过这个神经网络传导并反馈给大脑，进而支撑企业的战略实现。以前，很多企业的目标和战略决策，以及各个部门所做的事情，很多员工都不太清楚，这就造成了大家努力的方向不一致，甚至出现内耗。OKR像一张地图一样展现在组织所有成员面前，使上到首席执行官，中到各个管理者，下到具体的执行层，彼此都清楚各自的目标和方向，打破组织的管理黑箱，并且互相对齐，进而形成组织合力。

其次，聚焦目标，让每位组织成员都能清楚地理解什么才是最重要的，公开透明，让大家彼此看见。

组织要达成战略目标，需要其所有成员都朝着一个方向共同努力，拥有共同的目标和愿景，还需要激发每个人的自驱力，这对组织的管理能力是一个考验。有句话说，“战略不是选择，而是取舍”，不是看你要选择做什么，而是敢不敢决定不做什么。很多企业要做的战略事项很多，十大战役、八场硬仗，但在资源、人才、时间、能力等条件的约束下，很难获得成功，并且由于精力分散，可能哪个都不能得到好的结果。目标不清晰、不聚焦，通常是由于没有做好过程管控。目标不清晰，意味着有目标，但是缺乏衡量目标的标准，说不清怎样才算实现了目标。目标不聚焦，意味着组织想做的事情太多，比较分散，甚至有可能是互相冲突的，一次做得太多，往往哪个都做不好。在组织资源有限的情况下，越聚焦，越容易做出成绩。OKR是用最集中的炮火，打赢最能制胜的战役。聚焦目标，深度思考，能做减法就不做加法，好钢用在刀刃上，就是OKR目标管理的精髓。

互联网企业大部分是职能型组织，但项目的开展往往涉及多个部门，需要横向协同。项目管理工作在协作过程中有很多灰色地带。突破组织各部门的“部门墙”，让彼此能够看见，营造清晰、透明的氛围非常关键。OKR提倡全员公开，每个人都可以清晰地知道所有人的目标，把“你”的目标、“我”的目标、“他”的目标变成“我们”的目标。一份研究数据显示：“仅仅将目标公开，就可促使员工绩效提升20%。”OKR是需要全员共享的，上到首席执行官，下到基层员工，每个人的OKR都是透明可见的，每个成员都能够清晰看到组织团队的目标、协同部门的目标、各个项目的目标、首席执行官的目标等，大家都会主动思考和对齐，使组织目标达成率大大提升。

最后，激发组织与个体的自驱力，营造积极的组织氛围。

互联网企业的员工都是知识型员工，大部分工作创新度很高，这就需要强大的自驱力。自驱力依赖于员工自我超越的意识。彼得·圣吉在《第五项修炼》一书中提到，自我超越是找到自己的个人愿景，这指引着自我超越的方向，维持着自我不断超越的动力。OKR不再让员工变成流水线上的螺丝钉，而为每名员工提供了一个个创造价值的机会。OKR的目标不是传统KPI自上而下分配的，而是员工根据组织的团队目标、项目目标、组织目标，结合自己的具体情况制定的。在OKR组织中，员工能够清晰地看到组织目标和个人目标的联系，并能够自主思考如何工作才能对实现组织愿景起到正向作用，充分发挥了自主性。OKR把个人价值融入组织愿景之中，激发个体自我实现和自我超越，进而企业和员工能够互相成就。

在敏捷项目管理中，经常提到的自组织团队和OKR提倡的自驱动理念有异曲同工之妙。敏捷项目管理提倡的自组织团队通常目标一致，互相监督，团队成员自主地承担任务。团队中的成员和组织管理者也不是上下级的关系，而是利益一致的共同体。OKR加上敏捷项目管理方法可以激发组织活力，促进形成积极氛围，使创新不断涌现，促使组织进化。

我们可以把OKR的三大魅力总结为组织协调、聚焦目标、个体自驱，这与互联网敏捷项目管理的理念相得益彰。

3. OKR 与 KPI 有什么区别

关键绩效指标（Key Performance Indicator，KPI）的底层逻辑是做指定的事，OKR的底层逻辑是做正确的事。对于企业员工，KPI是要我做事，OKR是我要做事；前者是自上而下的命令，后者是上下结合，360° 对齐。KPI以考核为核心驱动，OKR以目标和愿景为核心驱动。OKR更适合互联网这种需要面对VUCA环境的行业，KPI适合传统行业。KPI让组织按正确的方法做事，以提高效率，但是在抓住市场机会和创新迭代方面，KPI会阻碍创新。KPI是由上级指派的任务和指标，容易导致员工积极性不高，不能发挥主观能动性。命令式的安排很难激发一个人的潜能和创造力。OKR和组织愿景相结合，聚焦于目标，让组织做正确的事情，关注用户/客户的需求与变化，促进产品不断创新迭代，以引领市场创新，取得竞争优势。OKR由员工和管理者共同沟通、探讨制定，能够充分发挥员工的自主性，让员工的潜力和才能充分发挥。为自己设置一个激动人心的目标，显然比被安排一个目标更有动力去完成。OKR与KPI的具体区别如图2-37所示。

4.OKR 有什么价值

互联网项目管理自然也离不开OKR，它们理念一致，原则相近，相得益彰。可以把OKR和项目管理有机结合，OKR作为项目的牵引，项目管理作为落地执行的保障。OKR可以作为项目目标的制定方法和工具，从组织战略拆解为OKR以后，可以形成对应的项目组合、项目集和项目，通过项目管理的方式实现KRs。项目管理利用其在执行过程中的强大工具、方法及最佳实践，把一个个KR拆解为具体的事项、需求和任务，通过项目关键里程碑、项目迭代计划、项目周会进行跟踪和反馈。OKR助力项目团队聚焦于项目目标，确保每位项目成员都清楚地知道并理解什么才是最重要的。

组织价值实现可以分为三层：价值、产品和流程，如图2-38所示。OKR关注的是客户价值、用户价值，项目管理关注的是产品交付、产品质量，还通过对流程的不断迭代优化提升效率，使流程更加敏捷。

图 2-37　OKR 与 KPI 的具体区别

OKR作为项目管理和战略管理的桥梁，为二者搭建了一个顺畅的通道。OKR可以作为项目管理的目标利器，因为项目本身就是为实现某个目标而诞生的。将OKR与项目管理结合起来，在完成短期项目和任务的同时，关注组织的核心目标。OKR可以让项目团队成员自主参与、彼此协同，让所有成员知道组织的长期目标是什么，并为实现这些目标而齐心协力。

对于项目经理，OKR可以挖掘项目团队成员的潜能。项目团队的每个成员都要制定富有挑战性的目标，并且清楚地知道这个目标可以量化的KR是什么，以及必须得到哪些关键性结果，才算达成这个目标。同时，项目OKR不与绩效考核直接关联，降低了功利性，提高了项目团队成员的积极性和创新度。

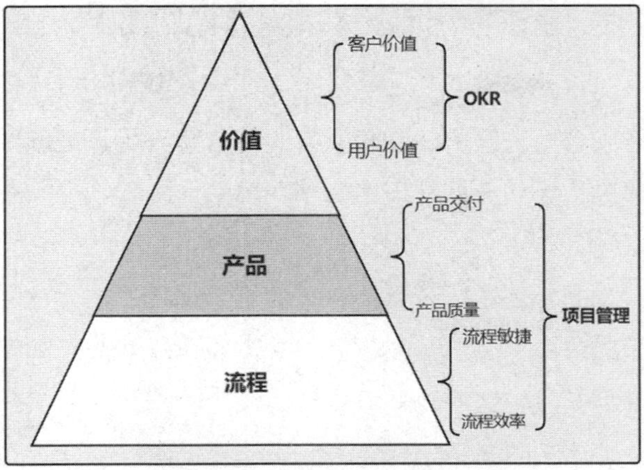

图 2-38　OKR 和项目管理的关注点

可以说，OKR是项目的目标管理，项目管理是项目的执行保障。如果把项目比作一个行进中的车队，项目管理就是车队发动机，OKR则是车队导航器。

【案例】

在互联网行业，项目经理和项目管理部经常需要设定OKR。某互联网公司以交付型软件项目为主要产品，每年完成的项目众多，公司希望项目管理部提高项目的收益，降本增效。表2-3展示了项目管理部OKR实例，供读者参考。

表 2-3　项目管理部 OKR

序号	目标（O）	释义	关键成果（KRs）
1	O1：提高整体项目完成率	提升项目的准时性，以确保公司项目可以顺利完成	KR1：公司整体项目的计划完成时间实现率提高到 90% 以上
			KR2：降低每个项目的任务遗漏率至 5% 以下
			KR3：提高项目的技术质量，将代码 Bug 率降低至 2% 以下
2	O2：提高组织资源利用率	提高资源利用率，最大限度地提升组织效率	KR1：提高团队成员的工作效率，将团队人均月完成工作量提高 10%
			KR2：降低资源浪费，将滞留时间低于 30 天的项目数量提高至 75%
			KR3：提升团队成员的工作质量，将任务拒绝率降低至 5% 以下
			KR4：有资源冲突的项目比例从 20% 降至 5%
3	O3：提高项目的财务效益，争取收益最大化	提高项目的财务效益，为公司争取最大的收益	KR1：提高项目利润率，将利润率提高至 25% 以上
			KR2：降低项目的人力成本，将人天成本降低至 15 万元以内
			KR3：提高项目的客户满意度，将客户满意度得分提高至 95 分以上

2.5.2 大象起舞：京东集团OKR转型落地纪实

◆ 朱华睿

备受国外互联网公司青睐的OKR模式，近些年也开始风靡国内。虽然这些互联网公司的业务、模式、组织架构等千差万别，但都面临同一个挑战，即如何平衡规模和效率。

对于员工超过10万人的“巨无霸”，随着组织规模的扩大，层级也越来越多，信息的流转、决策的效率、团队的协作等问题不断涌现。而正如IBM公司前总裁郭士纳“让大象起舞”一般，这些以技术创新为驱动力的互联网头部公司都不约而同地想到了诞生于美国硅谷的OKR。

从组织运营角度看，OKR是一套新的管理原则，搭配一种新的考核和协作机制。OKR在落地的过程中，必然要与现存的项目管理机制相融合。

1. 案例介绍

1）背景。拥有几十万名员工的京东如何起舞？2019年，京东的员工数量就超过了20万。作为始终践行8150原则（编制上，管理人员含实线和虚线下属的管理范围不少于8人，仅在实线下属多于15人时，才能设置平级或下级部门）的企业，当时其管理层级已经达到5~7级。

多规模、多层级的组织形态，导致管理成本高、缺乏创造力、行动僵化、组织效率低等大企业病，并成为制约组织持续应对外部环境变化，保持高效执行力的巨大挑战。从2019年再往前追溯5年，京东员工数量只有5万左右，这相当于员工数量以32%的年复合增长率猛涨。如果保持此速度至2024年，预计员工将达到80万人，几乎接近中国石油天然气集团的体量。

而比单纯的组织因素更麻烦的是，极其复杂的业务形态，多国家、多地域的业务分布，必将给管理成本和应变能力带来极大的影响。

未雨绸缪，京东集团从2019年开始提出“试行Bigboss模式”。什么是Bigboss？可以简单理解为划小经营单元、内部市场化结算、授权自主决策（也称阿米巴模式）。将组织由原来的多层级矩阵模式改为Bigboss模式，目的就是重新激发组织活力。

由于Bigboss模式具有自组织、自驱动的特点，原有的KPI管理和考核模式不再适用，必须用新的模式予以替代，这就是OKR实施的背景。

2）挑战。从KPI到OKR，挑战无处不在。KPI和OKR之间的差异不仅仅是拼写区别这么简单，两者在认知模式、管理机制、知识能力和文化塑造四个方面都有极大的区别。KPI关注的只是结果指标，而OKR还关注实现结果的策略，以及策略落地过程中上下级之间的沟通，以及平级之间的协作。因此，这种调整是对组织的一次再造，并且改造的对象还是“一头疯狂奔跑的大象”，挑战可想而知。

2. 案例分析

1）认知模式。上级没面子，下级没胆子。KPI对应的管理模式是自上而下的强权模式，并且通常只关注结果，不太关注过程。下级只能承接上级指派的KPI，少有自主发言权，更别提设定与业务无关的兴趣项。而OKR对应的管理模式是上下沟通共识，过程和结果并重。不是下级承接上级指派的KPI，而是上下级共同为达成目标出谋划策，并设定更具有挑战性的目标，还可以设定长期来看对业务有价值的兴趣项。

这一转变对于上级习惯了命令、下级习惯了听话的组织管理风格是颠覆性的。不仅上级管理者感觉很难放下面子、耐下性子与下级讨论，而且下级即便有“翻身做主人”的心，也很难有“翻身做主人”的胆。

认知模式决定行为习惯。就像你习惯了走某条路上班，突然换条新路，潜意识仍然会将你带到老路上。

2）管理机制。不作为考核项，没人敢信。OKR作为一种激发员工自主性的工具，背后需要机制的支撑。如果仍然沿用KPI考核模式，等于自取灭亡。问题是，当组织严肃地告诉员工OKR不作为考核指标的时候，被“奴役”久了的人还真没几个敢信。

OKR落地之前，笔者在试点部门进行了一轮面向管理层、产品人员、研发人员、项目经理等各个角色近20人的访谈。大多数访谈对象都表示：

- 不太清楚KPI和OKR之间的差别。
- OKR应该是KPI的一种参考依据。
- 与KPI相比，OKR只是形式变化，没有内在逻辑的变化。

……

“商鞅变法，立木为信”的故事大家都知道，而最终取信于人的关键是有第一个愿意相信的人，可面对OKR，谁也不敢拿自己当“炮灰”。

3）知识能力。写好OKR，规范性很重要。OKR作为一个名词很容易理解，然而真要落到纸面上写明白，落到日常工作中用明白，却并不容易。在刚开始试点时，笔者做得最多的工作就是帮助大家适应OKR的规范性。写OKR最常出现的三个错误如下。

（1）O太多。OKR规定每个人最多五个O，每个O最多四个KR。背后的道理就是每个人都应该抓住三至五件最重要的事情，充分聚焦。而每件事情都应该有清晰、相互关联、充分支撑目标的结果（策略）。

（2）O模糊。很多人未必能说出目标和目的的区别。目的是一种定性的描述，而目标是要落到实处的。

（3）KR只有过程。我们都知道KR是关键结果，但是写出来之后就变成了要做某某事情。支撑目标的是结果，而不是手段。

此外，写好OKR还需要注意基本文法的正确性。这对于每天和代码打交道，不善言辞的研发工程师，确实是个挺难的事情。

4）文化塑造。打破官僚主义和形式主义。OKR是一种新的认知模式，在作为组织的管理手段时，需要由表及里地深入意识，才能引导持续正确的动作。

对于习惯了下命令的领导和听指示的员工，这种行为的改变很难一蹴而就，即便一时应景做个样子，很快又会回到老路上去。而文化塑造就是不断打破组织的惯性，解开员工心里的疙瘩，营造一种只有这样做才“政治正确”的工作氛围。

最难的并不是不习惯，而是装样子，即形式主义。比如，试行一段时间之后，笔者访谈获得的一些反馈如下。

Q：你和领导对齐过吗？

A：没有面对面对齐过；我们就当作一次临时的作业，把表格填好交上去就没有下文了。

Q：会定期沟通进展和持续迭代吗？

A：每周周会都看一下，但是和日常追任务进展一样，没有沟通和迭代。

像这种已经做了动作，将其当作一种任务，却没有理解精髓的形式主义是落地过程中最难解决的问题。

为了应对以上问题，我们想了很多办法。下面通过组织变革的五个步骤阐述，使读者有更清晰的认知。

3. 策略总结：五步成诗，苦甜自知

这五个步骤源自变革管理的ADKAR理论，即意识（Awareness，A）；意愿（Desire，D）；知识（Knowledge，K）；能力（Ability，A）；强化（Reinforcement，R）。

1）意识。不是一次培训，而是反复唠叨。很多企业在面对转型变革时都会想到

培训。这当然是必要的，但是远远不够。因为变革本质上是要塑造一种新的意识，进而改变行为，影响变革的最主要变量是时间。培训在时间上是一次性的，只在一段时间内起作用，而且诉诸理性，一旦过了这段时间又会反弹。因此，解决认知和意识的问题，需要持续不断地提醒、强调、强化。在所有眼所能及、耳所能听的地方，都要能够接触到。

人的意识就像一片沙漠，很难只靠一杯水变成绿洲。你需要每天不断地植树，一棵一棵、持之以恒，沙漠才有可能成为绿洲。

基于以上认识，我们在组织完内部的培训之后，就开始反复“唠叨”。在各种例会安排相关的议程，还在会议室张贴相关的宣传海报。但这还不够，因为组织太大了，只靠PMO，宣传强度有限。所以，我们当时制订了一个“领航人”计划，就是找“种子选手”作为“推广大使”。我们当时招募了10个“种子选手”，来自9个二级产研部门。这些“种子选手”被给予了特别的培训和荣誉及权益。比如，京东为Bigboss模式打造了BOSS徽章，这是需要通过部门推选、总部评选才可以拥有的。当时为了落地，直接给他们提前“点亮”了。

这些“推广大使”就像基层的文艺宣传员，成为我们的触手，深入所有产研部门，既做宣贯，也做指导。十几张嘴一起反复“唠叨”，才逐渐产生一种开口闭口OKR的氛围。

2）意愿。既要各种激励，也要移除障碍。人的大脑分三层，本能脑、情绪脑和理性脑。理性脑是最晚进化出来的，也是人类特有的。情绪脑与情绪感应相关，比理性脑更早一点。我们常常说，一冲动就坏事，这就是情绪脑在起作用。通常，它比理性脑对环境的反应更快。

本能脑最早，是所有哺乳动物都有的。它负责掌管生存必备的反应机制。

前面提到的反复“唠叨”主要在理性脑起作用，但是这还不够。有句话说得好，为什么懂得了很多道理，还过不好这一生？因为，从道理到行动还有很大的距离，这就是这一步要解决的问题。为此，我们制订了一个激励计划。这个激励计划包括即时激励和阶段激励。比如，我们的“推广大使”发现表现特别好的员工，可以直接在工位上贴一个正能量贴画，并提报给我们做成案例，在各种场合展示；某个团队OKR落地规范性和结果都比较好，会在阶段评优的时候给予物质和精神奖励。

在用激励推动向前的时候，还得注意前面有没有障碍，如工具和模板的缺失等。为了给“推广大使”提供抓手，我们编写了随手可用的便捷模板、书写案例和

Q&A手册，并开发了内部OKR系统。

3）知识。课程随到随学，持续、定期答疑。知识和技能的学习需要更方便的支持。为了让更多员工能够接受更专业、有趣的OKR培训，我们联合京东大学（现人才发展中心）开辟了OKR工作法的学习空间，并向全体员工开放。

在学习空间中，除了可以学习，还可以即时操练，提交作业。我们的“推广大使”团队会为所有学习的员工批改作业。对于常见问题，我们会集中组织定期答疑。

这样，2周左右，80%的部门员工完成了课程的学习，基本掌握了正确制定OKR的知识和技能。

4）能力。光说不练假把式。在前三步之后，我们就要实操了。从某个季度开始，我们在所有二级部门试行OKR。OKR的试行包括制定、执行、复盘和调整几个环节，为确保过程可控，我们制定了对应的管理机制。

在制定环节，由PMO作为OKR编写的审核员，为各二级部门检查、完善。在二级部门内部，员工各自的OKR及与上级的共识，由“推广大使”跟进和辅导。各部门OKR编写完成后，内部组织通晒会。

所有部门本季度OKR制定完成后，录入系统，并开放给所有人。有协作关系的O和KR可以相互关联。

在执行过程中，各二级部门每周共同对齐一次部门OKR，一级部门每月对齐一次OKR。二级部门内部会议由“推广大使”负责组织并保证质量，一级部门会议由PMO负责组织。

在整个执行过程中，我们持续跟踪调研和沟通校准。前文所说的形式主义等问题，都是在这段时间发现的。

5）强化。一切都是为了整体效果。强化战果不仅需要运行机制，更需要真正适配的绩效考评机制。为此，京东集团引入外部咨询团队，针对部门业务情况，制定了一套新的考评机制。这里有如下两方面关键点。

- 在行政领导评分基础上，引入专业指导者的角色，增加专业视角评分。比如，以前产品经理都由部门负责人根据绩效结果打分，现在增加高级别的产品总监作为专业指导者，从专业能力提升、专业价值贡献等角度打分，避免出现唯结果论的局面。
- 增加个人项目表现评分。以前只看项目完成的结果，现在增加项目经理的权重，由项目经理对成员进行评价，并与项目用户满意度打分共同计入考核结果作为参考。

最后，所有评分结果和原因说明由第三方进行公正性审核。

通过以上五个步骤，部门在半年内全面完成了OKR的落地和推广，并一直沿用至今。

每种方法论在与企业结合的时候，都需要改造和融合。没有通用的“武林秘籍”，只有持续的探索、尝试和改进。

2.6 磨刀不误砍柴工：项目管理小工具

代春娇 ◆

2.6.1 工作访谈法

访谈几乎是每个职场人必备的关键工作技能。无论是项目需求收集、用户体验调研，还是招聘面试、绩效面谈等，各种场合都需要用到访谈。在实际工作中，工作访谈法通常被应用于流程改进和业务流程重组等方面。工作访谈法能够有效获取关键信息、识别流程问题、建立信任关系、改善沟通、促进协作、提高工作效率和质量。

在管理研究过程中，工作访谈法一般用来提取自己关注的信息。随着管理方法的不断普及，这类学科类的方法也在日常工作和生活中使用。在进行工作访谈时，需要明确访谈目标和范围，确定访谈对象，制订访谈计划，并对访谈内容进行记录和整理，以便后续分析和总结。一方面，要综合考虑访谈对象的身份、地位：是行业“大咖”、政治领袖、公司高管，还是刚入职的新员工、工龄较长的老员工。不管对象是谁，地位怎样，都要公正、客观地进行访谈设计和开展访谈工作，以平常心面对访谈对象。另一方面，要综合考虑访谈的背景和目的：是评估员工晋升问题、进行360°调查、进行研发管理流程的改进、再定义员工考核和积累办法，还是优化不合格员工。不管目的是什么，作为访谈者，都不能在整个访谈过程中给出自己的倾向和态度，否则会影响访谈的客观性和效果。

1. 工作访谈法的概念

工作访谈法是获取信息的常用方法，是研究者对被研究者进行寻访、访问、交谈的一种活动方式。因研究问题的性质、目的或对象不同，工作访谈法具有不同的形式。根据访谈进程的标准化程度，可将其分为结构型访谈和非结构型访谈。

访谈过程是一个耗费时间的过程，需要巧妙、周全地构建。访谈之前要做好充分准备，包括材料准备、思想准备等。

2. 应用步骤

1）设计提纲。它决定了整个访谈过程的核心主题，确保关注的点都有问题，属于边界范畴。可以根据标准化程度设计不同的访谈提纲。粗略的访谈提纲可能只包括开场、主题提问、主题追问、总结等。细化的访谈提纲可以详细罗列每个问题，访谈者只需要拿着问题清单就可以直接进行访谈，这更适用于需要大规模访谈，而且需要快速出具访谈结果的场景。图2-39展示了一家互联网公司针对当前研发流程进行优化改进的访谈提纲。

有关研发流程优化改进的问卷调查
尊敬的各相关角色负责人好：我们是×××研发管理流程改进委员会成员，正在进行研发流程的改进设计。为了更好地了解您对当前研发流程的看法和建议，我们特别编写了以下问卷，请您耐心填写。您的意见和建议对我们非常重要。
对现有流程的认知
1. 在您当前的岗位，关于研发管理流程，您最深的感受是什么？您的工作动力主要来自哪里？压力主要表现在哪些方面？
A. 感受　B. 动力　C. 压力
2. 您是否了解公司的研发流程？（　　）
A. 是　　B. 否　　C. 了解的程度和常用流程
3. 您认为公司的研发流程满足项目需求的程度如何？（　　）
A. 非常满足　　B. 比较满足　　C. 一般　　D. 不满足　　E.不满足
4. 您是否认为公司的研发流程中有不够清晰的问题？（　　）
A. 是　B. 否　C. 不确定
举例说明
5. 您是否认为公司的研发流程中有执行效率低的问题？（　　）
A. 是　B. 否　C. 不确定
举例说明
6. 您是否认为公司的研发流程中有重复工作的问题？（　　）
A. 是　B. 否　C. 不确定
举例说明

图 2-39　访谈提纲

7. 您是否认为公司的研发流程中有沟通不畅的问题？(　　)
A. 是　B. 否　C. 不确定
举例说明
8. 您是否认为公司的研发流程中有不必要的审批环节？(　　)
A. 是　B. 否　C. 不确定
举例说明
对相关流程的认知
9. 您是否了解IPD（集成产品开发）流程？如果了解，请简要说明您对该流程的看法和建议。(　　)
A. 是　B. 否
看法和建议
10. 您是否了解敏捷开发流程？如果了解，请简要说明您对该流程的看法和建议。(　　)
A. 是　B. 否
看法和建议
11. 您是否认为公司应该对研发流程进行优化？(　　)
A. 是　B. 否
看法和建议
12. 您认为公司当前流程更接近IPD还是敏捷开发？(　　)
A. IPD　B. 敏捷开发　C. IPD和敏捷开发的结合　D. 不确定
13. 如果公司计划对流程进行优化，引入IPD或敏捷开发流程，您怎么看？(　　)
A. 引入IPD　B. 引入敏捷开发　C. 结合IPD和敏捷开发　D. 不需要引进
14. 结合本业务体/产品中心的特点，您认为公司现有的研发流程在哪（些）方面做出改变会对解决问题有利，或者对产品质量/交期/成本产生较好影响？（可多选）(　　)
A. 市场驱动开发　B. 产品规划/项目需求管理　C. 跨部门/跨系统协同　D. 异步开发/技术重用　E. 研发绩效管理
您是否有其他建议或意见？请简要描述。
1.
2.
3.
4.
非常感谢您的配合和支持！我们将根据您的意见和建议，结合IPD和敏捷开发相关流程，制定出更加符合公司需求的研发流程。

图 2-39　访谈提纲（续）

2）恰当提问。有详细访谈提纲的访谈设计，除了开场和结束可以灵活发挥，其他都需要根据提纲进行提问。当然，随着访谈的推进，结合访谈对象的状态，我们可以适当地对访谈问题进行裁剪或合并。

3）捕捉信息，收集资料。在访谈过程中，要准确捕捉信息，最合适的方式是追问。它有助于我们更深入地了解这个问题，以及这个问题背后的故事，有利于我们收集更多资料，以辅助我们的判断。比如，一个员工经常迟到，1个月22天有10天迟到，并且迟到大多集中在周三和周五。去访谈的时候，员工说堵车或临时有事，但是这个规律会让我们对员工的答复产生怀疑。我们可以把掌握的迟到频次和规律向员工透露，这时员工才会说出更加具体的细节。

4）适当回应。在访谈过程中，不能一直“我问你答”，因为这样显得很拘谨。正如我们日常沟通一样，需要对访谈对象的语言或表情给予一定的回应，一方面可以化解尴尬的气氛，另一方面是对访谈对象的尊重。这样，访谈才会进展顺利，从而收获更多有效信息。

5）及时记录，一般还要录音或录像。人们常说，好记性不如烂笔头。尤其访谈工作，访谈对象并不一定是我们经常有往来的同事，特别是一些专业知识、专业术语，我们需要记下来并再次核实。如果访谈对象允许，我们最好录音或录像。当然，在日常的工作和生活中，做不太正式的访谈时，文字记录即可。记录的形式与访谈目的是息息相关的。

3. 访谈技巧

访谈时需要遵循以下原则：避免主观印象的影响，不要与访谈对象进行毫无目的、漫无边际的交谈。在使用工作访谈法时，关键是准备好谈话计划，包括关键问题的准确措辞，以及对回答的分类方法。也就是说，要事先做好如下准备。

1）访谈进行的方式。是远程视频、语音沟通，还是面对面沟通？是一对一、多对一、一对多，还是多对多？这些都需要我们根据访谈背景和目的进行设计和选择。

2）提问的措辞及其说明。具体指在访谈过程中，我们的措辞基调是什么，是需要对方给出明确建议、方向性意见，还是给出态度等。我们需要提前思量我们的初衷是什么。

3）必要时的备用方案。世界上最大的不变就是变化，即使已经做好了充分准备，在实际的访谈过程中仍然可能发生意外。这就要用到项目管理中的风险管理，提前演练和分析未来的风险。

4）规定回答的记录和分类方法。一个访谈很可能由多人完成，即使由一个人完成，昨天的“我”和今天的“我”，也是受时间、心情等因素影响的，所以我们需要提前规定回答的记录和分类方法。这就是项目管理中统一的项目语言、统一的项目管理流程。这样才便于团队协同作战，进行后续的资料分析。

4. 工作访谈法的特点

1）优点。

- 可以对访谈对象的工作态度与工作动机等较深层次的内容有比较详细的了解。

- 运用面广，能够简单而迅速地收集多方面的资料。
- 由任职者亲口讲出工作内容，具体而准确。
- 使访谈者了解短期内直接观察法不容易发现的情况，有助于管理者发现问题。
- 能够为任职者解释工作分析的必要性及功能。
- 有助于与员工和谐沟通，缓解工作压力。

2）缺点。

- 需要专门的技巧，需要受过专业训练的工作分析专业人员。
- 比较费精力、费时间，工作成本较高。
- 收集到的信息往往扭曲、失真。
- 易被员工认为是其工作业绩考核或薪酬调整的依据，所以他们会故意夸大或弱化某些职责。

【案例】

小D新入职一家网络安全公司，担任项目负责人，隶属于研发管理部。网络安全对小D而言是个全新的领域，她之前是负责手机软件系统集成的。在小D入职前，项目管理组的小组负责人已经离职，只跟小D进行了不到2小时的远程工作交接。部门还剩下3个项目管理工程师小A、小B、小C。小C身怀六甲，月底休假。在这风雨飘摇的时节，在小D入职一周后，研发管理部负责人提出了离职。小C也请产假了，6个月后才能上班。似乎哪里都不对，小D面对这样的现状很无奈，但是这个时候放弃，对任何人来说都是不好的结局。于是，小D迅速收拾好心情，她要做的第一件事就是厘清公司的业务运作流程，用最简单的方式监督和审核员工的工作，发现问题和改进点。面对公司纷繁的流程，小D觉得无从下手，因为看起来真的非常全面，而也许正是因为太全面了，反而让人无所适从。于是，小D调转方向，她相信业务流程是为业务服务的，必须从业务中来，再到业务中去，所以开始了研发管理流程访谈之旅。

首先，小D整理了自己访谈的目的：梳理现行业务的交付流程和角色职责，并指导业务运作。

其次，小D根据公司的业务特点梳理了关键角色，包括项目经理、产品经理、研发经理、测试经理、运维经理和工程项目经理。项目经理、产品经理、研发经理和测试经理隶属于研发管理体系，首先要从这些关键角色入手，梳理出合同/产品项目交付全流程，并明确定义每个阶段对应的活动，活动的准入准出原则，活动的上下游活动、负责人、参与人，以及各个角色在活动中的任务和态度。

再次，小D安排部门的小A对合同/产品项目交付全流程整理了初稿，与选定的项目经理、产品经理、研发经理、测试经理的代表分别进行访谈，并根据访谈意见修改初稿，最后进行了多对多的整体访谈，敲定了整个研发流程。

最后，各经理代表和研发管理部共同完成的合同/产品项目交付全流程得到了领导和公司其他部门同事的认可，并发布和应用。小D在研发管理部站稳了脚跟，获得了公司领导和同事的认可。

2.6.2 领导力五要素

◆ 袁照泰

1. 领导力五要素的概念

领导力五要素是由查普曼和奥尼尔提出的，指的是在管辖的范围内充分利用人力和客观条件，以最小的成本办成所需的事，从而提高整个团队的办事效率的能力。领导力五要素对PMO而言非常重要。现实中，并非所有管理者都是领导者，反之亦然。但优秀的管理者多半也是能干的领导者。领导职能有自己的特性，即领导者借助影响力发挥作用，而非职位。

领导力五要素具体如下。

1）感召力。感召力是最基本的领导力，领导学理论中最经典的特质论研究的核心主题就是感召力。

2）前瞻力。前瞻力从本质上讲是一种着眼未来、预测未来和把握未来的能力。

3）影响力。影响力是领导者积极主动地影响被领导者的能力。

4）决断力。决断力是针对战略实施中的各种问题和突发事件进行快速和有效决策的能力。

5）控制力。控制力是领导者有效控制组织的发展方向、战略实施过程和成效的能力。

这些领导力要素并非处于同一层面，在领导力五要素中，感召力是最基本的领导能力。一个人如果没有坚定的信念、崇高的使命感、充沛的激情、宽广的知识面、超强的能力和独特的个人形象，就很难全面领导一个公司级项目管理部门。因此，感召力是处于顶层的领导能力。

2. 如何培养领导力

领导力不是生来就有的，不同层级的领导者具备不同的领导素质。想要成为领导者，就要观察领导者的状态，了解他们的行动。领导力的培养包括如下八个方面。

- 培养自律精神。
- 提升社交能力。
- 积极提升演讲表达能力。
- 培养自信心和勇气。
- 锻炼自己做决定的能力。
- 做一个靠谱的人，言出必行，说到做到。
- 培养强大的责任感。
- 提升沟通协调能力，这是领导力的核心。

【案例】

有一次，PMO负责人P总接到了公司高层领导分配的任务，有一部分任务要分配给质量部（Quality Department）负责人Q经理。可是，Q经理后来把这件事忘掉了。要交差的时候，P总自己的工作做得很好，但Q经理没有完成他的工作。这件事应该怎么看待呢？

这件事，Q经理确实有责任，因为他领了任务以后，没有按照要求完成这个任务。但是，P总在这件事上难道就没有责任吗？P总说，我已经把这个任务交给了Q经理。但P总是从领导那儿直接接到的任务，所以他是第一责任人。

P总应该把这个工作任务进行分解，自己干什么，Q经理干什么。当把工作交给Q经理的时候，如果他是一个有领导力的PMO负责人，他就应该对Q经理的工作进行询问，甚至辅助，如果有问题可以及时提供帮助。这样做，一个很重要的原因就是P总是最了解领导意图的，而且应该比Q经理更有经验。

所以，P总应该帮助Q经理完成他的任务，这是基本要求。P总从领导手上接过任务的时候，分解是第一步，结果达成是最终目标，所以他也应该有一种把控全局的能力。对于公司高层领导，P总是第一责任人，对结果直接负责。通过这样一个案例，我们可以发现，这就是领导力的一种简单体现。

2.6.3　项目雷达图

◆潘继平

项目雷达图能快速识别项目风险，帮助项目管理人员识别当前项目的管理重点。项目雷达图来自PRINCE2。PRINCE2认为项目有五大特性，包括临时性、独特性、不确定性、跨职能性和变革性，如图2-40所示。

1）临时性。要做好范围管理，以启动会和总结会为标杆，标识项目的开始和结束时间。临时性强的项目风险高。项目要专注于事情。

2）独特性。通过项目计划的制订过程，搞清楚项目的状况，做好各项应对措施。独特性强的项目风险高。项目要专注于事情。

3）不确定性。通过风险管理，不断识别、分析、应对风险。不确定性强的项目风险高。项目要专注于事情。

4）跨职能性。识别出所有相关方，制订好沟通计划，做好干系人管理。跨职能性强的项目风险高。项目要专注于干系人管理。

5）变革性。提前规划好落地路径，最终才会产生收益和改变。变革性强的项目风险高。项目要专注于干系人管理。

利用这五个特性识别项目风险，做好应对规划。

【案例】

背景：公司外购OA系统，计划3个月内上线，该系统将在销售部、财务部、研发部、行政部等部门使用。

项目风险评估如下。

（1）独特性。OA系统很多公司都在使用，技术和应用都很成熟，所以独特性不强，可以给1分。

（2）变革性。影响了销售部、财务部、研发部、行政部。影响了好几个部门，变革性中等偏上，可以给5分。

（3）跨职能性。因为OA系统是外购的，所以在研发上不涉及太多部门，主要参与部门是采购部和研发部。采购部负责调研其他应用部门的使用需求，研发部负责把关软件系统的可靠性。可以给3分。

（4）临时性。因为OA系统只需要3个需求就上线，周期比较长。所以临时性不高，可以给2分。

（5）不确定性。因为OA系统比较成熟，需求范围、实施、上线等都相对确定。所以不确定性很低，可以给1分。

评估结果：变革性最高，其次是跨职能性，所以本项目的重点应放在相关干系人的管理上，项目风险不高。

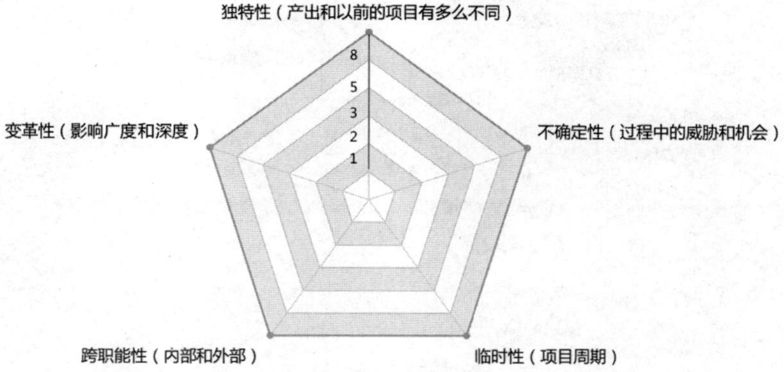

图 2-40　项目雷达图

2.6.4　根本原因分析

◆何凡

1. 根本原因分析的概念

根本原因分析（Root Cause Analysis，RCA）是一项结构化的问题处理方法，用于找出问题的根本原因，而非仅仅关注问题的表象。可以通过U型思考（5W法）找到根本原因，使用因果图或帕累托图分析并呈现结果。

U型思考是对问题进行深入思考的一种工具，核心是问出好问题，正如爱因斯坦所说："当我思考一个问题时，我会花95%的时间思考这个问题究竟是什么，再用5%的时间解决问题。"遇到一个问题，找不到解决办法，很大的可能是没有深入思考，找到根本原因，并与可触达的资源结合起来思考解决办法。

2. 应用方法

5W法基于一个经验：绝大多数问题都可以用简单的方法予以解决。这种方法首先是提出一个问题，并且问题以Why形式提出，也就是为什么，而不用How。How从思维上来说更倾向于直线思考，所以可以作为最后一层的问题，但是前面要把How的问题转化为Why。针对这个问题可以得出多个回答，但是只保留一个核心回答并进一步提问，层层深入，直到找到与可触达的资源结合起来的解决办法，反推回去，完成逻辑闭环。

可以使用因果图或帕累托图呈现结果。因果图是由日本管理大师石川馨发明的，所以也叫石川图。鱼骨图、石川图、因果图、特性要因图，指的都是因果图（见图2-41）。

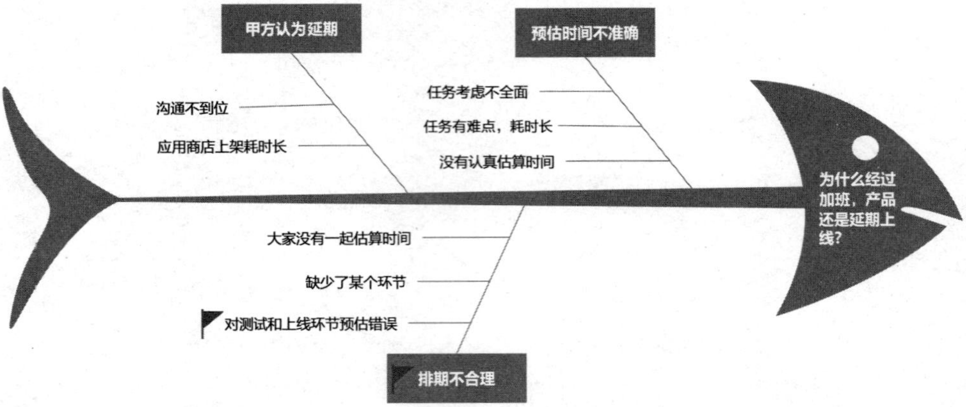

图 2-41 因果图

3. 应用案例

很多企业都会遇到产品延期上线的问题，下面用因果图来深究一下根本原因，如图2-41所示。请注意，不同企业发掘出的根本原因可能是不同的。

首先用Why提出问题，而不用How。这个问题就是："为什么经过加班，产品还是延期上线？"

接下来得到以下几个答案。

- 预估时间不准确。
- 排期不合理。
- 甲方认为延期。

我们在这一步找到主要问题，进一步追问："为什么排期不合理？"又得到以下几个答案。

- 大家没有一起估算时间。
- 缺少了某个环节。
- 对测试和上线环节预估错误。

继续找到关键问题，继续提问："为什么对测试和上线环节预估错误？"到这一步基本上就找到了根本问题，即测试人员经验不足，并且与上游人员沟通不到位，这样就能针对性地提出解决方案。

这里补充一个很重要的概念——帕累托法则。帕累托法则也叫二八原理，是意大利经济学家帕累托提出的，就是20%的人口掌握了80%的社会财富。后来美国质量大师朱兰博士将此概念引入质量管理，即80%的问题是20%的原因导致的。帕累托图在项目管理中主要用于找出导致大多数问题的关键原因，以解决大多数问题。

很多项目问题和工作内容就适用这一原理，重要问题可能只占20%，优先解决这20%，就能极大地提高项目质量，剩下的时间再解决那不太重要的80%。尤其技术人员，很多时候就一个技术问题深入思考，却忽略了这个技术问题是否在重要的20%中。大家需要培养这种意识，优先解决关键问题。

2.6.5　北极星指标

◆ 蒋敏

1. 北极星指标的概念

北极星指标也叫唯一关键指引性指标，是产品现阶段最关键的指标，能引领业务，促使公司业务发展越来越好。如果该指标变好，说明产品正处于健康向上的发展阶段。比如，把“用户健身时长”定为北极星指标，当用户的健身时长增加了，“使用效果”和“分享价值”就会使“用户新增”增加。

每家公司都有自己业务的北极星指标。很多公司容易用销售数据或业绩等作为北极星指标，其实这是一些后置的指标，不是非常好的指标，容易掩盖很多问题。这类北极星指标也会磨灭业务创新，导致恶性循环。寻找北极星指标要层层剥离，寻找能够促进业务长期发展的那个最关键的指标。

2. 北极星指标的意义

北极星指标可以指导日常决策。

有了北极星指标，团队里的每个人做事情就有了判断的标准，知道该做哪些事情、不该做哪些事情。一切以北极星指标为核心，可以让团队成员明确自己的细分指标。北极星指标为团队提供核心价值，与业务对齐，具有长期性和唯一性。

3. 寻找北极星指标的方法

如何更好地找到北极星指标？请看下面的案例。

【案例】

假设某电商平台的核心目标是增加销售额，那么寻找北极星指标的过程可以参考如下步骤。

第一步：找目标。根据核心目标分析相关指标。比如，为了增加销售额，需要考虑以下指标。

- 流量：网站或 App 的访问量。
- 转化率：访问者与购买者的转化率。
- 客单价：每个订单的平均价值。
- 复购率：购买者再次购买的比率。
- 产品种类：不同种类产品的销售情况。

第二步：分析相关指标。在分析相关指标时，我们需要考虑这些指标之间的关系，以确定哪些指标对于达成核心目标最为关键。比如，在这个案例中，我们可以进行如下深入分析。

- 流量：可以通过提升搜索引擎优化（Search Engine Optimization，SEO）排名、打广告等方式来增加，并且流量增加，转化率也会相应提高。
- 转化率：可以通过改进页面设计、提供更好的用户体验等方式来提高。
- 客单价：可以通过多样化产品种类、推广高价位产品等方式来提高。
- 复购率：可以通过提供更好的售后服务、推出更多折扣等方式来提高。
- 产品种类：可以通过根据用户需求而新增或淘汰产品种类来增加销售额。

第三步：构建北极星关联指标体系。在分析相关指标之后，会得到一系列关联指标，这些指标之间存在一定的关系，需要构建相应的关联指标体系，进行度量和分析，以帮助实现核心目标。比如，在这个案例中，可以建立如下关联指标体系。

- 转化率：页面设计、用户体验、促销活动等。
- 客单价：产品种类、高价位产品、促销活动等。
- 复购率：售后服务、折扣优惠、卡券优惠等。
- 产品种类：用户需求、竞品分析、产品评价等。

通过以上关联指标体系，可以对每个指标进行度量和分析，找到其与销售额之间的关系，以确定哪些指标最关键，并制定相应的优化策略，最终实现核心目标。

在上述案例中，增加销售额是北极星指标，除了分析，还需要考虑与销售额相关的指标，如供应商数量、入驻率、会员费收入等，以及与采购相关的指标，如采购商数量、成交率、客户满意度等。这些指标都是影响北极星指标的重要因素，需要构建相应的关联指标体系，进行度量和分析。

北极星指标是唯一的，但不是一成不变的，公司的很多指标都具有相关性，因此北极星指标可以随着公司业务重心或战略规划的改变而产生变化。因此，如果开始不能确定最优的北极星指标，也没有关系，可以先确定一个通用的指标，然后不断理解、优化。

03 第3章

精进的罗盘，制胜的密码：企业效能管理

精进的罗盘，制胜的密码：企业效能管理

互联网企业研发管理效能数字化建设

- 打造数字化、智能化研发管理体系
  - 数字看板 — 洞悉资源能力
  - 资源视图 — 灵活调配资源
  - 智能通知 — 实现员工自我管理
  - 智能风控 — 发现异常，实时纠正
  - 投入产出 — 决策项目资源投入
- 精准识别优秀员工，打造有效激励体系
  - 精准评价 — 奖罚分明，四两拨千斤
  - 绩效模型 — 立足绩效，激励团队
- 数字化创新体系照亮项目隐形成本
  - 营收绑定 — 观测投入产出比、资源分配率
  - 项目核算 — 核算项目成本，资源利用价值最大化
  - 过程透明 — 明晰过程，管理有抓手

互联网企业的研发效能建设

- 互联网企业研发效能建设的背景
- 互联网企业研发效能建设的误区
  - 效能指标设计
  - 效能指标使用
  - 企业进行研发效能度量时的注意事项
- 互联网企业研发效能建设的指标原则
  - 结果指标 > 过程指标
  - 整体指标 > 局部指标
  - 定量指标 > 定性指标
  - 总体项目小组指标 > 某个项目成员指标
- 互联网企业研发效能建设的步骤
  - 开发研发效能指标库
  - 选择合适的度量指标
  - 分阶段进行效能度量
  - 进行有效的效能度量分析
  - 落地效能改进机制
- 互联网企业研发效能建设的实践要点
  - 研发效能的数据驱动
  - 持续反馈

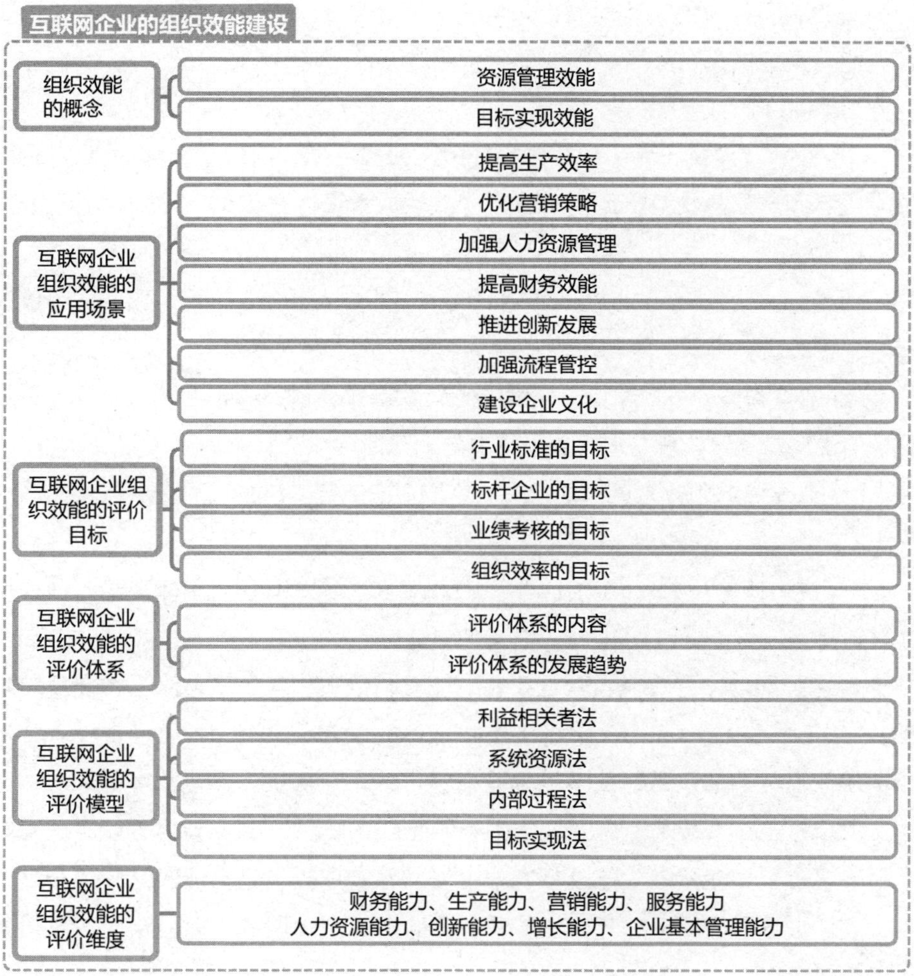
互联网企业的组织效能建设
组织效能的概念
资源管理效能
目标实现效能
互联网企业组织效能的应用场景
提高生产效率
优化营销策略
加强人力资源管理
提高财务效能
推进创新发展
加强流程管控
建设企业文化
互联网企业组织效能的评价目标
行业标准的目标
标杆企业的目标
业绩考核的目标
组织效率的目标
互联网企业组织效能的评价体系
评价体系的内容
评价体系的发展趋势
互联网企业组织效能的评价模型
利益相关者法
系统资源法
内部过程法
目标实现法
互联网企业组织效能的评价维度
财务能力、生产能力、营销能力、服务能力
人力资源能力、创新能力、增长能力、企业基本管理能力

3.1 互联网企业研发管理效能数字化建设

张嘉

随着互联网行业的飞速发展，如何有效度量互联网研发团队的效能，并智能化改进效能，逐渐成为各大互联网企业管理者的一块“心病”。互联网研发管理由于角色分工不同，各有痛点。

1）企业的首席执行官（Chief Executive Officer，CEO）。他们主要关注投入资源可以看到产出的结果，但由于研发团队的成本没办法度量，导致研发成本投入“深不见底”。

2）企业的首席技术官（Chief Technology Officer，CTO）。研发团队的绩效指标不清晰、不透明，研发团队的效能“不明不白”。

3）企业业务线研发团队的开发负责人。团队整体的目标不明确，研发人员加班的日子“没完没了”，总是迫于业务压力向上申请增加资源。

4）企业一线的业务人员。他们为了争取客户的需求排期，总是和研发团队“斗智斗勇”。

5）一线的技术开发人员。他们普遍缺乏自驱力及目标感，需求总是逾期甚至延期交付，日常任务“得过且过”。

面对这些问题，企业研发管理效能的度量和数字化建设成为研发管理者的必然选择。

明确企业内部研发管理度量的关键指标，助力企业快速完成数字化管理转型升级，实现企业业务的高速发展，在当前这个VUCA时代变得越来越重要。互联网企业在产品迭代过程中对研发效能进行有效度量，并实现数字化，可以提升企业整体绩效水平，完成企业数字化管理升级。最终让企业走上发展的高速公路，在数字化时代实现业务腾飞。

企业通过数字化建设提升研发团队整体效能，一般有以下几个方面。

- 评价团队现状，通过数字化手段，对团队内管理情况进行量化分析。
- 制定团队内部流程，通过规范化手段，使团队内管理流程保持一致。
- 明确团队改进目标，通过指标化手段，使团队内重点改进动作可跟踪。
- 保持团队持续改进，通过可视化手段，使团队信息始终透明。

3.1.1　打造数字化、智能化研发管理体系

【案例】

某新兴行业的准独角兽公司，短短5年时间就在同行业中名列前茅。随着公司规模的不断扩大，研发团队达到200人以上。公司业务发展逐渐遇到瓶颈，研发团队无法快速消化业务侧反馈的需求，导致大量客户需求堆积，进入排队状态。研发侧反馈，需求越来越多，天天加班"看不到头"。

通过公司内部综合分析，发现现有研发团队缺乏规范的管理制度，在产品开发迭代过程中缺乏管控，研发资源投入没有方向，研发侧整体管理水平较低，无法匹配公司业务快速发展的期望。

该公司急需提高研发的需求交付能力，同时提高研发管理能力，达到行业先进水平，所以该公司进行了数字化管理升级改造。近半年的时间，实现了研发效能数字化、任务消息自动化、研发管理智能化，公司的业务规模翻了一番，踏上了新的台阶。

该公司结合自身行业及研发团队的特点，制定了相关内部管理制度，主要包括《需求管理制度》《任务管理制度》《工时管理制度》《缺陷反馈机制》《内外部协作制度》等，并通过在用的研发项目协同工具实现制度落地；利用大数据风控技术、人工智能行为分析等手段快速发现执行过程中的规范问题，快速定位到具体的人和事；利用智能机器人技术实现自动发现潜在风险、自动提醒员工待办工作、自动反馈工作效果；通过项目、团队、人员等多维度经营分析，发现经营成本"黑洞"和团队协作瓶颈，实现内部提效。

1. 数字看板：洞悉资源能力

企业针对某些研发项目或某个产品线选择团队人员时，往往只凭借员工个人的过往工作表现或个人主观印象来挑选，但是这样做缺乏综合性、体系化的评价，极易造成部分过往表现不抢眼，却适合在前线"冲锋"的人员被错误评判，而适合维护系统稳定，渴望"稳定输出"的人员又因为过往表现出众被选为打头阵的"冲锋者"。如何因人而异，合理地安排工作，同时体现员工的自我价值，成为企业当下的一大难点。长此以往，将导致工作分配不合理，员工个人价值感低且缺乏目标意识，最终好不容易招来的优秀人才白白流失。

针对这一情况，企业在研发团队达到一定规模的情况下，可以为一线的研发人员建立基于其个人综合能力的个人画像。通过多维度的行为分析数据，可以更深入

地了解研发人员的个人能力情况。同时设立多维度的人员排名，明晰研发人员的不足之处。对于需要改进的研发人员，制订持续改进方案。最终研发人员通过不断改进，达到自我能力提升的目的。

以下是研发人员个人画像的六个评估维度。

- 工作产出：研发人员在版本迭代过程中实际完成的故事点总数。
- 开发质量：版本迭代过程中出现的缺陷情况，包括测试环境发现的技术缺陷和生产环境发现的生产缺陷。
- 工作效率：研发人员在版本迭代过程中，修复缺陷的速度及完成版本需求的工作情况。
- 合作情况：研发人员在版本迭代过程中技术任务按期完成情况，是否逾期，技术人员状态流转是否及时。
- 人员成本：研发人员在版本迭代过程中完成所负责需求的实际工时。
- 抗压能力：研发人员的日均工作时长。将标准工时与实际完成需求的工时进行对比，得出工作的饱和度分析。

同时可以设立多维度的排名，如团队榜、项目榜、人员榜、综合排名等，建立基于研发团队的评价体系，评价员工个人及团队整体的日常表现，同时进行周期性的同比分析和环比分析，对相关排名数据进行透明化晾晒，使各研发团队自上而下地了解所在团队在组织当中的排名情况，更清晰地确定研发团队乃至研发人员个人的提升目标。研发数字看板如图3-1所示。

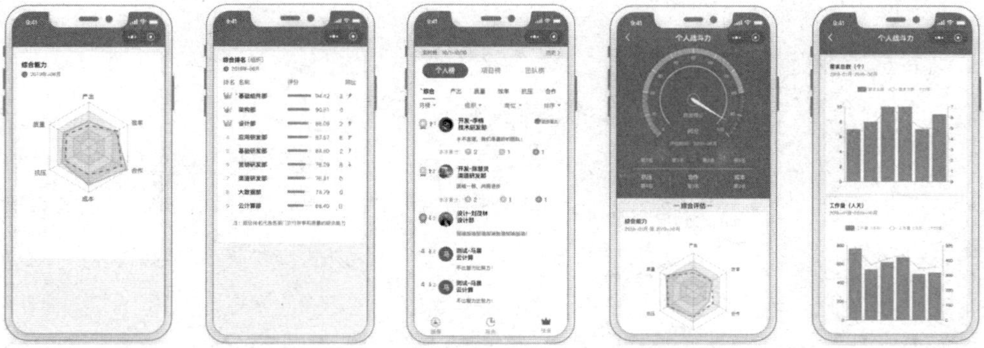

图 3-1　研发数字看板

以研发团队榜为例，为了横向对比各研发团队在版本迭代过程中的表现，并结合各团队表现优化改进后续版本迭代，可以设立研发侧的团队榜。研发团队榜基于研发团队的版本迭代评分（见图3-2），通过5个子项的评分，按照团队当前关注的重点自定义权重，最后加权所得，各子项目的权重和为1。

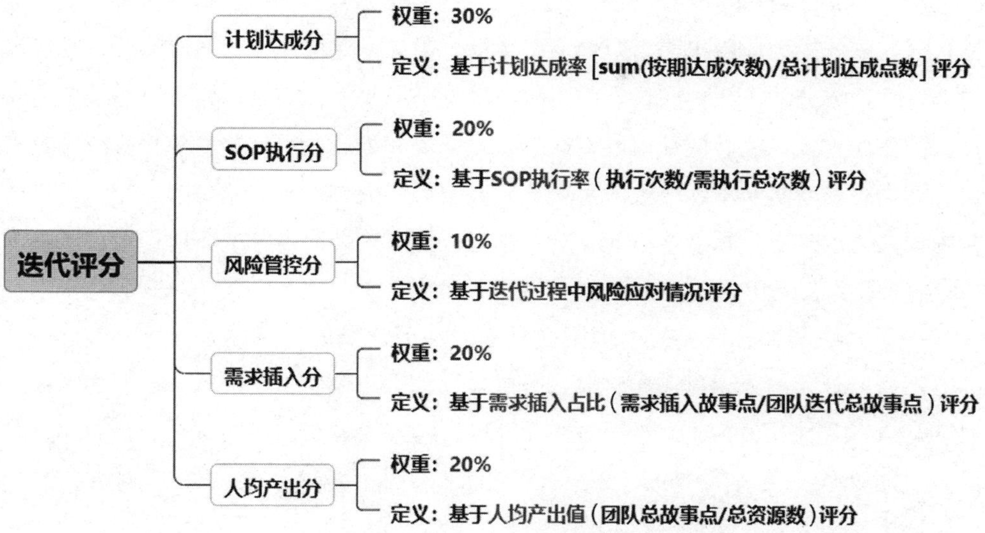

图 3-2 版本迭代评分

1）计划达成分。基于版本迭代各节点需求的计划达成率评分，如版本迭代过程中的以下节点：版本需求封版、版本需求整体提测、版本需求上UAT环节、版本需求正式生产发布。通过按期达成次数除以总计划达成点数而得出的计划达成率来评价团队的计划达成情况。

2）SOP执行分。基于团队迭代SOP流程的执行情况，即SOP执行率评分，如版本迭代中的重要过程：需求评审、迭代计划会、方案评审、测试用例评审、产品演示、迭代反思会等。通过执行次数除以需执行总次数而得出的SOP执行率来评价团队的规范执行情况。

3）风险管控分。基于迭代过程中风险应对情况评分，如迭代初期是否制订过详细的风险应对计划；迭代过程中，根据迭代情况，是否识别出可能导致延期的风险，并制定积极有效的风险应对措施进行纠正/纠偏；迭代内的需求是否按照计划如期交付或提前交付；是否出现过逾期/延期的情况。

4）需求插入分。基于版本迭代封版后需求插入占比评分，通过需求插入故事点除以团队迭代总故事点而得出的需求插入占比来评价团队的需求插入情况。该项可作为加分项，需求插入越多，实际评分越高。

5）人均产出分。基于版本迭代内团队的人均吞吐量，即人均产出值评分，通过团队总故事点除以总资源数来评价团队的人均产出情况。总资源数根据团队的实际情况确定，如实习生算半个资源，业务组长如不涉及具体开发工作可剔除等。

6）子项评分权重。版本迭代评分中，各子项的权重根据各团队的实际情况做个性化分配。如果当前版本因为延期情况严重，需要重点关注计划达成情况，则可以提高计划达成分的占比；如果当前团队内部识别风险能力较差，则可以提高风险管控分的占比；如果团队内部流程制度的执行情况较差，则可以提高SOP执行分的占比；如果当前团队经常无法进行需求插入，则可以提高需求插入分的占比；如果团队内部的人均产出严重低于行业标准，则可以提高人均产出分的占比；最终子项评分权重加权为1即可。

各子项中的评分需要通过确定各子项的实际情况进行个性化分配。部分子项评分不好区分，可以通过差异化进行分层。比如，各团队SOP执行分都很高，都在91~94分，如果按照90~100分为优秀，那团队都在优秀层级，不好区分，所以可以分层，如91~93分一档，94~96分一档。

版本迭代评分的计算公式如下：

$$版本迭代评分=\mathrm{SUM}（子项评分\times子项评分权重）$$

式中，子项评分为计划达成分、SOP执行分、风险管控分、需求插入分和人均产出分。

版本迭代评分最终可以通过对多个迭代数据的趋势分析，定向优化改进现有研发团队的迭代情况，改进结果最终反映在团队整体效能的提升上，同时可以为研发团队的绩效评估给出参考依据，使研发绩效评估变得“有据可依，有章可循”。

2. 资源视图：灵活调配资源

当企业需要临时抽调资源进行战略产品部署，或者集中攻坚某大型项目时，如果企业没有很清晰的资源状态视图，完全依赖一对一的人工沟通了解团队中各成员的工作情况，并针对研发人员实际已分配的工作做相应的协调，会造成大量的时间成本损耗，最终导致“贻误战机”，给企业造成无法挽回的损失，甚至在极端情况下影响企业生存。

企业可以建立可视化的资源日历看板（见图3-3），明确各研发人员每周、每月的工作安排及工作饱和度（可以设置日均工作时长10小时为饱和）。当遇到紧急事务需要抽调资源时，资源日历看板可以快速预览并及时做出动态响应，迅速组建团队奔赴“前线”。

图 3-3　资源日历看板

资源状态视图强依赖于《工时管理制度》的落地，工时管理视图如图3-4所示。工时最小颗粒度为任务和个人，由研发人员个人每日日终填写具体的任务，自下而上进行汇总，且产品需求及线上缺陷必须向下拆分成相关任务，在任务上体现实际工时数据。实际工时归类在具体的任务分类下，任务分类有以下几种。

- 后端开发任务：针对后端开发人员的技术开发任务，包括实际的需求开发及需求技术方案调研和设计等工作。
- 前端开发任务：针对前端开发人员的技术开发任务，包括实际的需求开发及需求技术方案调研和设计等工作。
- 测试验收任务：针对测试人员的需求测试任务，包括需求SIT阶段、UAT阶段及PROD阶段的测试工作。
- 压力测试任务：针对质量保障人员的压力测试任务，包括在部分影响性能的场景进行定向压力测试等工作。
- 产品任务：针对产品经理的特定产品任务，包括国际化的翻译任务、需求评审、产品调研等工作。
- 线上支持任务：包括排查线上缺陷、线上技术支持、线上数据技术导出等工作。
- 内部管理任务：各角色在版本迭代过程中进行的内部事务性工作，包括每日站会、每周周会、绩效沟通、人员访谈等。

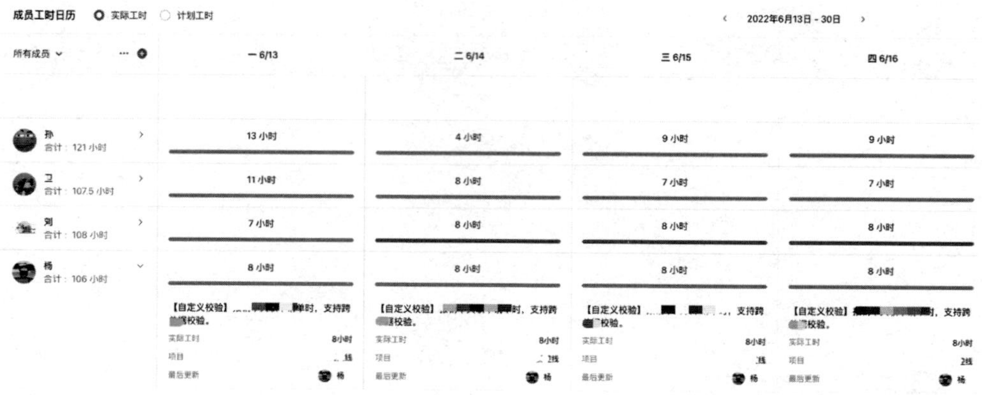

图 3-4　工时管理视图

3. 智能通知：实现员工自我管理

互联网企业在未完成数字化转型前，员工的大部分任务主要依靠其职能线的主管人员人工点对点地跟进。这样极大增加了沟通成本，使中层管理人员长期处于低价值的事务跟进工作中，从而没有精力推进高价值的工作；而且人工跟进也会让一线研发人员产生被监控的错觉，如“主管一直盯着我/催着我干活，这是对我工作的不信任”，最终可能造成研发团队内部出现裂痕，从而影响组织乃至企业的长期发展。

在互联网企业数字化转型过程中，可在企业已有的项目管理工具基础上，与企业内部的即时通信工具如企业钉钉、企业微信、飞书等数据打通，通过关联在用项目管理工具中已分配到个人的研发任务，设置对应的任务提醒规则，使研发团队从只靠人工跟进/更新任务状态，转变成积极响应智能任务工作通知，让一线技术人员聚焦在个人任务上，真正实现员工自我管理，降低员工间的沟通成本，间接提升研发人员整体工作效率，释放管理者，使其可投入更有价值的事情中。智能通知如图3-5所示。

智能通知包括以下几种。

- 当日工作任务安排通知：设置定时推送规则为每日早上9点上班时，发送信息到任务执行人，提示今日计划完成的相关任务。
- 当日工作任务更新通知：设置定时推送规则为每日晚上6点下班时，发送信息到任务执行人，提示今日计划完成的相关任务，任务状态未更新，请及时更新。

- 当日工作任务逾期通知：设置定时推送规则为每日早上9点上班时，发送信息到任务执行人，提示今日计划完成的相关任务，任务即将逾期，请及时更新。
- 项目日报通知：涉及某具体项目时，通知当前项目整体进度、今日截止的任务总数和当前项目已逾期的任务总数。
- 迭代进展通知：当前处于“进行中”状态的各迭代进度情况、各迭代的任务完成度和各迭代当前已逾期的任务总数。
- API自定义机器人：提示下一个工作日重要里程碑（如UAT），目前迭代需求情况。

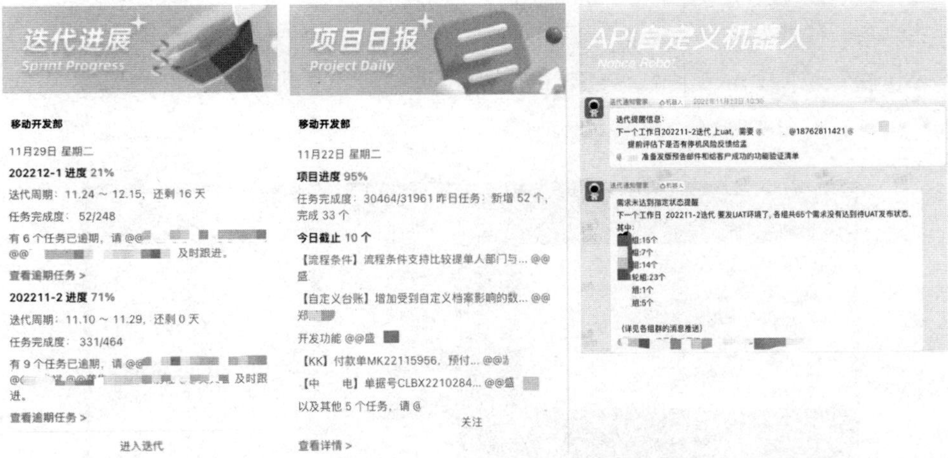

图 3-5　智能通知

4. 智能风控：发现异常，实时纠正

互联网企业中任何制度及自动化工具都无法保证在执行过程中绝对不会出现偏差和问题。

为了防止原始数据异常或数据质量不高导致相关数据分析不准确，同时为了更快速地定位问题、发现问题，并最终解决问题，企业需要一套智能风控系统，有效识别问题，确定关键影响因子，在过程中实时监控，快速识别异常，并精准定位。

可通过以下多维度数据对团队的关键指标进行行为分析：企业内部员工和其职级的管理，如员工信息、职级信息、平均薪资等；版本需求和技术任务的管理，如需求拆分、任务分配、工时填写等；线上缺陷和测试任务的管理，如生产缺陷率、测试缺陷数、测试用例覆盖率等；代码版本的管理，如代码质量、代码提交数、代码编写规范等；员工考勤的管理，如个人考勤打卡记录等。智能风控系统的自动分析可以识别出数据异常，异常多表现为数据不准和数据造假。及时、有效地介入并进行相关改进，才能真正使数字化转型真实、可靠。

举例来说，通过抓取员工个人考勤数据，与当日实际工时填报数据进行对比分析，可以发现“员工工时大于实际考勤”的异常情况，主要原因为员工实际工时多填或员工个人考勤异常，存在补签到或漏打卡情况；也可以发现“员工有考勤无实际工时”的异常情况，主要原因为技术人员忘记在技术任务上填报工时或工时错误填报在缺陷或需求上；还可以发现“员工实际工时远低于个人考勤”的异常情况，主要原因为人员过多投入事务性工作，而非具体的开发任务，或者出现频繁被业务人员打断，从而需求一直未按计划进行的情况。

关键指标及异常如图3-6所示，通过部门指标数据下钻到部门员工数据，最终查出员工“工时大于考勤”的异常数据。

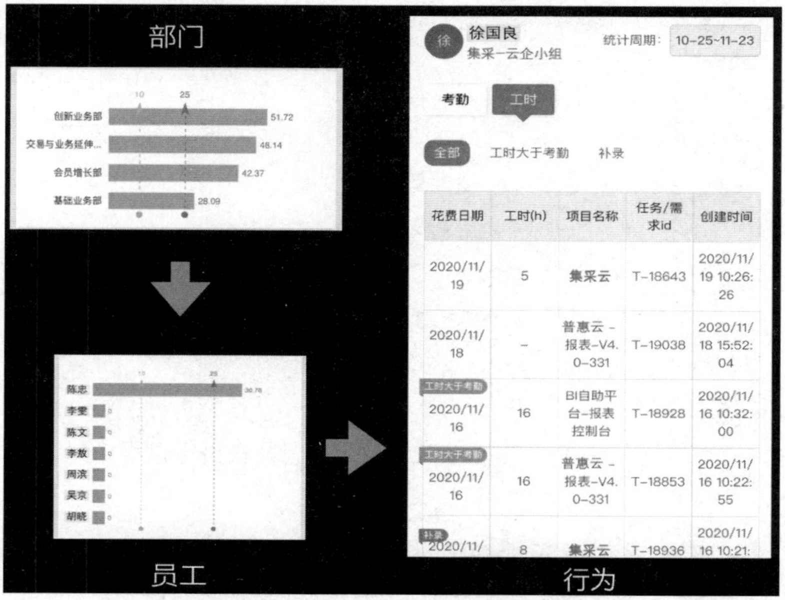

图 3-6　关键指标及异常

5. 投入产出：决策项目资源投入

互联网企业在对研发项目资源投入情况做综合决策时，要确定哪个研发项目值得投入研发资源，哪个研发项目不值得投入研发资源，以及每月整体的综合投入产出比是亏是盈。如果亏了，需要及时调整研发资源投入，放弃投入多、产出少的研发项目，在投入产出比最有利于企业盈利目标的研发项目上投入更多研发资源。这就需要分析投入产出比数据，为企业的决策过程“保驾护航”（见图3-7）。

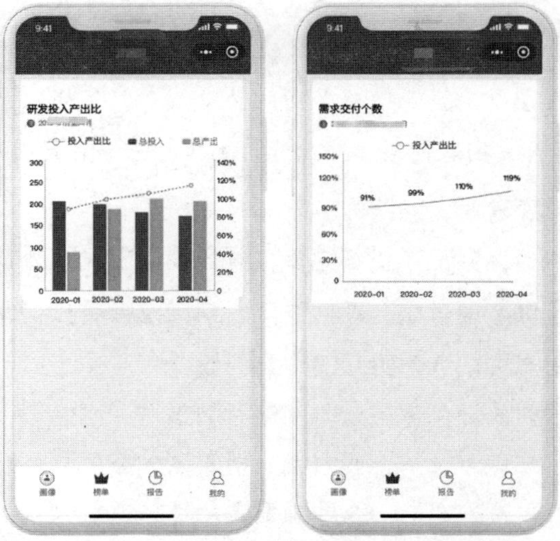

图 3-7　投入产出比数据

对研发项目各维度的总投入及总产出进行定量分析，以月度/季度为单位，统计当月/当季度所有研发项目的实际收入（一般以研发项目的实际合同发生额为准），同时统计在这些研发项目上投入的实际研发资源（客户需求工作量人日乘以参考成本），从整体数据观测上改善效果。同时，通过分析每月/每季度总需求交付数，量化投入产出数据，对每月/每季度的研发数据进行月度/季度成本分析，及时洞察企业发展状态。当发现业务增速缓慢甚至出现下滑趋势时，及时介入，重组研发资源，将投入产出比调整到最优状态。

3.1.2　精准识别优秀员工，打造有效激励体系

【案例】

某传统行业上市企业，目前研发团队达到400人以上，受到当前经济形势影响，市场疲软，研发团队庞大且冗余，企业入不敷出。各研发项目团队成员分散在全国各地，大部分长期驻场出差且只能远程协作办公，研发项目负责人难以管理研发人员，部分研发人员工作不饱和。

为了解决这个问题，企业通过建立各个产品业务线、各大区、各员工的数据画像，实时跟踪团队内员工的工作饱和度、各团队资源的利用率，辅助建设并落实需求、任务、工时管理制度，实现了团队精细化管理，提升了团队的协作效率；通过建设团队绩效参考模型，激励各区域及各业务线主动提效，形成了“奋斗者”文化，激发了团队人员的战斗力。

通过数字化管理手段，企业明确了团队缺陷，弥补了团队短板，最终使整个团队的研发效能得到提升，团队的整体产出能力在短短三个月时间内翻了一番。

1. 精准评价：奖罚分明，四两拨千斤

互联网企业可以对内部员工进行多维度绩效评估，如工作饱和度、需求按期完成率、线上缺陷密度等。通过综合评估结果，识别出哪些员工属于核心员工，需要重点培养，而且未来有可能成为组织的中坚力量；哪些员工当前存在部分问题，需要面对面沟通进行后续改进，如果长时间达不到预期，可能进行人员优化；哪些员工虽然能力不出众，却可以吃苦，面对紧急插入需求或需要临时“救火”的研发项目，这类员工往往是首选。当然，企业中最多的还是普通员工，而这类员工需要持续激发、持续赋能，才能快速成长，最终成为真正可以担负重任的优秀人才。

针对互联网企业产研一线员工，企业内部可以进行如下人员分类评价。

- 优秀员工：员工极其认同企业的愿景、使命、价值观，价值点高；同时个人能力出众，工作效率高、产出高，且多数任务均能提前完成。
- 普通员工：员工和大多数人处于同一水平，行为趋同；同时各项评估数据都处于中等水平。
- 吃苦员工：员工的工作时长比普通员工更长，平均任务产出却不低于普通员工，并且面对少部分需要紧急处理的情况，可以主动承担、快速响应、按期完成。
- 落后员工：员工的各项评估数据都偏低，对企业的认同感整体不高，工作产出少，并且没有很强的意愿去主动承接任务。员工往往被动分配任务，并且存在任务延期/逾期的情况。

企业内部对人员进行分类的主要目的是区分员工。企业无法保证所有员工都能长期待在组织中，但是可以重点关注部分人员，只要保证这部分人员不流失，企业依然可以高速、有序地发展。

2. 绩效模型：立足绩效，激励团队

互联网企业往往可以通过建立研发关键度量指标有效度量研发效能，哪里有不足，就针对性地进行定向修改，通过一定周期的优化改进，提升研发团队的整体绩效。研发团队的绩效可以从团队交付效果、团队交付效率、团队内部协同这三个维度建模。

- 团队交付效果：主要衡量团队在一定周期内为企业创造的最终价值，一般通过投入产出比进行定量评估。
- 团队交付效率：主要衡量团队整体目标的达成情况，制定的研发关键绩效指标是否达成，相关的过程数据如何。
- 团队内部协同：主要衡量团队有序进行版本迭代开发时与相关方的协作情况，是否及时响应相关方的诉求，并且最终反馈的结果得到相关方的认可。

互联网企业研发团队绩效模型如图3-8所示。互联网企业基于三个维度的绩效模型明确各维度下具体的度量指标，详细介绍如下。

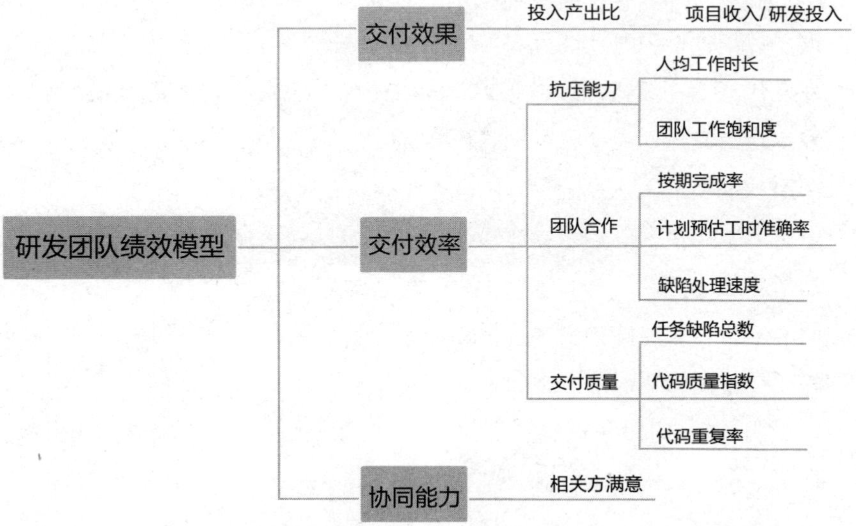

图 3-8　绩效模型

1）研发团队交付效果（投入产出比）。

- 项目实际签单的合同金额，一般以合同内实际金额为主，与投入该项目的实际研发成本对比。
- 研发的实际成本体现在投入该项目的实际工时上，实际工时与标准工时的单

价相乘，可以得出投入该项目的实际研发成本，如A项目实际工时100人天，单价4000元/人天，则该项目实际成本为40万元。

2）研发团队交付效率。

（1）抗压能力。

- 与企业内部考勤系统打通，采集员工个人考勤数据进行统计分析，得出人均工作时长。
- 团队单位时间内在某个版本或某个研发项目上实际投入的工时与团队内成员的实际出勤数据进行对比，得出团队工作饱和度。
- 研发团队同一时间承接多个版本的开发或研发项目时，在相关数据的统计上，根据版本和项目进行拆分。

（2）团队合作。

- 团队单位时间内或单个项目的里程碑阶段所承担任务的完成情况，一般将任务实际完成时间与计划完成时间进行对比，得出按期完成率。
- 团队单位时间内在某个版本或某个研发项目上的预估工时与实际工时对比，得出计划预估工时准确率。
- 在迭代开始到最终上线发布的时间内统计的缺陷处理速度，一般为周期内修复的缺陷数除以周期内发现的缺陷数。

（3）交付质量。

- 研发团队单位时间内在某个版本或某个研发项目上产生的缺陷数，得出任务缺陷总数。
- 研发团队单位时间内在某个版本或某个研发项目上提交的代码被扫描出来的问题数，得出代码质量指数。
- 研发团队单位时间内在某个版本或某个项目上提交的代码被扫描出来的重复情况，得出代码重复率。

3）研发团队协同能力。团队在协同过程中主要涉及的相关方如下。

- 负责项目实际交付的交付部门。
- 负责客户售前方案输出的售前部门。
- 负责上线后系统整体运营的客户成功部门。

团队协同的主要内容如下。

- 客户提交需求的排期。

- 客户提报场景的可行性。
- 客户发现的缺陷的修复情况。

研发团队需要响应相关方的需求，通过协同的过程和最终的结果，令相关方满意。

3.1.3 数字化创新体系照亮项目隐形成本

【案例】

某互联网金融企业，研发团队不到100人。行业面临洗牌，企业探索转型，业务等待创新，期待新的爆品。企业内部产品创新毫无章法，随意试错，研发资源大量浪费，业务增长困难。研发项目做了几十个，就是不赚钱，企业经营陷入了困境。

后来，企业建设数字化创新体系，通过数字化研发管理及数字化产品管理，结合运营体系数字化转型，为运营提供成本核算，为研发提供营收核算管理。明确哪些项目投入有价值且需要加大投入，而哪些项目看似合同金额和规模很大，但最终却是亏钱的，需要及时止损。最终，经过半年多的时间，企业明晰了团队资源的分配情况，合理调整了团队的资源投入，并可视化资源投入，将资源投入最有价值的项目，使产品创新目标覆盖率达到80%以上，目标达成率达到70%以上，谱写了新的篇章。

1. 营收绑定：观测投入产出比、资源分配率

互联网企业站在企业未来发展的角度，会提前发起一些战略项目，针对战略项目的资源投入会在发起之初明确。而在战略项目落地的过程中，企业中未结束的项目依然占用企业的研发资源。如何让重要项目的资源得到保障，并且实现企业资源利用率的最大化？研发团队的管理者需要对各个研发项目的资源投入情况有清晰的认识，而这个问题可以通过企业实现数字化分析得到解决。

将企业签约的项目合同实际金额与预计的资源投入成本进行对比，得出各阶段各团队的投入产出比，横向对比各团队、各项目的数据，实时调整研发资源分配，将有限的研发资源投入更有价值、对企业更有意义的项目。

资源投入分析示例如图3-9所示。在研发资源共享的情况下，新一代产品作为企业内部重要的战略项目，实际研发资源投入占比仅为16%，而原计划为30%，偏离严重。另外，通过研发资源投入分析，可以发现各业务线资源实际投入情况，明确具体哪些业务侵占了战略项目的资源，从而进行调整，后续持续跟进研发资源投入情况，以保障战略项目落地。

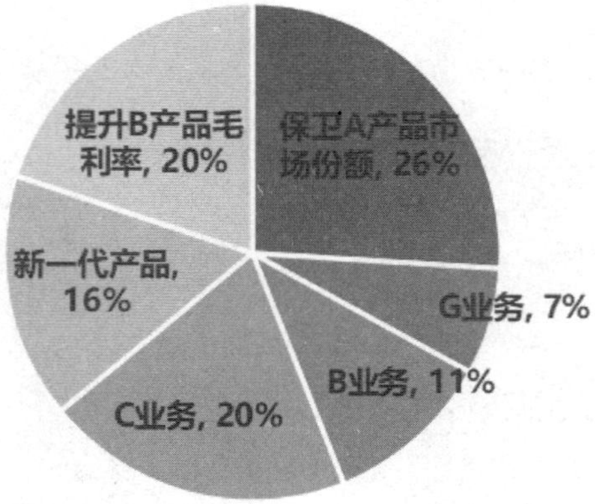

图 3-9　资源投入分析示例

2. 项目核算：核算项目成本，资源利用价值最大化

互联网企业对不同的项目有不同的定义。针对不同类型的研发项目，如何核算实际成本，真正抓住高收益、高性价比的研发项目，从而针对高收益项目投入更多的研发资源，达到投入产出比最大化?

互联网企业或多或少会有一些合同金额很高且规模很大的项目，但是成本不少，利润反而不见得很多；也有一些项目，由于客户持续“发声”，迫使研发团队一直高强度工作，最终越做越赔；还有一些看似很小的项目（合同金额不高），但是研发资源投入很少甚至没有，毛利率反而是最高的。

因此，企业针对各类研发项目进行成本核算，得出相关的成本分析数据后，可以直观地看出企业具体营收情况，从而支持企业管理者决定对哪些项目重点投放资源。

项目核算示例如图3-10所示。从图中可以看出如下内容。

- 项目一的营收最高，但是实际毛利率反而不高。
- 项目二的营收很高，成本也高，但是毛利率也很高。
- 项目三的营收高、成本也高，最终毛利率却是最低的，企业在这种项目上反而出现了亏损。
- 项目四的营收虽然不高，但是成本低，最终毛利率却是最可观的。

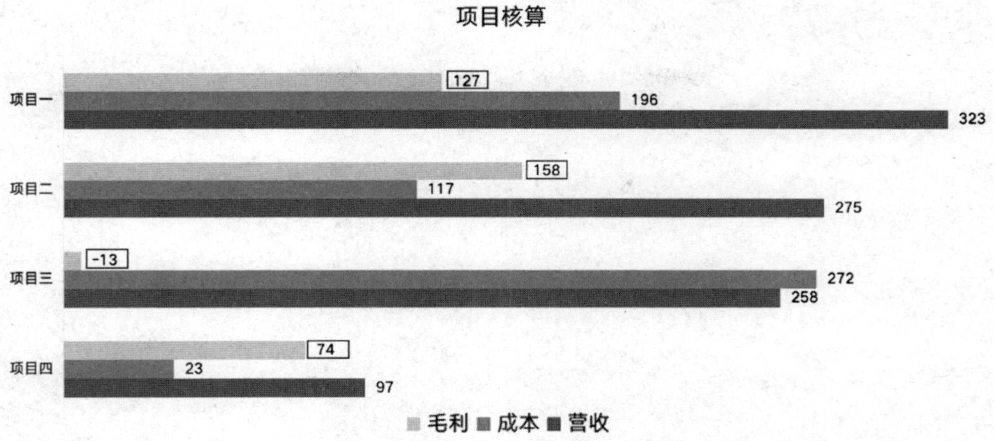

图 3-10　项目核算

通过综合、全面的数据分析，企业应该多选择项目四这种类型的项目，营收虽然不高，但是成本低，毛利率很高；放弃成本超过营收，给企业带来亏损的项目三这种类型的项目。

3. 过程透明：明晰过程，管理有抓手

互联网企业在数字化转型过程中，为了保障过程透明，要做到实时晾晒、实时对齐，在团队成员身边建立物理数据大屏。物理数据大屏的作用如下。

- 可以让团队成员始终动态关注各个团队乃至自己所在小组的版本迭代数据。
- 可以让团队成员更加聚焦于当前负责的版本或研发项目，时刻关注版本或研发项目进度，对齐团队成员的整体目标，让大家都能朝着共同的目标努力。
- 项目数据积极地动态更新，也能给团队正向反馈，使团队成员在收获成就感的同时，更努力地向着团队目标冲刺，间接提升团队整体战斗力。

物理数据大屏主要展示当前团队的吞吐量、版本迭代的整体进度、版本内需求的完成情况、团队人员工作饱和度情况等，如图3-11所示。

在研发侧建立物理数据大屏，可以作为管理动作的抓手，如抓考勤、抓任务按期完成率、抓线上缺陷产生率等。管理者根据物理数据大屏的实时更新，可以明确团队整体目标的偏差度，明晰团队后续改进的方向，同时发现研发团队出现的相关问题，如迭代问题、团队人员问题、项目问题等，并针对这些问题给出改进方案并快速跟踪。

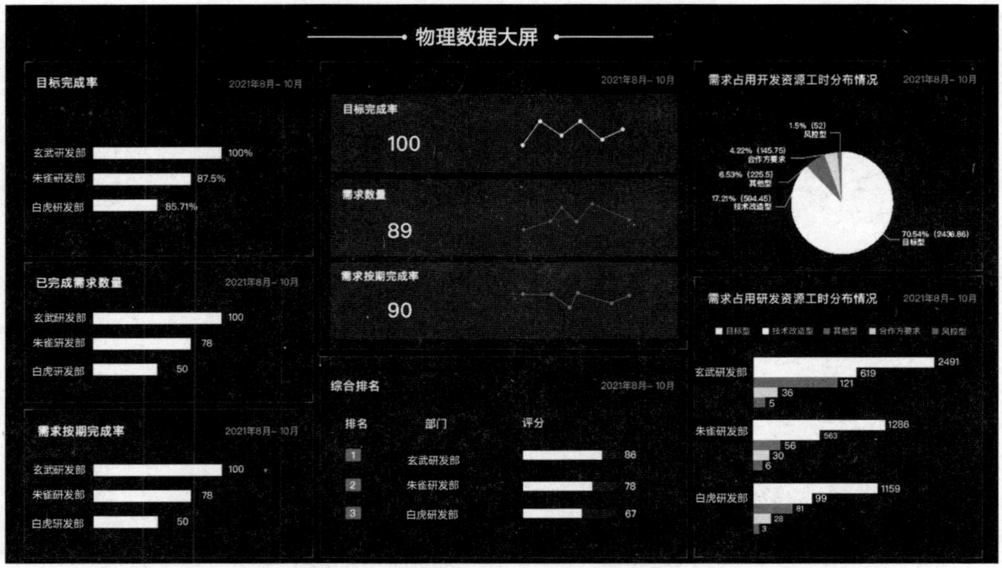

图 3-11　物理数据大屏

3.2 互联网企业的研发效能建设

蒋敏

3.2.1　互联网企业研发效能建设的背景

随着互联网数字化时代的到来，数字信息技术在各个领域得到广泛应用，推动了新一轮科技革命和工业革命。面对急剧变化的经济环境，企业往往通过研发活动持续创新产品和服务，以建立竞争优势，赢得和保持市场地位。从组织创新来看，研发团队是创新任务的主要承担者，面对创新的不确定性和研发活动的风险，企业需要重视研发团队管理，提升研发效能；从组织成本来看，研发团队的人工成本是互联网企业人工成本中最大的组成部分，企业希望快速提升研发效能，降低研发成本。

3.2.2　互联网企业研发效能建设的误区

由于研发效能直接关系到业务成败，关系到互联网企业生产效率和产品收益，也是提升团队整体能力水平和改善企业管理的最好手段，所以产品研发团队必须持续优化研发效能，完成引领业务科技创新的使命。在互联网企业研发效能建设的过程中，对于效能指标的设计和使用，存在如下误区。

1. 效能指标设计

1）忽略竞争对手的情况。企业研发效能需要与竞争对手进行比较，因为只有通过比较，才能了解企业在研发领域的优势和劣势。如果只考虑企业内部的情况，可能导致企业过于乐观或悲观，从而影响研发计划和策略的制定。

2）过度追求度量指标的高值。度量指标是评估项目绩效的重要工具，但只有在正确使用的情况下才能发挥最大的作用。如果过度追求高值，则可能牺牲其他重要因素，如时间、成本、质量和风险等。因此，在使用度量指标时，需要平衡各种因素，并根据项目的实际需求和目标选择合适的指标和阈值。

3）将度量指标作为决策的唯一标准。度量指标只是决策的一个方面，不能作为唯一的决策标准。在决策过程中，需要综合考虑各种因素，包括项目的目标、财务预算、时间安排、风险管理、人力资源和客户需求等。只有在综合考虑这些因素后，才能做出最佳决策。

2. 效能指标使用

1）局部效率高并不代表整体效率高。虽然每个部门都自认为在当前业务阶段效率很高，但并没有深入研究哪些环节是不必要的，也没有研究智能工具来提升团队协作效率，只是抱怨测试、开发、产品和研发周期太长。比如，在某些部门中，缩短需求设计时间可能提高效率，但从整体来看，这样做无法保证需求逻辑的完整性，反而可能导致交付周期更长。

2）模块资源利用率高并不能单独保证业务成功。互联网领域的项目管理经验告诉我们，模块资源利用率高并不能单独保证业务成功。以电商平台为例，如果只追求高模块资源利用率，可能导致以下问题。

首先，过度追求高模块资源利用率可能影响用户体验。比如，为了增加交易量和营收，平台可能在促销期间推出大量优惠活动，吸引更多用户下单。但是如果平台没有足够的库存和配送能力，订单积压、发货延迟等问题就会频频发生，给用户带来不良的购物体验。

其次，过度追求高模块资源利用率也可能影响产品质量。比如，为了快速上线新功能或产品，团队可能采用一些快捷的方案或临时修补，以满足项目进度和功能需求。这种做法虽然可以提高模块资源的利用率，但如果不注意代码质量和架构设计等方面，可能导致软件质量下降，甚至出现系统故障和漏洞等安全问题。

因此，使用效能指标时需要综合考虑多个因素，包括模块资源利用率、用户体验、产品质量、项目进度等，根据具体情况进行权衡和调整，以确保项目能够按照计划顺利完成，并实现业务价值最大化。

3. 企业进行研发效能度量时的注意事项

1）度量指标应该与企业实际情况相符。不同企业的研发投入和创新情况各不相同，需要根据企业实际研发规模、阶段和资源配置情况选择合适的度量指标，不应一味模仿其他企业。

2）度量指标应同时考虑短期和长期效益。企业研发取得的短期成果不一定能准确体现长期效益。因此，应采用多维度的指标，如研发投入、研发产出、专利数量及企业长期业绩等，综合评价研发效益。

3）度量过程要尽量客观和科学。要减少主观因素的影响，避免误差，如成本计算要考虑资金时间价值；专利评价要考虑其实用性和商业价值等。应多角度收集数据进行验证。

4）度量结果应及时反馈给相关部门，进行管理调整和优化。得出度量结果不是最终目的，最终目的是引导企业更好地进行研发管理，不断提高研发效率和企业创新能力。研发部门要根据结果对研发流程、投入产出比例和项目选择等进行反思和修正。高层也需要根据结果调整研发资源配置、完善激励机制等。

3.2.3 互联网企业研发效能建设的指标原则

1. 结果指标 > 过程指标

在质量管理中，人们通常更关注与结果相关的指标，而非过程指标。结果指标如缺陷逃逸率（线上遗漏问题数量除以该版本内测的缺陷数量）、发布的最终质量表现等能够直接衡量产品的质量，而过程指标如冒烟测试通过率等不一定能够准确反映产品的质量。比如，某企业的网络问题比率近期逐渐下降，这表明其产品总体质量有所提高；但冒烟测试通过率高并不能保证该企业发布的每个产品都是高质量的，因为还可能存在其他缺陷未被检测到。

2. 整体指标 > 局部指标

关注整体指标是至关重要的，因为过度关注局部指标可能导致整体目标的退化。比如，将重点放在缩短需求交付周期上，可能使需求设计过于仓促，从而导致更多Bug和交付延误。因此，要在整体上审视指标，保证所有局部指标达到一个平衡点。

3. 定量指标 > 定性指标

尽可能采用定量指标进行客观评估，并通过系统自动收集数据，减少自动填报对数据准确性的影响。比如，某电商平台公司希望开发一款新的购物App，以提升用户购物体验和增加交易量。在该项目中，定量指标可能包括移动端每日活跃用户量、每日新增用户量、购物App的使用时间等。这些指标可以帮助该公司了解其产品的受欢迎程度、用户数量和使用频率等关键数据，有助于了解产品的市场表现，并帮助指导后续的商业策略制定。相比之下，定性指标可能包括用户对电商平台的整体印象、用户对新App界面设计的看法、用户对新功能的体验感受等。尽管这些指标对于了解用户观感有所帮助，但由于缺乏准确数据的支持，很难为公司带来真正的业务收益。因此，在互联网公司产品研发中，定量指标比定性指标更能帮助公司了解市场需求和用户反馈，以最佳方式设计和优化其产品，并实现业务发展。

4. 总体项目小组指标 > 某个项目成员指标

在软件开发中，为了提升团队效能，促进项目成功，需要对团队成员进行度量和评估。然而，在度量整个团队的绩效时，应该优先考虑总体项目小组指标，而不是某个项目成员指标。总体项目小组指标可以反映整个团队的工作效率和质量水平，有助于发现问题并及时解决。如果只关注某个项目成员指标，可导致团队内部产生竞争和矛盾，影响团队合作和项目的进展。

假设有两个软件开发团队，分别由A和B两个项目经理领导。A团队的成员相互合作，共同完成了一个复杂的软件项目。而B团队的成员之间存在竞争和矛盾，经常互相指责和抱怨。最终，A团队成功地按时交付了项目，得到了客户的高度评价和认可；而B团队虽然也完成了项目，但是由于存在大量的缺陷和延迟交付，客户对其评价不高。在这个案例中，如果只关注某个项目成员指标，如某个程序员的代码质量或Bug数量，就可能忽略整个团队的协作和合作。而如果关注总体项目小组指标，如代码覆盖率、缺陷密度、交付速度等，就可以更好地反映整个团队的工作效率和质量水平。因此，对于软件开发团队，优先考虑总体项目小组指标是非常重要的。

3.2.4 互联网企业研发效能建设的步骤

1. 开发研发效能指标库

与其说“研发效能度量”非常困难，不如说研发效能指标选取太随意。与生产制造业不同，互联网行业研发流程复杂，不可见因素多，人的影响非常大，隐藏的规则和活动没有统一的规范，从而导致在选择效能度量指标的过程中出现这两种现象：选择容易获取的数据，如代码行数、Bug数量；全面开花，采集尽可能多的数据做效能度量分析。

其实，效能指标和范围是可以归纳总结的，指标的绝对值考量要根据组织的特点制定，在组织发展的不同阶段，研发效能关注的指标也应随着团队能力适当调整，从而引导团队改进。那么，该如何开发研发效能指标库呢？

1）外部调研。调研大部分企业研发效能的度量指标有哪些，是如何定义的，如何采集的，采集频率如何，定义每个指标的背景又是什么，做好外部样本库收集。

2）内部调研。调研企业内部研发同事认为哪些指标最能反映他们的效能，领导想要看的指标是哪些。统计这些指标，并通过项目管理工具采集指标，对指标进行数据存储，统一评审后形成内部指标库。

对于研发岗位无法定义的指标，则将外部样本库与管理活动中需要提升的方面相结合，定义不能被忽略的指标，并达成一致意见，形成内部的指标库。

2. 选择合适的度量指标

常用的度量指标可以分为三个维度：交付质量、交付效率、交付能力。这三个维度的指标可以派生出很多原子指标（可以直接获取数据，不需要经过测算的指标）。这些原子指标是否都需要采集？如果采集不够，是不是不能进行度量分析？从选择的角度来看，目前没有固定的标准。企业的类型、规模、文化不同，衡量的指标也不同；每个人的工作不同，产生的数据结果也会不同，所以要综合研究，找到最合适的指标。

1）商业价值指标。商业价值是衡量公司能力的关键要素，一切技术工作都要归结为商业利益。然而，商业价值很难被定量化、规范化，既要考虑项目的准时交付，也要考虑商业和生产部门的参与。

相关指标：销售收入、毛利率、净利润、资产周转率、企业目标一致性等。

2）质量指标。在数字化商业时代，企业需要快速交付，响应复杂变化，并交付高质量的产品，因此需高度重视质量指标。按里程碑来分，质量指标有过程质量指标和结果质量指标。结果质量要通过分析已经产生的质量问题和风险进行改进和优化。

相关指标：千行代码缺陷率、缺陷密度、冒烟测试通过率、阻断类型缺陷占比、性能占用率、安全漏洞发现数量、可用性时长、发布回滚率等。

3）交付能力指标。在保证质量的前提下，交付速度和交付效率是持续提升的重点。由于项目交付涉及软件工程全周期的工作，与交付吞吐相关的指标非常多，建议主要专注于交付速度。

相关指标：构建速度、缺陷修复时长、需求交付周期、研发交付周期、需求吞吐量、需求响应率等。

4）成本指标。在企业发展过程中，提高市场占有率需要前期的成本投入，而在市场占有率稳定之后，就需要控制成本。

相关指标：人均工时、研发浓度、资源使用率等。

图3-12展示了某公司效能度量核心指标，供读者参考。

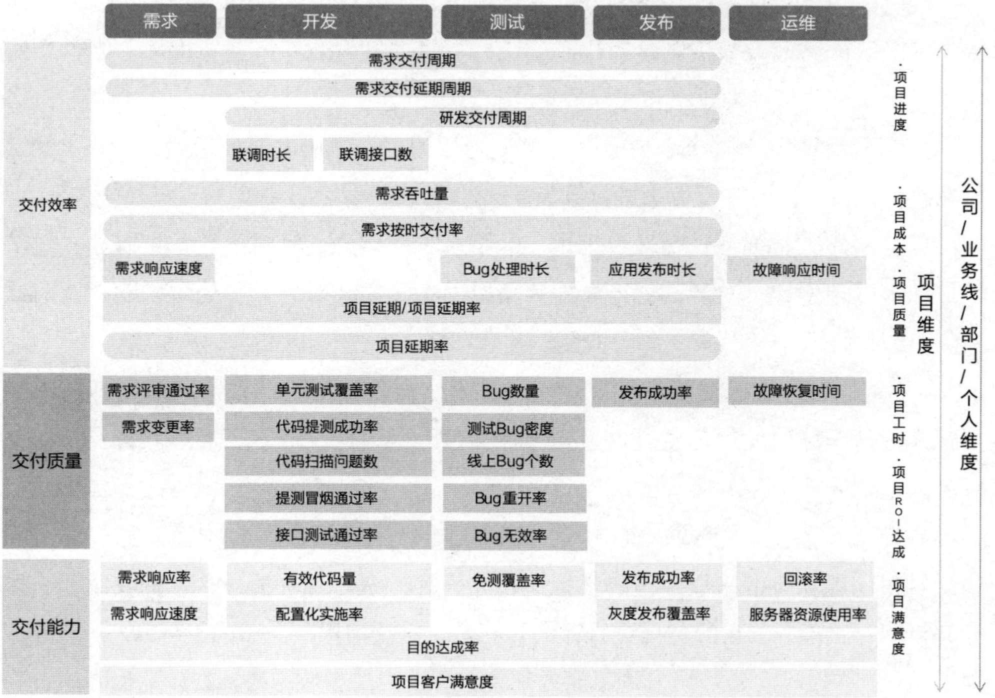

图 3-12　某公司效能度量核心指标

3. 分阶段进行效能度量

不同阶段的研发效能度量指标是不一样的，要根据不同的阶段进行区别性的效能度量。不同阶段的研发效能指标数据分析会出现不同的问题，所以需要采取不同的解决方式。

1）研发前期效能度量。研发前期的目标是确定项目需求、制订计划及进行可行性分析等。在这个阶段，可以通过评估研发过程中的决策效率、需求分析质量等指标来进行效能度量。

在该阶段，存在需求不明确或不充分等问题。针对问题，可以对需求进行深入调研，通过访谈、问卷等方式收集信息，建立需求评审机制，对需求进行严格的审核和讨论。

2）研发中期效能度量。在研发中期，通常需要评估研发团队人员的工作效率、代码质量、代码重用率和测试覆盖率等指标，以确保项目按计划推进并达到预期质量标准。

在该阶段，存在代码质量不佳、工作效率低下等问题。针对问题，可以采取建立开发团队的绩效考核机制，对代码的编写质量、开发效率等进行评估，结合适当的激励措施来提高开发效率和代码质量。

3）研发后期效能度量。在研发后期，可以通过评估研发过程中的缺陷率、测试复杂度、代码可读性等指标来进行效能度量。

在该阶段，存在测试覆盖率不足、缺陷率高等问题。针对问题，可以建立测试规范和测试用例库，对测试进行全面覆盖，同时建立缺陷分析和处理机制，及时处理和跟踪缺陷。

4）整体研发效能度量。通过综合评估整个研发过程中的效率、质量和成本等指标来进行整体研发效能度量。包括项目交付时间、研发成本、产品质量及市场反应等。

在整体研发效能指标分析中，可能出现指标选择不合理、统计数据失真等问题。针对问题，可以采取合理的指标选择和统计方法，做好指标数据的收集和质量控制，同时对指标分析的过程进行评估和分析，保证指标数据准确、可靠。

5）创新效能度量。研发创新能力是企业竞争力的重要源泉，在效能度量中也需要考虑到这一点。可以通过评估研发团队的创新能力、创新输出率等指标来进行创新效能度量。

在创新效能指标分析中，可能出现创新评价标准不同、创新输出指标不够全面等问题。针对问题，可以建立创新评价机制，明确创新评价标准和指标，同时对创新过程进行全面跟踪和记录，以便对创新效能指标进行有效分析。

综上所述，不同阶段的研发效能度量需要基于不同的指标和标准来进行评估和分析，以确保整个研发过程的成果符合预期。

4. 进行有效的效能度量分析

根据目标意图，可以将效能度量划分为“针对人的度量”和“针对事的度量”。由于研发项目交付过程离不开人的参与，“针对人的度量”单因素指标居多，计算方案通常不会太复杂，宜采用小范围、同维度横向比较，防止过度泛化。与以人为目标的度量相比，“针对事的度量”范畴和方法更加灵活：既可以包括简单的数值指标，如产研发布频率、需求交付时长，也可以包括需要对比分析的多元指标，如需求在各阶段的停留时长、缺陷在各环境的漏测率等。“针对事的度量”可以包含更多经验和推理因素。

在研发效能度量中可以得到大量数据，由于数据解读可以是多样化的，有可能被曲解，所以探索数据背后的规律，将数据的真实价值直观而清晰地表达出来，是数据可视化的最终目的。在企业研发效能度量中，效能分析报告是数据可视化的常见方式之一。

一份有效的效能度量分析报告一般包括以下几个方面的内容。

1）背景介绍。主要介绍研发效能度量的背景信息，描述其目标和背景，以及研发过程中需要进行效能度量的原因和目的等。

2）数据来源和处理。主要介绍数据来源、采集方法、数据处理流程和数据分析方法等，需要在这部分阐明分析方法和分析工具的选择和使用。

3）效能度量结果分析。主要对每个阶段的效能度量结果进行详细的数据分析和解释，并且结合研发目标和背景进行分析和讨论。

4）问题及解决方案。主要对研发过程中出现的问题及其解决方案进行描述，展示实施方案的效果和成果。可适当加入量化指标评估方案的效果。

5）总结与建议。主要对整个研发过程中的效能度量分析结果和问题解决方案进行总结和概述，从数据分析角度给出研发过程的优化方向和改进建议。

在写效能度量分析报告时，需要注意报告结构的合理性和文字表述的准确性，以确保报告能够清晰地传递研发过程中的效能度量分析结果和问题解决方案。

图3-13、图3-14、图3-15分别展示了一份效能度量分析报告的部分内容，供读者参考。

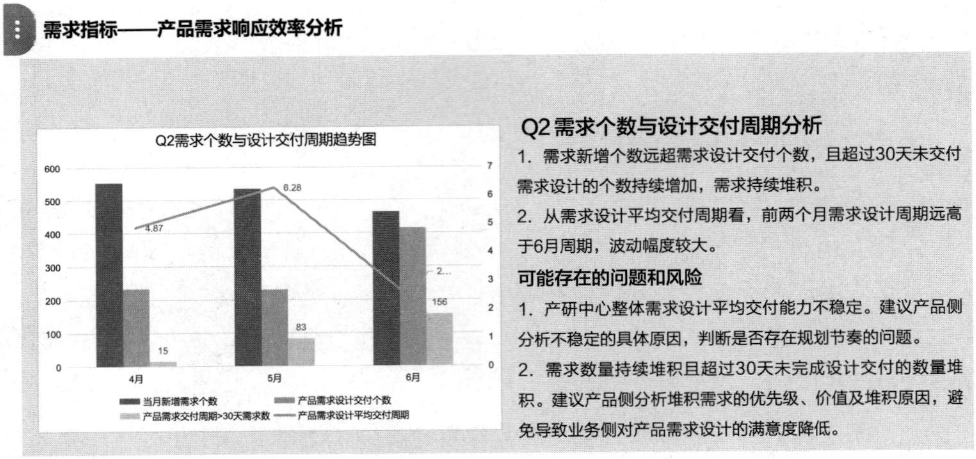

图 3-13　产品需求响应效率分析

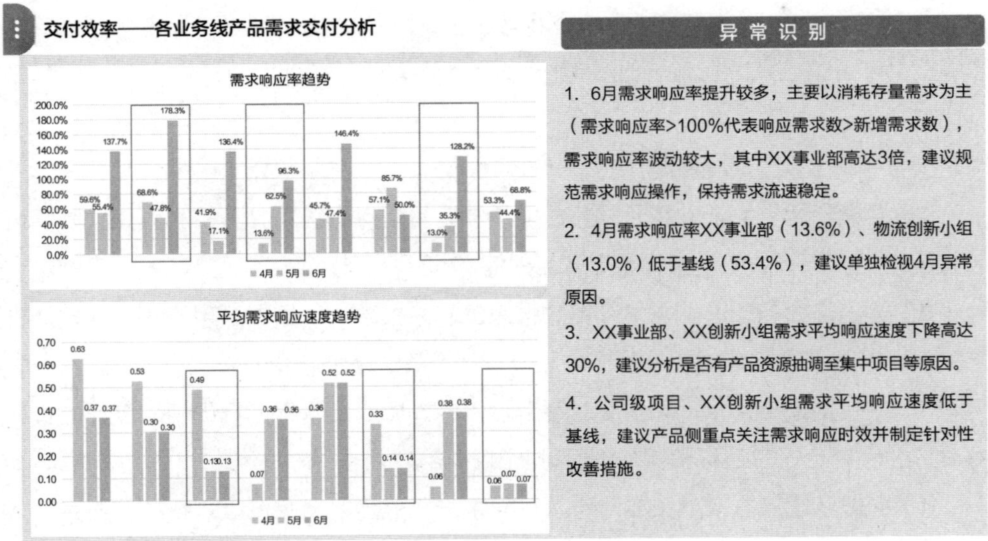

图 3-14　各业务线需求响应效率分析

虽然数据不会骗人，但是数据的呈现和解读依然有很大的空间值得探索。现实事物复杂而多面，度量正是为描述和对比这些事物而采取的抽象和量化措施。从某种意义上说，度量的结果一定是片面的，只能反映部分事实。所以没有完美的度量分析报告。

对企业而言，研发效能的提升，需要有配套的流程和规范，也需要有效能建设的方法和理论，还需要有效能度量指标的采集。对于效能度量分析，这些都缺一不可，环环相扣。效能度量分析需要深入挖掘数据，采用指标关联分析、影响因子分析等方法，以易于理解的方式呈现给决策者，帮助企业更好地进行决策。

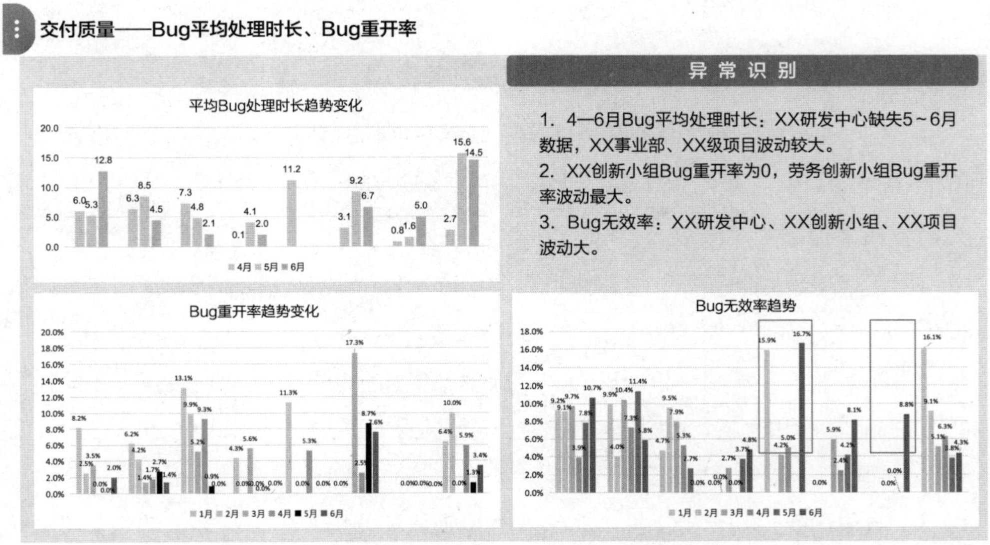

图 3-15 冒烟率、缺陷有效率、重开率分析

总之， 没有对度量信息进行有效的分析，就无法进行有效的改进，效能度量分析直接决定了效能建设能否成功。

5. 落地效能改进机制

在得出效能度量分析报告后，可以根据度量分析结论制定下一步管理指导方向，但是仅有方向还不够，如果希望效能建设效果好，还必须有全局统一的改进机制。针对效能改进，可以从以下几个方面展开。

1）建立复盘机制。将效能改进措施落实到人，在执行中进行月度、季度复盘，及时分析总结，不断寻找提升点和过程成果，并给出下一步行动和过程中的成果激励。

2）拆解改进目标。将整体改进目标拆解为阶段目标，如单个目标提升15%，整体效能可以提升10%左右。

3）记录改进数据。通过协作工具记录改进任务的行为数据，监控改进实施过程，分析过程数据，再进行效果验证。

4）持续效能改进。与具体的项目组、产品线中的每个角色进行数据核对和问题分析，在给出效能建设改进措施和方案后，进行周期性实施评估和效果反馈，通过监控目标达成情况和失败原因，持续进行度量和改进。

总之，效能建设是一个长期、持续、不断调优的过程，需要有总体目标、阶段目标、具体指标目标，定期且持续地对效能建设进行评估和反馈，并不断找到改进点，定岗、定人地落地执行。

3.2.5 互联网企业研发效能建设的实践要点

研发效能的数据驱动和持续反馈是互联网企业研发效能建设的两个实践要点，可以极大地提升研发效能和质量，有效指导研发过程的改进和优化。

1. 研发效能的数据驱动

1）明确研发效能指标。在研发过程中明确关键的研发效能指标，这些指标应该能够反映研发过程中的效率、质量和创新能力等。

2）实时数据采集和分析。建立实时数据采集和分析机制，对研发过程各个阶段的数据进行收集和分析，使管理者实时了解研发团队的工作现状和进展，及时发现问题，并提出优化和改进方案。

3）数据可视化和分析工具。采用数据可视化和分析工具，将数据转化为可视化的形式，进一步加深对数据的理解，为决策提供更有力的支持。在可视化反馈数据指标采集之后，通过数据仓库和分析模型，在数据看板（见图3-16）上持续反馈价值。

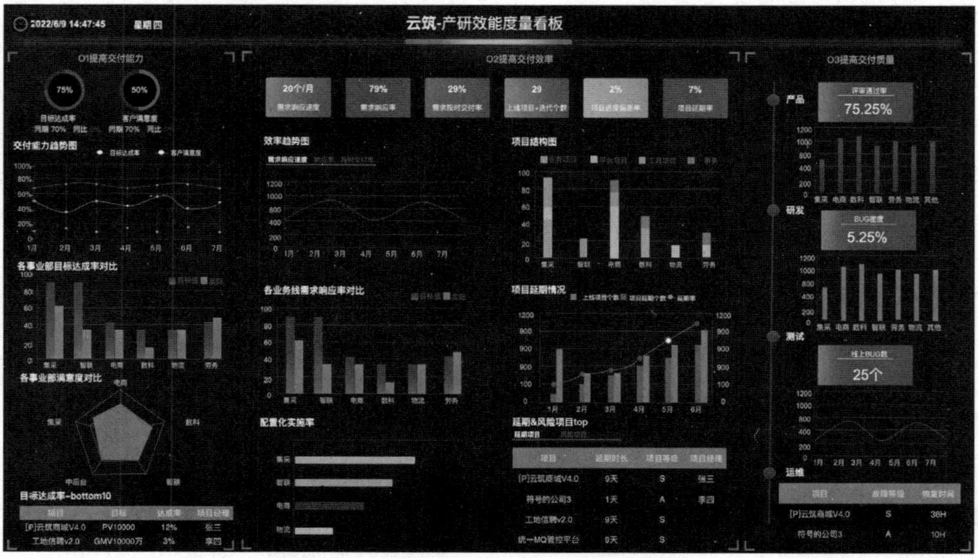

图 3-16　数据看板

2. 持续反馈

1）建立反馈机制。建立固定的反馈机制，定期向研发团队成员收集意见和建议，为改进研发过程提供依据。

2）及时反馈。及时反馈研发过程中出现的问题和挑战，并提供解决方案和处理措施。

3）持续改进。不断评估研发过程中的问题和挑战，并根据反馈结果持续改进和优化研发过程。

数字化时代，企业数字化转型的一个很重要的目的就是缩短企业流程，让流程转化为软件，实现自动化处理，并形成企业的运营数据。数字化将企业运营的过程沉淀为数据，从而可以让管理者从数据视角而不是过程视角来检查团队能力和业务目标的达成情况。通过可观测、可对比的研发效能度量指标，企业可以发现团队的特点、差异和短板，在研发管理中用数据说话，快速达成共识，实现规模扩展时的精细化运作，确保具有稳定的研发交付能力。

3.3 互联网企业的组织效能建设

蒋敏

3.3.1 组织效能的概念

组织效能指的是一个组织在运营过程中有效利用资源实现目标的能力。组织效能包括两个方面：资源管理效能和目标实现效能。

1）资源管理效能。资源管理效能是组织有效利用各种资源实现目标的能力。在项目交付过程中，组织需要合理规划和配置人力、物力、财务、信息等各种资源，以满足项目需求和客户需求。同时，需要通过合理的协调和控制，保证资源以最小成本和最高效率使用。

2）目标实现效能。目标实现效能包括目标设置和目标达成两个方面。在项目交付过程中，组织需要根据项目目标、市场需求和竞争状况等因素制定合理的目标和策略，并适时进行优化和改进。同时，需要通过有效的执行、监控和反馈机制来实现目标，并不断提高组织运营效率和质量。

组织效能是一个关键的竞争力因素，它直接决定着组织能否在市场竞争中占有优势。对于组织管理者，提高组织效能需要持续关注资源管理和目标实现两个方面，同时采用适当的管理和控制手段，不断提高组织运营效率和质量，从而实现组织的长远发展目标。

3.3.2 互联网企业组织效能的应用场景

组织效能的应用场景非常广泛，可以从多个方面对企业进行优化和提升。以下是一些常见的组织效能应用场景。

1）提高生产效率。提高生产效率是优化组织效能的关键应用场景之一。提高生产效率、降低生产成本、提高产品质量，可以增强企业的竞争力和盈利能力。在项目交付过程中，要采用合适的工具和管理方式，不断优化流程和提高效率。

2）优化营销策略。优化营销策略可以帮助企业更好地了解客户需求和市场趋势，制定更准确的推广和销售策略，提高营销效能。在项目交付过程中，需要考虑市场需求和竞争状况，针对性地推出符合客户需求的产品和服务，并采用合适的营销方式和手段来推广。

3）加强人力资源管理。人力资源是企业最重要的资产之一。通过招聘、培训、激励等手段，企业可以吸引和留住优秀的员工，提高员工工作效率和生产效能。在项目交付过程中，需要注重团队建设和人员配备，加强员工管理和培养，以保证项目顺利推进和高质量完成。

4）提高财务效能。财务效能对于企业盈利能力至关重要。通过财务管理和审计等手段，企业可以控制成本和风险，提高资产效益和利润水平，增强企业竞争力。在项目交付过程中，需要合理规划和使用项目预算，并进行有效的财务管控和跟踪，以保证项目获得经济效益。

5）推进创新发展。创新发展是企业实现长期发展的关键要素之一。企业通过研发投资、技术创新等手段，持续改进产品和服务，提高核心竞争力和盈利能力。在项目交付过程中，需要注重技术创新和知识产权保护，以提高项目的技术含量和附加值。

6）加强流程管控。流程管控能够提高企业运营效能和管理效率。通过建立标准化、规范化的管理体系，企业可以优化流程和提高效率。在项目交付过程中，需要优化流程管理，合理分配任务和职责，并进行有效的跟踪和反馈，以保证项目进展顺利。

7）建设企业文化。企业文化对于企业凝聚力和执行力至关重要。通过建设健康的企业文化，可以促进员工合作和团结，提高整体执行能力和效能。在项目交付过程中，需要注重团队建设和文化塑造，加强沟通和协作，以增加项目的价值。

总之，管理者可以根据企业实际情况，针对不同的方面和问题，制定相应的策略和措施，提高企业的效能和竞争力。

3.3.3 互联网企业组织效能的评价目标

在不同的组织效能应用场景中，需要结合企业的实际情况，制定合适的效能评价目标。总体来说，组织效能的评价目标包括行业标准的目标、标杆企业的目标、业绩考核的目标和组织效率的目标。

1. 行业标准的目标

以国家权威部门发布的行业标准作为评价目标，具有权威性和通用性。可以通过比较企业自身指标与行业优秀值的差距，评估企业的竞争力和发展状况。在项目交付过程中，需要注重行业趋势和标准，以保证项目具有市场竞争力并符合标准要求。

2. 标杆企业的目标

瞄准标杆企业上年度指标，定制本企业标杆指标，通过学习和借鉴其他企业的成功经验和管理模式，提高本企业的管理水平和效率。在项目交付过程中，需要研究业界先进和成功的案例与经验，以不断提高项目管理水平。

3. 业绩考核的目标

业绩考核的目标是反映企业经营特征的一般指标，如回款率、客户满意度、技术成果应用率、员工培训率、经营预算法等。可以通过对各个部门的经营计划和特殊指标进行评估，提升部门和整体的经营效能和质量水平。

4. 组织效率的目标

组织效率的目标是衡量企业投入与产出比率的重要指标之一。可以从能力、效率、质量和效益四个方面评估企业的运营效能和管理水平，并根据外部环境和内部环境的影响进行调整和优化。在项目交付过程中，需要注重流程管理和执行效果，采用合适的工具和技术手段，不断提高效率和品质。

3.3.4 互联网企业组织效能的评价体系

1. 评价体系的内容

组织效能评价体系是衡量和评价一个组织有效利用资源实现目标的方法和体系。通过有效的组织效能评价体系，可以全面了解组织的运营情况，发现问题并及时进行优化和改进，提高组织竞争力和运营效率。从实践来看，组织效能评价体系主要包括以下几个方面。

1）绩效评价。评估组织在运营过程中是否达到既定目标和阶段性目标。绩效评价要根据不同的业务和领域设置不同的指标体系，包括财务指标、项目进度指标、客户满意度指标等。

2）资源评价。评估组织在资源配置、利用和管理方面的效能，包括人力资源效能、财务资源效能、物资资源效能等。

3）创新力评价。评估组织在创新方面的效能，包括是否有新产品、新技术、新模式等创新成果，并评估这些成果是否能够落地应用。

4）客户评价。评估组织在客户服务方面的效能，包括客户满意度、客户流失率、客户重复购买率等。

5）组织文化评价。评估组织的文化效能，包括员工参与度、员工满意度、员工流失率、员工认同度等。

6）风险评价。评估组织的风险控制效能，包括风险识别、风险评估、风险控制等。

针对不同组织的特点和运营情况，还可以结合实际情况增加相关评价指标。

2. 评价体系的发展趋势

随着新技术的发展和全球市场竞争的加剧，组织效能评价体系也在不断发展和改进，呈现出如下发展趋势。

1）数据驱动。随着大数据和人工智能的兴起，越来越多的组织开始采用数据驱动的方式进行效能评价。这种方式可以从数据层面深入分析组织的运营情况，提高评价的精准度和实时性。

2）智能化。人工智能和机器学习等技术的应用可以帮助组织更快速、更准确地进行效能评价和分析，从而实现更好的决策支持。

3）全面化。传统的组织效能评价往往只关注组织效能的某个方面，如财务指标、客户满意度等；而未来的组织效能评价将更加全面化，综合考虑各方面指标，包括财务、客户、员工、创新等多个方面。

4）多元化。随着组织类型和业务领域的多元化，组织效能评价也需要针对不同类型的组织和不同的业务领域定制不同的评价方式。

5）环境友好。未来的组织效能评价将越来越关注社会和环境影响，评价指标将更加注重组织的社会责任和环境保护。

3.3.5　互联网企业组织效能的评价模型

伟大的组织就是让平凡的人们产生不平凡的作用，这就是组织效能的作用。如何评价组织效能，可以参考如图3-17所示的组织效能评价模型。

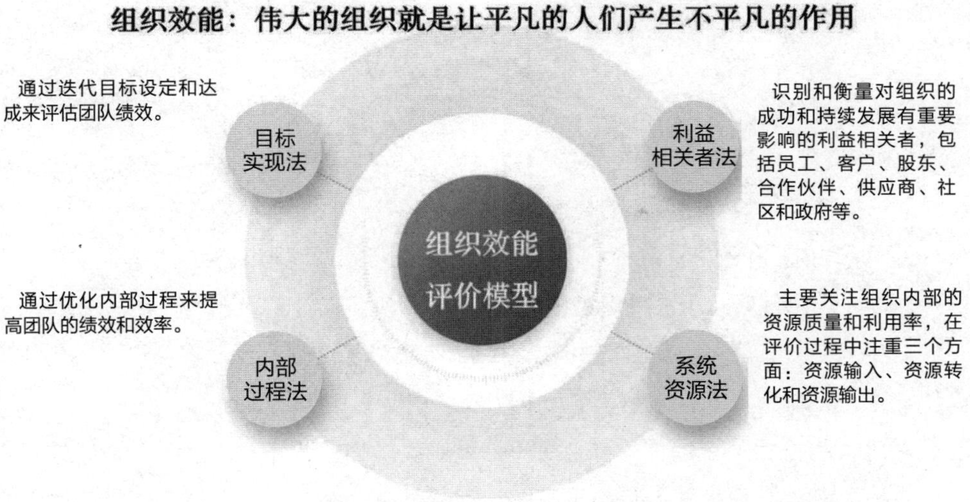

图 3-17　组织效能评价模型

1. 利益相关者法

利益相关者法着眼于识别和衡量对组织的成功和持续发展有重要影响的利益相关者，包括员工、客户、股东、合作伙伴、供应商、社区和政府等。在利益相关者法中，评价的重点不仅包括组织的财务表现，还包括组织如何对待其利益相关者。因此，在评价组织效能时，需要考虑以下几个方面。

1）与利益相关者的沟通。组织必须与其利益相关者保持良好的沟通，了解他们的需求和期望，并及时调整策略，以满足这些需求和期望。

2）对员工的管理。组织必须为员工提供公平的薪酬、福利和机会，建立有利于员工发展和成长的工作环境。这不仅有利于提升员工满意度，而且有助于组织在人才竞争中保持竞争力。

3）对客户的服务。组织必须提供高质量、满足客户需求的产品和服务，并通过客户反馈和市场调研等方式持续改进自己的产品和服务质量。

4）对股东的回报。组织必须为股东提供稳健的财务表现，并及时披露组织业绩和财务状况，以取得股东的信任和支持。

5）对社区和政府的责任。组织必须履行社会责任，尊重社区和政府的利益，遵守相应的法律和法规。

通过利益相关者法的评估，组织可以发现和解决潜在的问题，增强组织与利益相关者之间的良好关系，进而提高组织效能和竞争力。此外，利益相关法还有以下几个优点。

1）有效管理风险。利益相关者法有助于组织识别和管理潜在的风险，并采取相应的措施消除风险。

2）建立组织声誉和品牌形象。利益相关者法可以帮助组织建立良好的声誉和品牌形象，提高组织的知名度和信誉度。

3）促进创新和改进。利益相关者法可以帮助组织发现与利益相关者需求不匹配的问题，并通过创新和改进来满足这些需求。

4）提高员工满意度和工作效率。组织只有关注员工的利益，提供良好的工作环境和条件，才能提高员工满意度和工作效率，进而提高组织效能。

总之，利益相关者法是一种全面评估组织效能的方法，它从多个方面考虑组织与利益相关者之间的关系，有助于组织识别和解决潜在的问题，提高组织效能和竞争力。

2. 系统资源法

系统资源法主要关注组织内部的资源质量和利用率，在评价过程中注重三个方面：资源输入、资源转化和资源输出。

1）资源输入。资源输入是指组织获取和消耗的各种资源，如人力、物力和财务资源等。这方面的评估主要涉及组织获得的资源数量、品质和有效性。

2）资源转化。资源转化是指组织利用各种资源完成工作的过程。这方面的评估主要涉及组织对资源的利用效率、质量和创新能力等。

3）资源输出。资源输出是指组织利用资源完成的各种任务和取得的成果。这方面的评估主要涉及组织的绩效、成果、质量和客户满意度等指标。

系统资源法是一种全面评价组织效能的方法，可以帮助组织发现资源利用的问题，提高组织的效率和管理质量，实现组织的长期发展。

3. 内部过程法

内部过程法是指通过优化内部过程来提高团队的绩效和效率。具体来说，这种方法包括以下步骤。

1）流程设计：团队需要对业务流程进行设计和优化，以确保流程具有高效性和高质量。这个过程通常需要与相关部门、人员进行协作和沟通。

2）过程监控。在流程设计完成后，团队需要对流程进行监控，并及时发现执行偏差。其间，可以使用一些工具和技术手段，如数据分析、指标监测等。

3）偏差分析。一旦发现执行偏差，就需要进行偏差分析，找出问题的根本原因。这个过程通常需要深入了解业务流程和相关人员的职责和工作方式，以便找到解决问题的关键。

4）能力模型优化。根据偏差分析的结果，团队需要不断优化能力模型，提升工程和研发技术能力。这个过程通常需要与相关部门和人员进行协作和沟通，以确保能力的提升能够真正改进业务流程和提高绩效。

通过内部过程法，团队可以不断调整和优化业务流程，从而提高整体绩效和效率。同时，通过偏差分析和能力模型优化，团队可以深入了解问题的本质，找到解决问题的关键。这些改进措施可以帮助团队更好地适应市场变化和技术进步，保持竞争优势。

4. 目标实现法

目标实现法是一种常用的效能度量方法，它通过迭代目标设定和达成来评估团队绩效。具体来说，这种方法包括以下步骤。

1）确定迭代目标。团队需要明确本次迭代的目标，并将其分解为具体的任务和指标。

2）实施迭代计划。在任务和指标的基础上，团队开始实施迭代计划，并不断监测和调整进度。

3）达成迭代目标。当迭代完成后，团队需要检查是否达成了迭代目标，并对达成情况进行分析和总结。

4）分析问题原因。在达成目标的过程中，团队需要分析出现问题的原因，以便找到改进的方向。这个过程通常被称为根因分析。

5）优化业务流程。根据根因分析的结果，团队需要对业务流程进行优化，以提高效率和管理质量。

在这个过程中，目标设定是非常重要的一环。通过迭代目标的设定，团队可以不断调整和优化业务流程，从而提高整体绩效和效率。同时，通过数据分析和根因分析，团队可以深入了解问题的本质，找到解决问题的关键。

3.3.6 互联网企业组织效能的评价维度

1）财务能力。财务能力是企业运营和发展的重要支撑。可以从负债、风险、运营和盈利四个角度来评估企业的资金分配和使用情况。在项目交付过程中，需要注重预算规划和经费管理，采用合适的财务管控和跟踪方法，以保证项目资金安全和有效使用。

2）生产能力。生产能力反映了企业利用某种技术手段把生产资料转变为符合市场需求的产品的能力。在项目交付过程中，需要注重生产效率和品质水平，优化工艺流程和资源配置，不断提高生产能力和产品竞争力。

3）营销能力。营销能力是企业市场竞争的重要因素。可以从市场开发、市场营销和市场运营三个角度来衡量企业的市场竞争力。在项目交付过程中，需要注重市场需求和竞争状况，制定合适的营销策略和推广方式，提高产品和服务的市场占有率。

4）服务能力。服务能力是企业对客户服务要求的响应和反应能力。可以从服务反应、服务保障和服务满意度三个角度来衡量服务质量。在项目交付过程中，需要注重服务态度和水平，提供优质的售后服务和技术支持，以提高客户满意度和忠诚度。

5）人力资源能力。人力资源是企业最重要的资产之一。可以从员工效率、人力资源开发和人力资源使用等几个方面来衡量企业的竞争力。在项目交付过程中，需要注重团队建设和人员管理，提高员工素质和工作效率，以保证项目高质量完成。

6）创新能力。创新能力是企业实现长期发展的关键要素之一。可以从新理念、新理论、新方法和新发明等多个方面评估企业的创新能力。在项目交付过程中，需要注重技术创新和知识产权保护，提高项目的技术含量和附加值。

7）增长能力。增长能力是企业维持良好发展势头的重要指标。可以从学术影响力、行业资质、行业竞争、品牌知名度和国际化发展等多个维度来衡量企业的增长能力。在项目交付过程中，需要注重业务拓展和市场扩张，提高项目的商业价值和影响力。

8）企业基本管理能力。企业基本管理能力是企业日常运营和发展的关键保障。可以从企业文化、安全管理、信息化管理等层面进行衡量。在项目交付过程中，需要注重流程管控和执行效果，加强信息共享和沟通，以保证项目顺利推进和高质量完成。

04 第4章

稳中求变，锐意革新：互联网企业项目管理

稳中求变，锐意革新：互联网企业项目管理

顺势而成：互联网企业PMO诞生的必然性

- 环境 — 适者生存
- 战略 — 价值导向
- 规模 — 化繁为简

发展才是硬道理：初创企业PMO从零开始的成长案例

❶ 前世 — ❷ 孕育 — ❸ 诞生 — ❹ 发展

前世：混沌初开，意识初现

- 组织需求 — 对项目管理需求较低
- 职能设计 — 初级岗位或兼职承担项目管理职责
- 阶段效果
  - 提供基础支撑
  - 案例：搭建项目生命周期模型框架项目协作机制和动态化调整
- 遭遇瓶颈 — 执行层没有建立良好的协作关系

孕育：雏形显现，革命未完

- 组织需求 — 优化组织，发挥更佳效能
- 职能设计 — 进行多元化的职能设计尝试与探索
- 阶段效果
  - 构建规范化管理标杆
  - 案例：规范化管理标杆项目的经验分享
- 遭遇瓶颈 — 新问题凸显，需更进一步设计和调整

诞生：初露锋芒，前路坎坷

- 组织需求 — 单个项目管理优化与多个项目如何管理
- 职能设计 — 成立部门级PMO
- 阶段效果
  - 单个项目管理优化，多个项目管理效率提升，优化项目管理机制，项目管理优化常态化
  - 案例：交付经理与项目经理的协作机制优化；项目协作机制和动态化调整
- 新的困惑
  - 项目经理的资源需求评估
  - 组织架构及授权
  - 沟通管理
  - 管理的持续性“经营”
  - 授权与信任危机

发展：顺势而成，永无止境

- 组织需求 — 突破部门级PMO的能力边界
- 职能设计 — 成立公司级PMO
- 阶段效果
  - 优化协作机制，合理授权，全员学习，招兵买马
  - 案例：优化组织间协作机制
- 未来展望 — 自驱型组织 — 推动持续组织优化，不断自我否定与破局

组织发展的北极星和瞭望塔：战略运营型PMO

- 战略运营型PMO的职能架构和运转方式
  - 战略管理
    - 锁定方向，拆解任务
  - 项目或运营管理
    - 明确章法，保障执行
  - 组织和人才发展
    - 培养能力，与时俱进
- 五步实现有效战略拆解和落地
  - ❶ 整理战略蓝图，达成内部共识
    - 战略目标
    - 主要战场
    - 如何制胜
    - 必赢之战
    - 落地保障
  - ❷ 拆解必赢之战，明确策略指标
    - 定目标
    - 定责任
    - 定举措
  - ❸ 定义执行计划，完成协同整合
    - 定计划
    - 通晒整合
  - ❹ 梳理项目规划，完成优先级排序
    - 形成项目规划表
    - 完成优先级排序
  - ❺ 配套管理机制，保障全面落地
    - 会议管理体系的原则
      - 结果导向
      - 分层侧重
      - 责任明确
    - 会议管理体系的设计和运行机制

体系建设十步走，PMO孤独感不再有

- 从实战中来到实战中去：项目管理体系建设“PMO环”理论
  - 现状诊断
    - 基于成熟的组织级项目管理框架进行差距分析
  - 定位愿景
    - 基于企业的现状和蓝图定位PMO的愿景与使命
  - 支撑战略
    - 通过多个项目管理机制，支撑组织战略落地
  - 转变观念
    - 通过项目管理培训，获得领导和员工对项目管理的认同
  - 分布架构
    - 构建分布式多层级PMO纵深管理体系
  - 构建组织
    - 设计可落地的PMO管理职能和职责组织
  - 建立控制
    - 通过分阶段的项目评审对项目建立控制
  - 价值导向
    - 让PMO体系建设的价值在业务中体现出来
  - 统一标准
    - 在企业内部形成统一的项目管理标准化制度和流程
  - 形成体系
    - 基于项目管理标准构建系统化的PMO体系

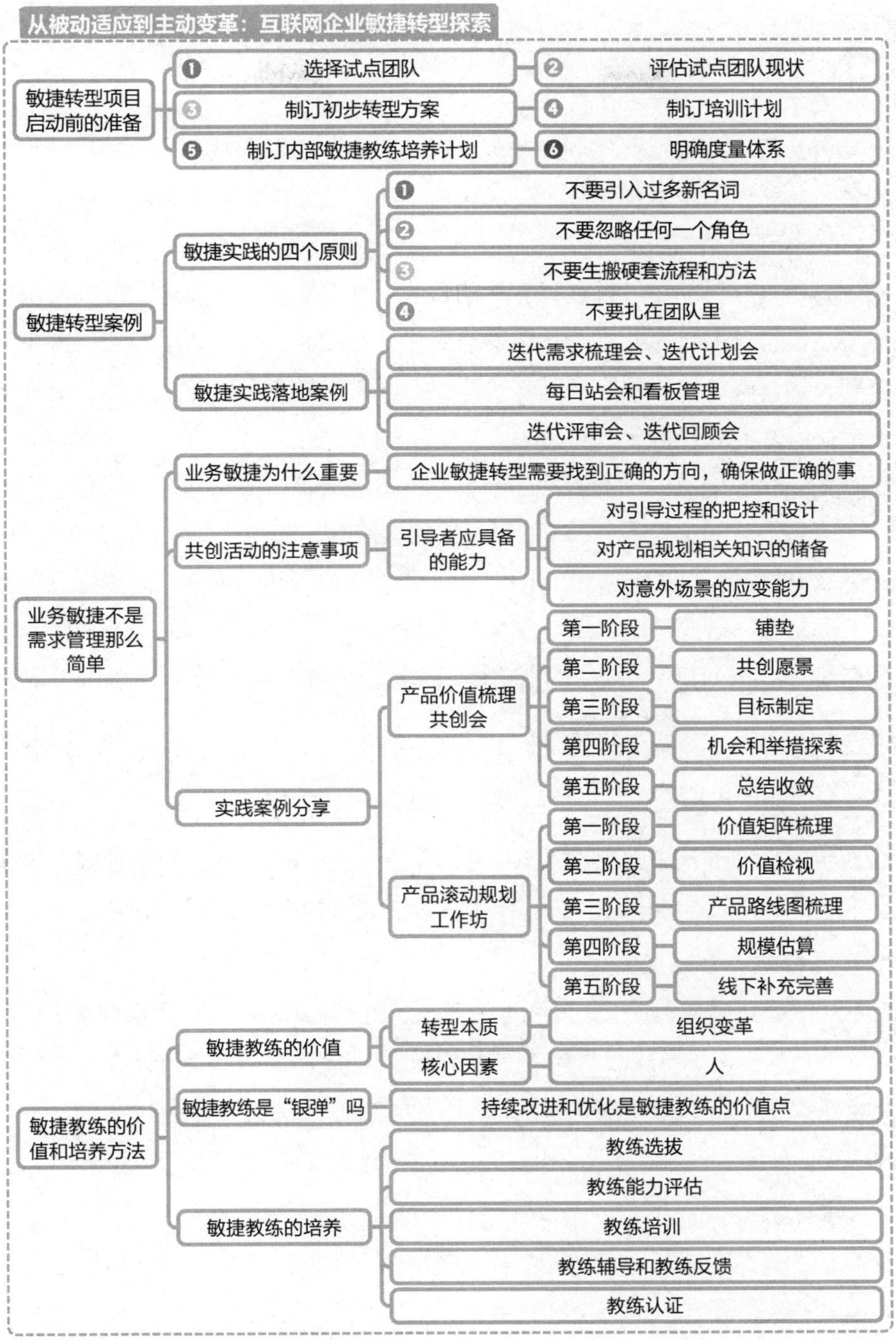
从被动适应到主动变革：互联网企业敏捷转型探索
敏捷转型项目启动前的准备
❶ 选择试点团队
❷ 评估试点团队现状
❸ 制订初步转型方案
❹ 制订培训计划
❺ 制订内部敏捷教练培养计划
❻ 明确度量体系
敏捷转型案例
敏捷实践的四个原则
❶ 不要引入过多新名词
❷ 不要忽略任何一个角色
❸ 不要生搬硬套流程和方法
❹ 不要扎在团队里
敏捷实践落地案例
迭代需求梳理会、迭代计划会
每日站会和看板管理
迭代评审会、迭代回顾会
业务敏捷不是需求管理那么简单
业务敏捷为什么重要
企业敏捷转型需要找到正确的方向，确保做正确的事
共创活动的注意事项
引导者应具备的能力
对引导过程的把控和设计
对产品规划相关知识的储备
对意外场景的应变能力
实践案例分享
产品价值梳理共创会
第一阶段
铺垫
第二阶段
共创愿景
第三阶段
目标制定
第四阶段
机会和举措探索
第五阶段
总结收敛
产品滚动规划工作坊
第一阶段
价值矩阵梳理
第二阶段
价值检视
第三阶段
产品路线图梳理
第四阶段
规模估算
第五阶段
线下补充完善
敏捷教练的价值和培养方法
敏捷教练的价值
转型本质
组织变革
核心因素
人
敏捷教练是“银弹”吗
持续改进和优化是敏捷教练的价值点
敏捷教练的培养
教练选拔
教练能力评估
教练培训
教练辅导和教练反馈
教练认证

4.1 顺势而成：互联网企业PMO诞生的必然性 朱华睿 ◆

从1995年互联网商业元年到2022年，已经27年。互联网从信息传输和社交领域渗透到各行各业的每个业务细节中，从城市生活中的某种罕见事物和家庭高配产品转变为每个人不可或缺的基本工具。

在这短短27年时间里，互联网企业的营收规模、业务规模和组织规模都呈现指数级增长。而增长的背后，是随着环境的变化，对战略、模式、组织和协作机制持续调整和升级。有些调整如壮士断腕般惨烈，因而引起各界关注，而更多时候，这种调整是在悄无声息中进行和完成的。

组织的变化和调整通常离不开三个主要的驱动因素，即环境、战略和规模，而PMO作为一种较新的组织形态（20世纪90年代诞生），在这个过程中顺势而成。

为什么互联网企业都设立了PMO？从宏观视角看，PMO究竟在互联网企业应对环境、落地战略、统筹协调和促进成长方面发挥了什么作用？从企业角度看，PMO作为横向部门，在拉通协作、制定和维护规则、促进业务发展方面取得了哪些成果？这些是本章要和大家分享的。

4.1.1 环境：适者生存

企业组织形态的演变大致分为五个阶段，分别是团队模式、职能模式、事业部模式、矩阵模式和无边界模式。

1. 团队模式

团队模式是所有初创企业的基本组织形态。由于规模有限，资源极度集约，内部分工十分不明确，员工身兼数职是常见的事情。“活下去”作为整个组织运转的核心主题，意味着没有额外的精力和资源在专业能力方面慢慢沉淀，也没有时间静下来梳理流程。在这种过了今天可能没明天的时候，通常怎么高效、怎么有效怎么来。

2. 职能模式

职能模式是所有成长企业的典型组织形态。在解决了基本生存问题后，企业在产业价值链中找到了自己的定位和有效的模式，我们可以形象地称之为“着床”。正如生命的成长过程一样，“着床”之后的企业开始分化出各种不同的专业岗位，并将同类的岗位整合在一起成为职能部门（如人力资源部、财务部等）。专业分工的职能化，是对当下模式的再次强化，从而可以使企业在职能模式下实现持续成长与发展。

3. 事业部模式

事业部模式是所有成长企业的成熟组织形态，通常是企业发展到集团模式后的更复杂的管理形态，目的是通过内部的业务协同更好地应对环境变化。每个事业部就像集团内部的一个小企业，负责某类业务的发展，并分化出相应的职能部门。而需要统一管理的职能，如人力资源、财务、企业文化等，通常在集团层面管理。

4. 矩阵模式

矩阵模式是企业组织模式中相对复杂的组织形态。矩阵模式，简单来说就是多重心联动运营与协同发展模式，就像网球拍，纵横交错，处于一个节点的员工同时属于两条汇报线。企业最大的变化是从单一指挥链变成了双重甚至多重指挥链，而这种变化的根本目的是希望组织能够更均衡地发展。PMO就是矩阵模式下促进组织横向协作、持续均衡发展的关键。

5. 无边界模式

最后一种无边界模式是当下部分企业的创新组织形态。无边界模式不仅打破了企业内部的职能壁垒，甚至打破了企业和外部的壁垒，最大限度地将社会资源融入价值创造并共享成果的模式中。无边界模式通常也没有固定的办公场所，而是深度利用互联网的力量。由于深度融入了社会资源，并且将组织再次拆解成一个个小团队，因此从表面上看貌似又回到了最初的团队模式，本质上却是一种更加高级的组织形态。

以上简单梳理了组织形态的变化过程。无边界模式相对比较少见，矩阵模式是当下成长企业都试图构建的一种组织形态，也是成熟企业变革的方向。PMO在矩阵组织中的角色就是促进横向协同，避免各个垂直线各司其职、各自发展，从而强化组织本身的系统性和对环境的适应能力。

4.1.2　战略：价值导向

由于职能模式和矩阵模式是当下更多企业的组织形态，下面更多地对比这两种模式。

战略拆解过程和组织本身的形态非常相似，都是一种树状结构。有些企业的战略拆解过程几乎就是按照组织的层级设计的，我们可以称之为职能导向。

在市场稳定、业务稳定的情况下，职能导向的拆解方式是非常成熟、有效的。可是市场环境多变的当下，企业需要从职能导向转向价值导向。这就意味着需要基于用户价值、市场价值定义每个产品和服务，并根据需要对组织能力进行重组。

职能模式下，由于各个部门定位、目标和管理视角具有局限性，很难从全局视角横向协同，通常出现的问题是你好我好大家都好，但是企业整体却不好。

企业中唯一可以横向协同联结的只有GM（General Manager）一个人，而GM的精力和时间是有限的，企业也不可能过于高频地调整组织架构。于是，唯一有效的方式就是在固定的架构下拉出一条新的价值链，并根据市场更灵活地调整这个价值链内的专业能力和协作机制。于是项目制就出现了，项目经理的价值也体现出来了。当项目经理扮演这种横向角色的时候，需要在机制上提供某种保障，否则只依赖个人的能力，又存在不稳定因素。要持续、稳定地创造有价值的产品和服务，并在这个过程中持续改进组织协作机制，促进组织能力提升，就需要一个部门来承担，这也让PMO的诞生成为必然。

4.1.3 规模：化繁为简

规模也是组织形态变化的一个主要因素。规模的变化除了体现在组织人员数量的增加，也体现在任务数量和组织层级的增加。

当一个组织有大量任务在执行层运转时，任务之间如何统筹协同，资源的配置如何更加高效，都构成新的挑战。而当组织层级特别多时，决策的下达和拆解，以及信息的整合和分析决定了企业整体是否能健康运转。

基于以上诉求，企业需要新的职能从更高的层面统筹所有任务和优先级，并对当下资源效能进行分析和优化。同时，从全局视角解读和拆解决策，并对执行过程的数据和信息进行整合，分析辅助上层决策。这一切也促成了PMO的诞生和发展。

如今，PMO的职能已经五花八门，除了核心的项目管理职能，还可能包括战略管理、组织运营、文化培训、变革管理等职能。我们已经很难简单从PMO这个英文缩写的中文直译中理解PMO的内涵。但无论其形态是什么，成功的PMO必能在组织成长的过程中，促进敏捷应对环境变化，推动战略目标达成和价值实现，提升企业整体运转效率和资源效能。

4.2 发展才是硬道理：初创企业PMO从零开始的成长案例 孙国龙

PMO通常在组织发展到一定阶段时诞生，而对尚未设立PMO的组织来说，具体需要何时规划、成立PMO，或者成立之后，PMO在不同阶段需要承担哪些关键职能，目前还没有相关的参考标准。

A公司是一家目前在国内崭露头角的互联网初创公司，近几年高速发展。在其成功的诸多因素中，值得一提的是PMO对组织发展的贡献。A公司于2017年成立，2018年组建第一批研发团队，2020年成立部门级PMO，2022年成立公司级PMO。其间，公司从刚成立的20人发展到200多人，PMO也经历了从无到有，再逐步成长、发展的过程。PMO从最初影响10多人的研发小组，到后来影响100多人的研发团队，对跨部门协作起到重要的推动作用；最后，PMO总监作为公司高层管理者之一，开始参与公司战略规划、战略解码及高层决策，已经能影响公司各部门之间的协作与配合。

接下来，我们结合A公司PMO发展的实际案例，将PMO分为“前世、孕育、诞生、发展”这四个不同的阶段，看看组织在不同阶段分别有怎样的需求，如何进行与PMO相关的职能设计，分别取得了什么样的阶段效果，以及每个阶段进一步发展时遇到的瓶颈或新的展望。

4.2.1 前世：混沌初开，意识初现

1. 组织需求

A公司刚成立不久，大概20人，组织处于初创期，其最核心的战略目标是公司要发展，要快速站住脚，对应的管理现状也相对比较简单。对外，CEO、CTO、市场总监亲自上阵，协同拓展市场；对内，CTO、研发总监带领研发团队开发产品。整个研发团队不同角色配备1～2人，甚至很多岗位由1人身兼数职承担。此时，研发部之下暂时还没有设立更细化的职能部门，高层通过扁平化管理即可实现对整个研发团队的管理，研发部内不同岗位之间没有严格、清晰的分工，甚至部分分工存在交叉。

部门的目标是：即使尚未开发出成熟的产品，能尽快产出符合市场需求的原型、Demo系统也可以。总之，战略目标是速度优先，尽快开发出产品，以便支撑市场快速拓展。

组织对项目管理的系统性、规范性、完整性，甚至项目质量的要求相对比较低，更侧重速度和效率。项目管理方面，仅需要基础的项目流程框架、简单的项目生命周期模型，以及能保障项目启动的最基础的文档模板。比如，项目文档仅有需求概要、任务清单；项目计划也比较简单，有大概的分工及整体的最后期限即可。

2. 职能设计

对于大多数类似阶段的企业或组织，以上职能项目助理等初级岗位即可完成，甚至有些组织连项目经理/项目助理都没配备，直接由项目中起主导作用的产品经理或技术负责人完成，或者包含在研发总监、CTO的日常管理工作中。

这个阶段，A公司安排了技术转产品的产品经理负责项目，同时安排了项目助理辅助，主要负责梳理项目计划，并完成项目日常进度跟进、任务提醒等支持性工作。

同时，在项目开展前后，项目助理也负责项目生命周期的调研与选择，研发流程体系框架的梳理与搭建，项目文档体系框架的梳理与搭建等工作；项目开展过程中参与项目流程的监督及优化，为项目提供基础、适用的项目管理技术文档模板及管理文档模板。这部分工作初步有了PMO职能的影子。

3. 阶段效果

这个阶段，项目助理提供基础支撑，产品经理主导产品的设计和开发管理工作，在一定程度上有效地支持了项目的快速启动，同时减轻了产品经理在日常跟进中的工作负担。具体来说，项目助理基于当时的现状，梳理并规划了项目生命周期模型，准备了项目必要的文档模板，制订了项目进度跟进方案等，逐步在项目中实践和应用。

下面以项目生命周期模型框架的搭建为例，看看当时的情形。

【案例】

搭建项目生命周期模型框架

A公司的产品经理当时是临时受命由开发岗位转岗的。在他对项目流程的认知中，这项工作很简单：产品经理根据客户需求进行梳理，分解为功能点；产品经理将功能点对应分发给开发部；后续进行开发、测试即可。在他看来，当自己的身份转为产品经理之后，能够将客户需求分析梳理后转换为开发人员能理解的功能需求就够了。殊不知，其中还存在一些玄机。

近一两个月的时间，产品经理接到需求，与客户开一次会，或者进行一次现场调研之后，就开始设计产品，并分解任务给开发人员。流程看似很清晰，也很“高效”，但逐渐出现了问题。产品经理发现每次与客户沟通、演示的时候，客户都表示不是自己真正想要的。

产品经理感觉这是客户的问题，“说话变卦”“不好对付”；项目助理则不这么认为。通过复盘，项目助理发现产品经理对客户提出的需求并没有清晰地确认，也没有范围上的界定，可能仅结合开发是否能实现，或者是否能够转化为开发可实现的标准进行判断。甚至针对部分存在疑问的需求，产品经理“以自己的专业经验”判断产品应该这样、应该那样。哪怕在过程中多跟客户确认一两次，也不至于一两个月后出现完全不符合客户预期的情况。

考虑到此类问题多次发生，要从根本上解决，必须在流程上进行规范和约束。于是，项目助理总结梳理了项目生命周期模型框架，如图4-1所示。在需求和设计两个阶段，都加入明确的评审环节，协调客户在对应的阶段介入，确认需求规划拆解是否符合他们的预期，产品设计出来的原型或UI设计图是否满足他们的需求等。由于前期产品经理与客户均有较大痛点，看似高效的操作反而没有起到良好的效果，经过项目助理的几轮沟通，大家逐步接受了新流程，并逐步按新流程尝试执行。

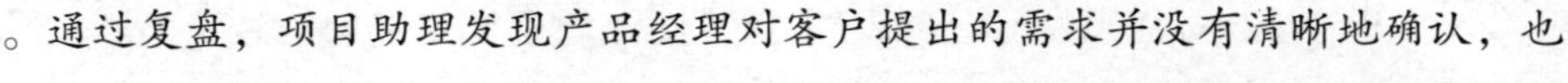

图 4-1　项目生命周期模型框架

随后，项目助理对项目中一些容易忽略、易出问题的环节，一一做了相对清晰的定义。比如，考虑到行业特点，产品通常在A公司研发，然后到客户公司部署，在生产环境方面，模拟的与真实的总会存在一些差异，部署环节不仅耗时长，还涉及较多细节，需要充分准备，同时需要客户的积极参与和配合。因此，单独把这个环节拿出来，作为项目生命周期中的关键一环。再比如，考虑到A公司是创业公司，立志长久发展，必须有良好的经验沉淀，因此，每个项目生命周期中，材料等知识经验的归档至关重要。公司的产品需要快速迭代升级，每个项目结束后的复盘改进也是经验积累，是促使公司快速成长的必备法宝，因此复盘也被纳入了生命周期。

项目助理逐步对项目各流程环节完成梳理后，便初步形成了一版A公司的项目生命周期模型框架。结合不同项目，逐步明确了其中各环节的输入、输出及评审规范、完成标准，再结合后续不同项目的实践应用，不断修正、持续完善。

4. 遭遇瓶颈

随着组织的发展，A公司产品经理与项目助理协作开展项目时，遇到的问题越来越多。比如，计划总是延期，变更频繁发生，演示给客户的系统总是达不到客户要求，开发中的功能经常返工，开发与测试相互“踢皮球”，项目助理与产品经理在协作过程中分歧越来越多，甚至产生冲突。

针对一系列问题，项目助理认为产品经理不能虚心接受合理的建议，产品经理觉得以当时的时间计划、资源情况，建议都是不可行的，认为自己裁剪是迫不得已的，同时将主要问题归结于客户，原因是客户需求一直在变。

显然，项目助理与产品经理各有道理，出发点也都是为了公司和组织发展得更好，只是从实际情况来看，在这种情况下，两者并没有建立良好的协作关系。

诸如此类的问题在A公司当时阶段频繁出现，研发总监也曾出面调和，并意识到这不是个人的问题，而是组织本身如何对协作机制进行优化的问题。在找到合适的方案之前，安排两者各自回避是个不错的临时方案，不过终究还要思考长期解决方案。

4.2.2 孕育：雏形显现，革命未完

1. 组织需求

从组织层面来看，当资源出现不协调时，我们的目标是优化组织，使组织中的资源发挥出更佳的效能。具体优化的方式很多，比如：

- 优化组织结构，以促进组织中更多个体能力的充分发挥。
- 优化组织中的个体，激励引导、培训辅导、约束惩罚等，提升个体效能。
- 优化组织本身，增员替补、裁员去冗，增加组织中个体存在的合理性。

对于初创的A公司，资源总是有限的，通过招聘补充更专业的人员，需要在适当的发展阶段进行。当时，公司刚成立不久，共20人左右，还没有确定的客户资源。经多方面评估，公司管理层认为，内部培养、梳理引导是当时情况下的相对最优解。而更迫切的是，需要尽快从职能设计上做出调整，以提升当时组织资源的整体效率。

2. 职能设计

为此，结合以上需求，公司进行多元化的职能设计尝试与探索，任命项目助理为项目经理，同时鼓励全员尤其是项目经理、产品经理等角色积极学习项目管理专

业知识，丰富自身技能。

对于具体工作，原则上，大家在协作的过程中，适当的冲突都是可以容忍的，允许员工有一定的试错空间，也在必要情况下适当地调和、引导。而具体项目管理方面，还需各角色充分发挥自身能动性。

项目经理与产品经理分别带项目，在不同职能设计的情况下进行尝试和探索。后来，在产品经理带的项目中，产品经理逐渐退出了主导地位，回归专职的产品经理角色，公司高层领导为其所在的项目配备了专职的项目经理，项目运转逐渐趋向于项目经理主导的模式。而在项目经理主导的项目中，结合当时的具体问题，做了如表4-1 所示的分析与改进，后续通过实践与持续优化，涵盖了部分PMO职能。

表 4-1　项目中的问题的分析与改进

问题	产品经理视角	项目经理视角	改进措施
计划延期	资源不够，时间太紧，变更太多	基线计划没有做好，没有开展合理、有效的计划跟踪与监控	导入项目计划管理：制订项目计划，组织项目团队成员进行计划评估；制订里程碑计划，按阶段定期审视；制订详细计划，并倒推每日任务及目标，及时跟进、纠偏；计划文件有规范地存档
变更频繁，开发返工	通过自己推动客户对需求签字来解决；协调高层推动客户对需求签字；客户签了字，但是还有变更时，再次协调高层介入	需求管理存在缺失，没有有效的变更依据；没有需求变更管控流程	导入需求管理过程：明确需求调研输出件《详细需求说明书》；需求采用规范的模板，能够有效保证正确性、完整性，需求明确范围边界、限制性因素，以及对应的验收标准等；规范需求评审过程，确保与客户、团队成员达成一致
不满足客户要求	是客户的问题，客户没讲清楚，客户说的又变了等	没有充分挖掘与调研客户需求；没有保留和存档需求调研结论	通过需求管理，采用周报、阶段性里程碑报告与客户沟通，与客户保持一致的理解，合理控制客户预期
组织内协作出现冲突	项目经理不懂技术，提出的意见不合理	自身沟通协调能力需要提升；弱矩阵组织结构不利于自己发挥	问题上升并通过领导协调，让有冲突的产品经理和项目经理分别负责不同的项目，回避直接冲突

3. 阶段效果

通过项目经理的一系列管控措施，组织中的项目管理工作有了明显改进。随着组织发展，项目数量逐渐增加，不同阶段存在的关键问题也一点点发生变化。

比如，开始，重点导入需求管理措施，为后续计划的规划与跟进起到良好的支撑作用，为需求变更控制提供清晰的依据；后来，重点管理项目计划与日常的沟通、风险跟进与变更，以及迭代计划、交付验收等。

在实现了完整的项目过程改进后，经过体系化的梳理，项目经理完成了项目生命周期模型设计，并形成了一套适用于公司几个不同类型项目的管理流程体系框架，同时统一了项目技术文档、管理文档等文档管理模板，以及项目配置管理等标准。

为了进一步形成系统化的经验体系，项目经理后续又主导完成了几个规范化管理的标杆项目，并形成了比较完善的过程记录，为公司单个项目管理体系方法提供了良好的知识经验沉淀。同时，为多项目的管理，尤其是项目集管理、项目组合管理奠定了良好基础。

【案例】

规范化管理标杆项目的经验分享

1. 项目经理从合同签订之前开始介入，规避项目风险

项目经理需要了解客户需求背景，参与合作协议中技术协议内容的审核，重点关注是否清晰地界定了项目边界。思考维度不妨以三维坐标为例，要顾及水平、纵深、垂直三个方向的维度。水平方向关注项目产品、功能范围；纵深方向关注功能实现程度；垂直方向关注项目产品的实施和应用范围。综合来说，要足够清晰地界定项目成功的标准。

2. 重视项目的立项与启动

很多情况下，大家会忽略项目立项或启动的重要性，这是不对的。

启动是正式让团队成员对项目目标达成一致，是正式开工的初始。这是团队成员认识项目重要性和目标，形成统一思想、达成共识的关键；也是公司高层、各部门领导集中、正式地表达对项目的支持的机会，是影响和带动团队成员，促进团队积极氛围形成的良好时机。

3. 重新思考需求工作的完成标准

无论是领导还是项目经理，往往将需求工作理解为需求调研加上需求评审就结束了。甚至不少公司或项目团队把完成需求调研当作需求工作的结束。毫不夸张地说，这么做项目，如果后期不出问题，应该算得上奇迹。

需求管理实际上是涉及范围管理、质量管理，并与进度管理有强依赖关系的系统性工作。从如何规划，到如何开展，再到如何分解创建WBS（Work Breakdown

Structure，工作分解结构），WBS如何监督与跟进；每个阶段如何定义完成标准，如何保障质量，分别需要哪些资源投入等，在这项系统性工作中，哪个环节出现问题，都会造成需求管理“埋坑”，导致后续发生风险。

重新思考需求工作的完成标准，要注意无论是计划规划、人力资源规划，还是相关方沟通等方面，是否还模棱两可，便匆匆切换到下一个任务。

4. 提高项目团队制订计划的认知水平和能力

关于项目计划的制订，需要强调的是，需要团队成员共同完成。项目计划不是任何一言堂制订的，也不是项目团队成员评估后简单汇总得来的。即使时间点完全卡死，范围、质量标准等方面也要结合实际的资源、成本情况进行规划和调整。

项目计划制订与资源、时间、范围、质量都有很强的关联性，有一系列科学顺序和方法可以参考。

计划制订之后，不是一成不变的，而是需要持续根据实际情况进行调整，在阶段性目标及总目标的牵引下，持续保证任务计划具有合理性，以及保证任务效率。

此外，不可忽视的是项目经理在制订计划方面的专业技能和水平。计划制订的效率和质量也是项目效率的体现，同时与计划执行中的风险有直接关系。

5. 重视POC的项目经验积累

通常，项目合同正式签订之前，如果有机会开展POC（Proof of Concept），一定要充分重视。POC除了实现Demo功能的验证，更重要的是可以提前为项目正式开展积累很多宝贵经验。这里暂且提几个问题：POC过程中的经验如何记录和保存？有没有进行复盘？后续项目正式开展如何借鉴？是否仅依赖项目团队成员的个人经验积累，而没有进行有效管理？

6. 任务跟进与风险管理

任务跟进与风险管理是项目经理开展工作的基本功，但由于相互关联的因素比较多，往往最容易出问题，又最容易找到借口解释。究其根本，以下两个方面需要重点关注。

第一，任务计划是否得到团队成员的承诺？不仅包括任务内容、责任人、参与人、完成时间，还包括任务的完成标准、沟通反馈、风险汇报等机制。如果没有，原因是什么？关键瓶颈在哪里？如何推进解决？需要什么样的支持？

第二，任务计划与风险管理的沟通渠道是否畅通？比如，是否有统一的、大家一致采用的平台或工具？是否有合理的沟通/汇报方式，包括非正式沟通、会议沟通、即时消息沟通等？是否在沟通上消耗大量时间、精力？沟通频率是否能够支持高效开展工作？是否有不回消息或找不到人等情况？

7. 质量管理注意事项

第一，是否有质量管理方案和计划、标准？项目中有评审计划、测试计划，那么是否有清晰的质量标准？或许很多项目没有清晰界定。

第二，计划执行中，存在哪些具有潜在质量风险的行为？比如，评审过程是否充分，关键人员是否缺席，是否有人只等着别人发表意见而缺乏主动性，管理方在组织评审的过程中是否良好地引导关注评审中的关键点，评审通过或不通过的标准是否清晰等。再比如，测试过程存在什么样的问题，如何改进；哪些环节未能有效、有保障地支持标准的达成。

第三，一次质量问题出现后，是否解决了一系列质量风险问题？复盘是很好的团队成员之间相互学习提升的手段，同时是跨多个项目团队之间传递经验的方法。工作中要避免以下常见的错误：把复盘当作问题追责，当作一个有压力或沉闷的话题，从而使团队成员处处躲避，不愿意复盘，不敢复盘。

第四，质量管理意识能持续存在多久？是持续强调、宣贯，还是落实责任机制、严守质量红线？要有能够严格执行的责任机制、奖惩机制进行有效管控，需要我们在日常的管理机制中不断找到务实、有效、持续改进的地方。

8. 交付验收计划如何推进

经过不懈的努力，项目团队成员的工作成果终于要在这个环节正式递交给客户了，然而在很多情况下，交付验收过程是团队成员最辛苦的过程。为什么？也有一些团队，前期工作相对充分，交付验收环节是否就可以掉以轻心了呢？其实不然。

首先，交付验收过程越辛苦，越体现了平时工作做得不够扎实，没能提前做好相关规划和准备工作。常见的错误是把“务实”当作挡箭牌，认为规划是“虚”的，需要马上行动起来。这本质上是用行动上的勤奋掩盖思想上的懒惰，是对规划和准备工作缺乏必要认知的表现。

其次，交付验收需要有一套适合项目的、标准的交付验收流程，包括从规划到执行再到完成的清晰管控节点，以及规范的执行过程。我们往往认为这些工作已经做了，那么要思考有没有做到位，是否做好了，足以支撑下一个环节的有效开展。

9. 容易被忽视的结项管理

结项管理是特别容易被忽视的一个环节。往往因为项目资源紧张，一个项目刚刚完成，就恨不得马上释放人力资源，立即投入其他项目。这样做看似效率极高，实际上损失的是整个项目团队的经验积累，造成组织过程资产的流失和遗忘。项目积累的成功经验或失败教训全在各团队成员的脑海里，随着时间的流逝逐渐淡去，直至遗忘。

4. 遭遇瓶颈

项目经理负责的项目数量逐渐增加，除了对项目经理的精力分配带来巨大挑战，在项目管理模式、不同项目管理方式，以及项目之间的协调等多个方面都带来了新的问题。

- 项目经理从管理单个项目到管理多个项目转变时，管理方式、方法需要怎样调整?
- 当多项目并行开展时，项目经理如何介入管控? 研发总监、技术总监又分别需要关注哪些方面?
- 多个项目存在关联时，如项目集、项目组合，应该如何更优地分配研发人力资源?
- 不同项目之间存在资源竞争时，应该如何协调? 多项目进度不同，资源如何规划，风险如何管控?

以上问题，无论是研发总监、技术总监等高层管理者，还是项目经理，都是新的挑战。不仅管理方式、方法需要进阶、调整，资源分配、风险管控，甚至组织架构、岗位规划也需要进一步设计和调整。

4.2.3　诞生：初露锋芒，前路坎坷

1. 组织需求

A公司继续发展，研发团队成员从10多人扩展到了40多人，并按不同分组规划了部门。项目数量逐渐增加，形式各种各样，组织的以下需求日益明显。

1）单个项目管理优化。对于单个项目的管理有两个方面的优化，不仅要往“熟练”的方向发展，还要往“浅”的方向发展。“熟练”是要提升管理效率，“浅”是要学会授权，项目经理不需要像最初管理规范化管理标杆项目或治理危机项目那样深度介入，而是授权团队成员，适当释放精力到更多、更重要的项目中。

2）多个项目如何管理。A公司在不同项目间配备了交付经理和项目经理，也有些项目只有交付经理或项目经理。这样不同模式的多个项目的进度与风险如何管

理？沟通如何管理？资源如何调配？各项目如何协作？关键、共性的瓶颈如何识别与优化？

2. 职能设计

从组织层面看，优化组织架构是解决问题的关键方案之一。A公司高层经过几轮研讨，将原来研发部门完全扁平化的组织结构，调整为分部门、分层级的多层组织结构。同时，规划成立了CTO直属部门——部门级PMO，与研发其他几个部门并列，如图4-2和图4-3所示。

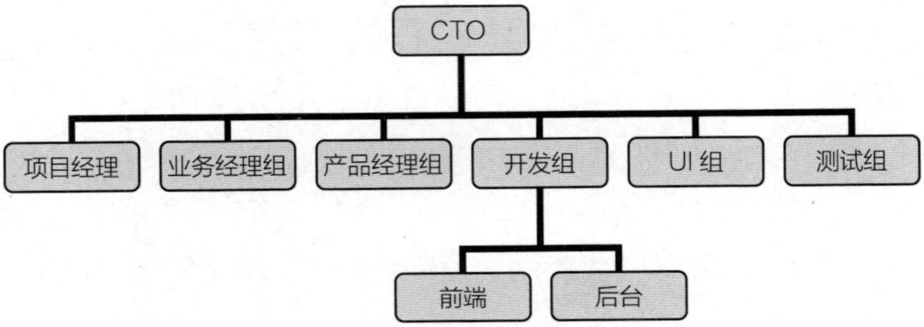

图 4-2　组织架构调整之前

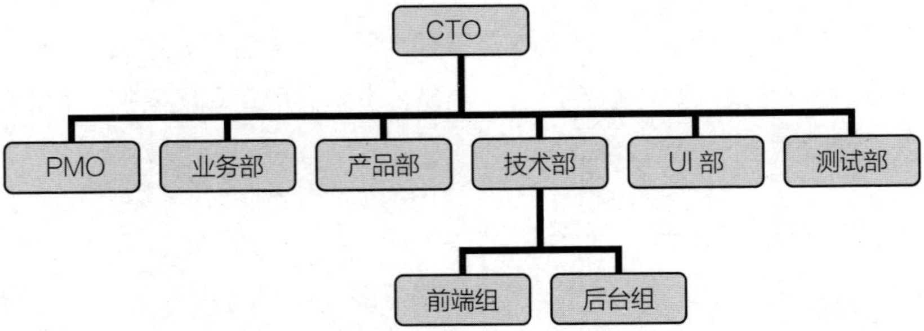

图 4-3　组织架构调整之后

该PMO定位于负责研发团队所有项目的项目管理工作，并推动组织管理机制持续改进。在人员配备方面，在之前1名项目经理的基础上，招聘了另1名项目经理，以及1名项目文档工程师，由这3人共同组成PMO团队。

在分工上，项目经理A（原项目经理）负责多个项目的项目协调及部分项目的督导工作；项目经理B（新招聘的项目经理）负责一部分项目的管理工作；项目文档工程师负责一部分支持性的项目文档管理、配置管理等工作。

3. 阶段效果

PMO成立之后，缓解了项目经理人力资源不足的问题，同时组织对PMO的正式授权产生了以下效果。

1）单个项目管理优化。对于单个项目的管理，结合各部门组织定位和分级情况，分别配备合适的项目经理及其他项目团队成员。结合不同项目经理的个人能力、项目特点进行适当授权，实现了不同项目不同管理程度的调整。

另外，PMO中多个项目经理可以通过相互交流学习或快速传帮带，实现项目管理经验的快速积累，逐步提高项目管理水平。

2）多个项目管理效率提升。项目经理A结合过往项目经验，分出部分精力负责多个项目的规划与管理，如设计进度与风险的管理方案、沟通与汇报管理方案、资源协调与调度管理方案。规划统一的项目管控模板、项目支持模板；设计项目进度地图、风险地图、资源地图等统筹管理机制等。

3）优化项目管理机制。由于PMO天生具有识别和发现组织中问题的眼睛，并善于主动寻求改进，在组织的改进与发展中发挥了重要的推动作用。PMO通过梳理多个项目的管理，以及对比多个项目，发现了多个项目协作机制的诸多改进点。

【案例】

交付经理与项目经理的协作机制优化

A公司的交付经理和项目经理，在组织结构上分别隶属于市场总监与CTO，如图4-4所示。公司领导希望两者协作配合，实现从市场到研发，再到交付给市场的端到端闭环。

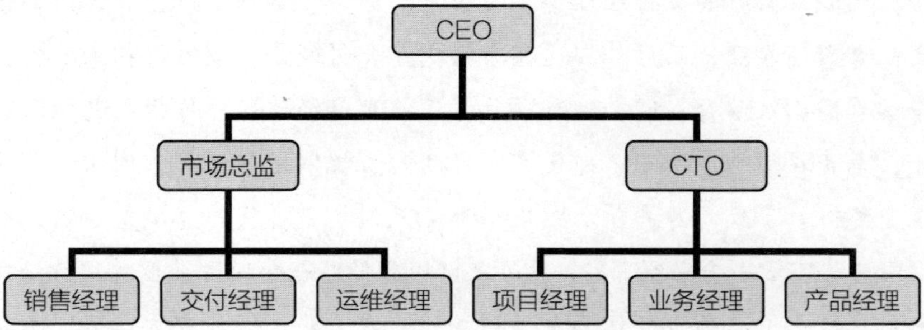

图 4-4　交付经理与项目经理的组织结构

而实际上，交付经理和项目经理之间如何衔接、协作成为影响项目高效开展的一大问题。项目计划，对内、对外应该谁来主导制订，需要两者如何参与？计划如何体现，要不要分两套以预留适当的Buffer？对外沟通，项目经理要不要参与、能不能参与？项目内会议，交付经理要不要参与、能不能参与？项目需求评审、开发计划规划、开发测试期间，交付经理要不要介入，如果介入，需要做哪些事情？上线部署环节，交付经理应该如何介入，如果对项目成果不够了解，应该怎么办？

PMO结合每个具体问题进行系统化分析，找到流程机制上的缺陷及优化点，并逐一完善，构建出一套完整的协作机制，包括立项、规划、开发测试、上线部署、交付验收等环节如何分工与配合，并在项目经理、交付经理及高层中达成共识，保证项目顺利开展。

4）项目管理优化常态化。项目管理优化过程中会不断产生新的流程标准、规章制度，促使管理和运作更加高效。但组织的发展是动态的，需要持续识别流程规范在不同阶段的匹配程度。PMO在项目管理优化方面的常态化推进，保障组织不会陷入墨守成规的牢笼，促进组织与时俱进。

【案例】

项目协作机制的动态化调整

承接“交付经理和项目经理的协作机制优化”案例，随着该协作模式的优化与发展，成功开展了一两个项目之后，当时的交付经理和项目经理都有明显的成长。

PMO持续关注并对比多个项目的管理效果，发现无论是交付经理还是项目经理，由其中任意一个角色主导时反而比两个人协作时效率更高，项目出的问题也相对少。

PMO分析发现，早期项目经理与交付经理的协作模式，是基于当时特定场景制定的规则。比如，当时的交付经理善于与客户沟通，但不善于执行和管控，当时的项目经理侧重内部管理，而对外沟通相对较少，公司领导希望他们相互配合，实现互补。当该前提已经不存在时，这种项目经理与交付经理的协作模式也就没有存在的必要了，尤其在协作过程中，即使有一定的流程机制进行保障，但信息的传递、交接甚至重复仍会导致资源浪费。因此，PMO及时识别并提出了调整建议，经过高层审批，同意落实唯一责任制。即A公司之前的交付经理和项目经理都统称为项目经理，每个项目仅由一名项目经理负责端到端的管理，确保项目中责任范围不存在冗余或遗漏，项目成败由唯一责任方承担，这样更能促进项目高效管理。

4. 新的困惑

部门级PMO在A公司持续运行了一段时间，随着以上问题的解决，逐渐出现了一些新的问题。这些问题不仅让PMO犯了难，也让CEO与CTO产生了一段时期的困惑。

1）项目经理的资源需求评估。项目经理的资源需求是个很难定量的事情。不同项目的难易程度有所区别，团队成员的技能基础及对项目管理的认知水平也有区别。至于不同项目分别需要什么样的项目经理，以及组织中多个项目应该配备多少名项目经理等，成为组织中一个难题。

早期，A公司曾有过1名项目经理主导七八个项目的情况。当前阶段，有些单个项目配1名项目经理，有些单个项目配多名项目经理，也有些多个项目配1名项目经理。至于具体配备多少才合理，组织中谁也说不清。

2）组织架构及授权。项目中组织架构的设计，对项目的沟通、汇报、权责分配等方面具有直接影响，有时甚至成为组织环境中的关键瓶颈。

比如，在A公司，交付经理与项目经理合并之后，交付经理依旧隶属于市场总监，项目经理隶属于CTO。合并之后的项目经理隶属于两个不同的部门，这为项目经理的日常管理、沟通、评价、辅导等带来了新的困难。

3）沟通管理。项目工作中，沟通是PMO向上管理与向下负责的重要手段，这一点尤为重要。但维持良好的沟通是需要一个合理的沟通机制来保障的，同时需要相关方之间持续经营和维护良好的沟通环境。

PMO虽然专注于解决项目管理方面的沟通，但往往容易忽略PMO组织自身的沟通问题，如向上管理的沟通。

（1）沟通机制的建立。是否有定期或不定期的向上沟通汇报机制，确保PMO与高层的沟通到位。

（2）沟通机制的破坏。新诞生的PMO通常从支持型部门开始做起，此时项目团队成员在与PMO协作的过程中，遇到问题的第一反应可能不是与PMO进一步沟通，而是直接找上一级领导寻求支持。从项目组织架构来说，这属于越级沟通，而高层如果没意识到这一点，很容易直接参与协调。一旦形成且没有及时纠正，这种向上越级沟通与向下越级指挥就会慢慢破坏组织沟通机制。

（3）沟通难度的合理管控。沟通难度能否合理管控也是影响沟通成败的关键因素之一。比如，项目组织沟通层级过多，团队人数多且没有合理的组织架构，导致沟通渠道不合理，则很容易导致沟通不充分甚至缺乏沟通；异地办公需要建立合适的沟通渠道、沟通频率；沟通工具或方式是一把双刃剑，需要在灵活的同时确保信息不会遗漏，减少不必要的重复等。

4）管理的持续性“经营”。管理也需要持续性经营。在A公司，在很多情况下，当某项目经理带的项目容易出现问题时，他会持续受到更多关注。项目从问题频发到问题解决顺利开展，有明显的前后对比，项目经理在其中做了什么贡献是很容易明显感知的。但当项目持续顺利开展时，这种感知会被逐渐削弱。高层出于对项目经理的信任，也会逐渐降低对“顺利开展的项目”的关注。在这种情况下，如果不能合理地“经营”，则很容易日积月累，酝酿出新的问题：项目管理的实际效果与管理层的预期逐渐出现偏差。

这种情况尤其在危机项目的整治中容易出现。治理时风风火火，治理好之后放任自流。一开始给予期待，危机化解之后，便作为常规项目开展，无论是高层还是PMO，对该项目经理和该项目的关注就逐渐减少了。至于需要维持多久的平稳，或者关注度降低到多少能够保持良好的平衡，都需要持续经营方能实现。

5）授权与信任危机。当高层对项目经理授权，但没有良好的沟通机制时，组织中尤其容易出现授权与信任危机。比如，当项目出现问题时，第一责任人是项目经理；当项目不出现问题时，也很难评估是因为项目简单，还是项目经理做了什么贡献。

管理者与员工之间的一切管理活动都建立在信任基础上。信任，则一切问题可解；不信任，则一切问题容易归因于对方。一旦有怀疑和猜忌，则很容易将问题根因定位于人，而不是进一步挖掘问题本身。

当项目出现问题时，只有在信任的基础上多方调查，厘清问题根因，才能解决问题，如哪些是项目经理能力的问题，哪些是沟通机制的问题，哪些是管理的问题等。

4.2.4 发展：顺势而成，永无止境

1. 组织需求

PMO在组织中发展，会发现管理永无止境，永远会有新的问题、更高层次的问题需要面对和解决。

组织发展到这一阶段，不仅对PMO的能力要求有所提升，对如何管理PMO也有更高的要求。这就需要突破部门级PMO的能力边界。

前一阶段遇到的诸如资源评估、沟通、授权与信任等方面的问题，如果仅停留

在问题本身层面思考解决办法，会发现总是不能有效解决。以研发总监与PMO之间的授权与信任危机为例，当面对这样的问题“成功的项目是因为项目经理协调得好，还是客户本来就很友好”时：

- 对于研发总监，如果对事情本身来不及深入了解，就很难做出合理的判断。因为从表象看，确实成功的几个项目，客户相对比较友好，即便有其他类似的“客户友好但失败的项目”可以参考，我们还是认为没有可比性。从这一角度去思考、解决问题，之所以解决不了，是因为“不深入”。
- 对于PMO，结合对项目管理过程的分析，无论是流程方法、实战经验，还是具体落地过程的管控，都没有在自身找到问题，而是排查出真正导致问题的是中间有几个关键的决策点没能得到领导的及时、有效支持。PMO在对应时间节点曾做了详细的记录和风险预警，也曾尝试与研发总监多次沟通，但直到问题暴露，都没能及时、有效地处理。即便复盘能够让真相水落石出，但迫于领导情面和时间、项目节奏等各种阻力，复盘最终未能开展。从这一角度去思考、解决问题，之所以解决不了，是因为“不闭环”。

问题往往在高于问题本身的维度才能解决。显然，“成功的项目是因为项目经理协调得好，还是客户本来就很友好”，看似简单的一个归因问题，如果只停留在“问题本身”的层面，就很难解决。要么局限于研发总监的认知或时间、精力，对事情真相了解“不深入”；要么受限于PMO沟通、执行和推动能力，导致从问题到解决“不闭环”。因此，这个问题的解法不在于如何让研发总监对事情了解得更深入，也不在于如何让PMO更加有效地推动问题闭环。

PMO保留了相对完整的过程管理记录，同时在这个阶段，通过不断地识别问题、预判问题、推动解决问题、暴露问题，CTO逐步意识到了问题产生的根本原因。后来，问题也上升到了公司层面充分研讨，最终确定了问题解决的方向——组织应该如何管理PMO。

2. 职能设计

当A公司高层确定了问题的关键在于“组织应该如何管理PMO”时，也充分考量了当时特定环境下的组织能力等，无论是研发总监继续管理，还是CTO管理，或者当有大问题时仍让CTO甚至CEO介入协调等，都不能从根本上解决问题。

回归到问题的本质，要解决如何管理PMO的问题，A公司最终决定招聘一位更资深的PMO总监，分担之前CTO、研发总监对部门级PMO的管理，同时扩充当前

PMO组织的能力，即成立公司级PMO。

3. 阶段效果

得益于PMO能力的扩充，以及组织上的授权，在公司级PMO总监的带领下，CEO、CTO等高层也意识到了原组织架构对业务、产品、项目、技术负责人的定位不再适合项目的开展，不能支撑公司战略的高效落地。

比如，之前的定位以客户为中心，所以业务负责人主导权很高，但实际这是对“以客户为中心”的片面解读；在以业务为主导的项目中，业务负责人有充分的话语权，但又不对项目的成败负最终责任；在部分项目中，产品经理或技术负责人主导，但他们在项目管理方面又过于薄弱。这就导致在原组织架构中，不同成员的职责、权限范围模糊，协作效率大打折扣。

在之前部门级PMO的条件下，尤其在遇到授权与信任危机的情况时，公司或组织很难客观认知并达成共识。PMO总监将此类问题及原因归纳为当时阶段、既定环境下，组织在职能设计上出现了瓶颈。经过与CEO、CTO、研发总监、市场总监及各项目经理、技术负责人沟通，对当前的归因做了充分的验证。于是，推动成立了公司级PMO，如图4-5所示，即在之前部门级PMO的基础上，提升了PMO组织的层级，作为公司的一级部门开展工作。

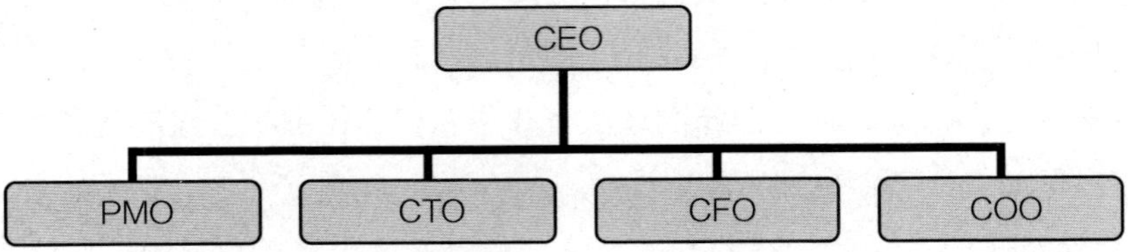

图 4-5　公司级 PMO 组织结构

解决最关键的问题——职能设计缺陷，为解决“不闭环”打通了渠道。下一步要围绕各个具体问题，更系统化、更深入地分析、解决，大体包括如下几个方面。

1）优化协作机制。结合新的组织架构和部门定位，优化协作机制，增强项目管控力度。

2）合理授权。与项目经理约定定期或不定期沟通，充分了解，合理授权。

3）全员学习。鼓励并引导项目经理内部沟通、学习，鼓励实践与复盘，提升项目管理人员服务水平；同时通过宣传、分享、培训等，提升全体员工对项目管理的认知水平。

4）招兵买马。评估项目经理资源的空缺情况，通过内部转岗、外部招聘增补项目经理资源。

下面，我们以“优化协作机制”为例，看看PMO总监是如何一步步开展工作，并成功推进的。

A公司所处行业有个典型的特点，即需要一批在客户行业方面比较资深的业务顾问。公司给予了他们较高的组织地位及较丰厚的待遇。但在实际项目中，他们对互联网软件项目了解甚少，对流程规范、必要性等各方面认识不足，参与度和配合度都不高。在他们主导的项目中，往往由于这方面知识的欠缺，使项目出现严重后果，但从他们的角度汇报，原因就归结为“项目管理不力”。

项目经理/项目助理负责具体执行，当然很容易成为“背锅侠”，理由也很容易给出，即没有执行到位。不懂项目管理的人并不会反思执行的瓶颈是执行力不足还是决策不当，尤其是掌握资源和决策权的人在项目过程中是否做出了正确的决策，以及做过多少错误的决策。

如果这方面未能被有效管理，很快就会滋生出一种不良现象，如某业务顾问“自主选择参与或不参与项目，项目成功则领奖，不成功则向下归责”。

PMO总监发现这些组织间协作的问题后，结合项目管理日常工作中的分析和决策过程，识别出业务顾问、项目经理等角色在具体项目中发挥的真正价值，详细到具体哪些环节、做了什么事情、什么决策、是如何思考和分析的。结合几次具体管理、决策、执行过程的分析，PMO总监彻底摸清了组织间协作存在的问题，并优化调整了业务顾问在项目中的定位。

下面我们结合某业务顾问具体参与的某个案例，看看他的分析与项目经理的分析，了解项目管理系统化的思考在项目管理中发挥的具体作用和价值，同时了解PMO总监基于什么样的过程做出组织间协作机制的优化调整。

【案例】

优化组织间协作机制

1. 小王遇到的项目问题及解决方案

小王是A公司的业务顾问，主导Y项目。近日，在研发周例会上，小王汇报了Y项目进展情况，同时反馈了项目中存在的问题并提出了建议。

1）进展情况。目前项目处在迭代开发阶段，客户负责人要求整体于4月底上线。

2）问题。开发时间紧张，资源不足，另外4月底上线的需求范围尚不确定，上线存在风险。

3）建议。希望协调开发人力，向该项目倾斜资源，以加快开发进度，降低4月底的验收风险，同时近期尽快确定需求范围。

2. PMO总监的分析与思考

这个项目存在的问题是很明显的——需求不确定，为什么确定了交期？这是一个自相矛盾的问题，相信任何一个有点项目管理知识背景的人都不难看出。但这或许因为客户过于强势，或许因为项目负责人有其他难处。不妨进一步分析。从宏观角度，关注为什么出现这类问题，寻找产生问题的根本原因；从微观角度，关注当前问题该如何解决，小王提出的解决方案是否合理，是否有更好的办法。PMO总监结合业务顾问小王提出的问题及建议，提出了以下四个问题。

1）项目到了开发阶段，为什么需求还不确定？

（1）从人员技能上看，小王不懂项目管理流程体系，甚至对项目管理流程体系不屑一顾，这是极度错误的，也是项目不可能成功的致命原因。

（2）从流程体系上看，似乎采用了敏捷迭代模式开发，但并没有清晰地规划每个迭代，导致各个迭代是混乱的。正如小王的反馈，开发按已明确的需求开发，给出交期评估；待定的需求却与当前开发阶段混为一谈，更何况验收时间还融合在一起。

（3）从需求管理上看，需求必然没有充分调研。小王自认为调研完成，但是否经过客户充分确认，是否符合SMART原则，能不能清晰地支持开发计划，以及迭代验收标准的确认，都是未知数。实际发现，小王组织的需求评审确认过程出现了漏洞，表面上，与客户达成了一致；实际上，在关键角色识别方面有遗漏，或者关键角色并未充分确认；另外，关于需求的详细分析，也未能落实到需求说明书中，做有效的跟踪和管理。

（4）从组织经验上看，缺少复盘，一次次失败只能造成公司资源浪费，却不能形成组织经验。需求范围不确定的情况在多个项目中多次出现，却依然没有组织复盘去面对失败，挖掘根因。

2）小王存在哪方面的问题或改进空间？

（1）进度管理经验不足。小王不明白项目进度计划应该如何制订。不是给了时间就能列计划，还需要遵循一系列基本逻辑与标准，尤其是在需求范围不清楚的情况下进度计划如何评估。有两个方向可以努力：推进交期准确评估；进行风险评估，做好不同的风险应对策略，然后引导客户。

（2）计划管理经验不足。小王没有清晰规划迭代的流程节点，从而在与客户沟通计划时，拿不出流程节点有效支撑计划的沟通、引导、评审等过程；同时，关于计划的确认，小王也没有在流程体系中规划相关方评审通过的机制，以保障计划的合理性，规避一言堂。小王在沟通中默认了客户单方面确定的4月底交期，所以求助的方向也并非问题解决的关键方向。

（3）谈判力不足。谈判力需要基于项目管理的基本知识技能，才能有效发挥。若客户强势，直接单方面拍板计划，项目经理应通过自己的专业知识做出合理的干预和引导。

3）如果采用资源倾斜的策略，则具体的资源缺口是怎样的？是需要开发资源，还是需要小王在某方面采取积极措施？

（1）项目流程中，从需求到开发再到验收，是有其内在逻辑顺序的。分析当前流程，未确定需求范围是导致验收风险的主要原因。

（2）应聚焦于如何推进需求范围尽快确定，围绕这个方向寻求突破。在这个关键时刻，需要的是项目负责人小王的投入，而不是协调开发资源加快项目进度。其他措施只是辅助，解决不了根本问题。

4）当前需求范围不确定时，应该采取哪些措施？

（1）确定需要谁。项目负责人小王与客户对应的相关方，如客户项目负责人、关键用户等。

（2）确定什么时间。当然越快越好，但必须有个最后期限，如下周一开始，1天或2天内完成。

（3）确定做什么事情。明确问题与最后期限，与客户确认具体推进计划，落实每项任务的责任人，正式结论以邮件形式发送并跟进。

3. 总结

通过以上分析，问题解决方案已经逐渐明晰。问题一、二指引后续如何规避此类问题；问题三、四厘清当前问题解决思路。为什么没有说已经可以解决呢？因为厘清思路是解决问题的关键，而真正的问题仍然没有完全浮出水面。

比如，问题一、二都解决了，是否能够保证项目顺利交付？问题三、四的措施都执行了，是否能够很快解决项目问题？而答案都是不确定的，仍需要进一步分析。后续项目组织架构规划、项目人力配备、成员技能培养等方面，是不是也都有了清晰的方向，需要进一步规划呢？

4. 下一步措施

通过以上分析，可以考虑启动规划，但现在最关键的还是在当前背景、当前人员技能条件下，如何短期、有效地解决问题。

为了确保接下来的计划能够有效执行，PMO总监进一步与小王沟通，发现小王还有以下疑虑。

首先，邮件的内容如何拟定？如何与客户达成一致意见？如何才能共同推进需求范围的确定？

其次，结合“过往项目经历”，即使客户已经对需求签字，也会提出变化，并且变化经过讨论后还是合理的——这是客户的问题，还是我们的问题？如何解决？

最后，客户不清楚如何确认范围，甚至小王也认为确认范围的过程“错综复杂”。如何进一步厘清思路，找到合理的方法？

通过沟通，PMO总监基本识别出小王在项目管理方面还需要提高的地方。PMO总监给予他一定的辅导，同时调整了他在项目中的定位，由项目经理主导项目，他仅提供业务、需求方面的辅助即可。具体如何参与，由项目经理分析后统筹安排。如小王对安排有异议，需要先与项目经理沟通反馈，如仍达不成一致，两个人一起找PMO总监沟通协调。

通过这样的调整，在小王参与的项目中，项目进度逐渐得到有效控制。小王与项目经理的协作也逐渐明晰，而且更加合理、高效。

4. 未来展望

A公司PMO未来还将持续从以下方面不断发展、提升，从而促进组织成熟度不断提升，为组织项目管理贡献独特的价值，也让组织效能高水平发挥。

- 信息化、数字化工具支撑
- 知识库管理
- 人员能力培养与提升
- 项目管理文化建立
- 收益管理
- 战略管理

在当前环境下，很多大企业都步履维艰，甚至濒临倒闭，更别说创业公司面临的压力和挑战了。而A公司势如破竹，短短几年间，在通向行业龙头的道路上突飞猛进。这不仅得益于公司的战略和管理，也得益于PMO在推动组织持续优化过程中的突出贡献。

随着A公司的发展，PMO也在不断自我否定与破局中日趋完善。作为一个自驱型组织，PMO能够始终精准定位不同阶段的问题，聚焦于解决每个环节的问题，既脚踏实地，又不忘仰望星空，成为驱动组织发展的关键动力。展望未来，PMO可以以更大的格局迎接新的挑战，促进公司愿景和使命的实现。

4.3 组织发展的北极星和瞭望塔：战略运营型PMO 朱华睿

在组织发展的不同阶段，PMO通过不同的职能提供不同的价值。从提供模板、制定流程等支持型职能，到项目管理、项目治理等管控型职能，PMO的能力与组织整体管理成熟度并驾齐驱、相互促进、共同成长。

当组织成熟度达到一定水平，标准化、流程化、项目化已经成为一种组织习惯和文化时，PMO也需要在更高层面为组织创造价值，于是战略运营型PMO便应运而生了。

本节重点介绍典型战略运营型PMO的职能架构和运转方式，以及其如何促进组织战略绩效提升。

关于项目管理体系和项目端到端的管理实践，可以参考本书第1章的内容。

4.3.1 战略运营型 PMO 的职能架构和运转方式

PMO的职能类型主要有两种划分方法，如项目治理、项目管理、组织成长，或规划职能、交付职能和变革职能，其内涵大同小异，具体说明如下。

1）项目治理、项目管理和组织成长。

- 项目治理。包括项目流程机制的建设落地和持续改进、项目绩效监控和报告、组织资源配置分析和优化等。
- 项目管理。主要指单个项目或项目集的管理和交付。
- 组织成长。包括新工具、方法论的引入，项目管理知识库建设和管理，项目管理人才培养和文化建设。

2）规划职能、交付职能和变革职能。

- 规划职能。包括项目拆解和优先级排序、项目绩效监控和报告、组织资源分析和优化等。

- 交付职能。包括项目质量管理、单个项目或项目集管理和交付、商务管理（对外）、供应链管理等。
- 变革职能。包括标准建设和方法引入、知识管理、组织学习和人员技能提升等。

从战略运营型PMO的定位及互联网企业的组织分工实际情况看，以上两种划分方法均有不足之处。前者的划分方法偏重管控，缺少规划和战略绩效管理职能；后者的划分方法涵盖了太多其他组织的职能，如商务部门、供应链管理或采购部门。基于笔者对国内某些互联网企业的调研情况，图4-6的划分方式或许更合理，并可以形成内在协作逻辑的完整闭环。

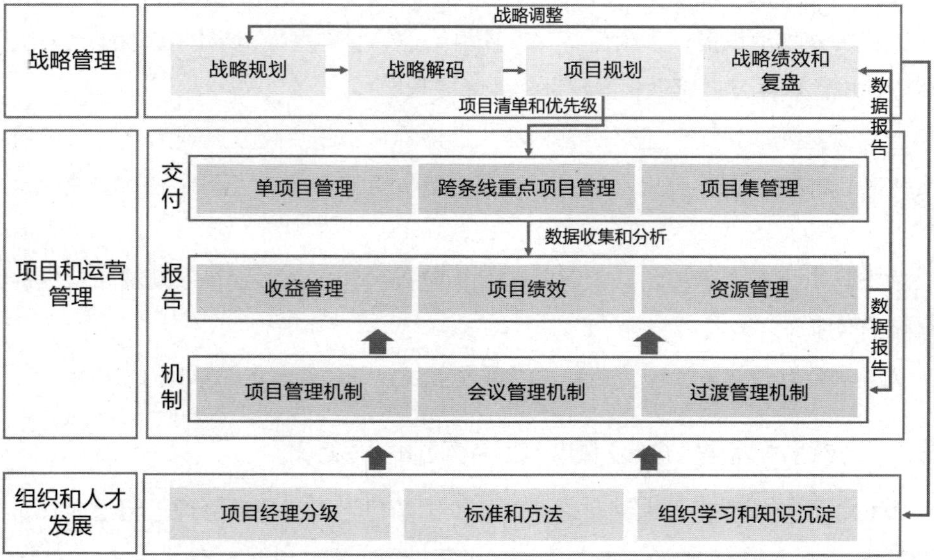

图 4-6　战略运营型 PMO 的职能架构

先要明确战略运营型PMO的价值定位。与管控型、交付型或支持型PMO不同，战略运营型PMO的定位更多是为促进组织实现战略目标而推动四个维度的整合，分别是战略整合、流程整合、资源整合和信息整合。而战略目标的实现，不是以单个项目是否按时交付为标准的，而是以支撑战略的收益是否实现为标准的。因此，在项目管理机制外，战略运营型PMO更多地关注对战略绩效的管控。下面简要介绍各类职能及其运转逻辑。

1. 战略管理：锁定方向，拆解任务

战略管理包括战略规划、战略解码、项目规划、战略绩效和复盘几个部分。其中，战略规划的职能在部分企业可能由单独的战略部门负责，在这种情况下，PMO主要负责战略的承接和落地。

战略规划职能的产出是战略规划报告，或某业务一页纸报告（One Page Report）。根据组织规模和业务复杂度的不同，战略规划报告的详略程度也有差别，但其核心涵盖以下六个部分。

- 使命和愿景
- 经营目标（短期和长期）
- 业务领域
- 核心优势
- 执行策略
- 落地保障

这六个部分通常需要用一种结构化的方式来表达，即常说的战略屋，或战略蓝图。有了战略蓝图之后，PMO负责对内解读和拆解，将其转变成可以管理的任务单元，并基于此设定绩效目标。这个层面的绩效目标并非单个项目绩效目标，而是某个子业务领域的整体绩效目标，是后续战略绩效监控的基准。

拆解完成并达成内部共识之后，就进入项目或运营管理层面。

2. 项目或运营管理：明确章法，保障执行

项目或运营管理包括以下三方面职能。

一是交付，即需要通过项目管理职能完成单个项目/项目集的交付。这是大多数PMO都包括的职能，不再赘述。

二是报告，对过程数据进行整合分析并形成组织战略绩效报告、资源分析报告等分析文件，为战略绩效管理和复盘及机制优化迭代提供输入。

三是机制，包括项目管理机制、会议管理体系和过渡管理机制。机制是一系列流程标准和角色职责，对以上活动提供支持。其中，项目管理机制为组织内不同类型的项目提供端到端的执行标准和流程，详见本书第1章。会议管理体系是为适应组织的管理需要和促进战略落地而设计的一系列有不同目的的会议。比如，重点项目例会、技术例会、产品例会和管理例会等。会议管理体系的核心是既要区分不同会议的目的，也要明确会议之间的关系，这样会议才能够成为驱动组织有效运转的一

种方式。以京东某部门为例，当时笔者和团队制定的会议管理体系如图4-7所示。

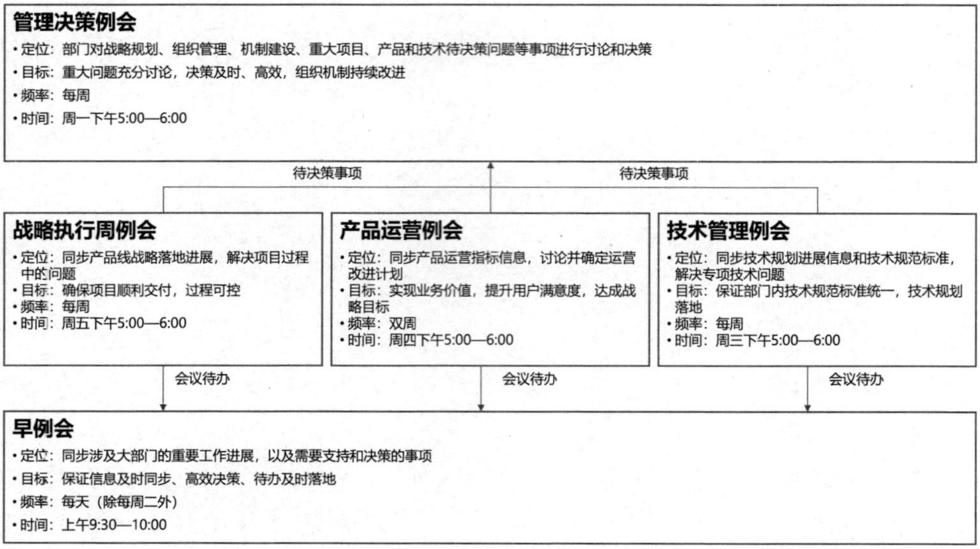

图 4-7　会议管理体系示例

项目规划完成后，会按照优先级进入交付过程，在此过程中沉淀的绩效数据形成绩效报告和资源分析报告。

组织战略管理通常以月/季度为周期，因此，需要对所有项目绩效按照拆解逻辑进行整合，形成战略绩效报告，从而进行战略调整。

同时，以上所有活动均由机制建设和优化部分提供支持，同时每个季度的绩效报告作为输入，促进机制优化迭代。

3. 组织和人才发展：培养能力，与时俱进

基于战略落地的支撑，PMO需要在组织内推广和宣传项目管理，培养项目管理人才，沉淀组织项目管理案例，引入新的方法和工具，从而持续提升组织效能。

组织和人才发展是一项长期工作，需要基于战略规划中对组织和人才能力提出的新要求引入新的方法、工具、资源，并实施培养策略。比如，我们主导了部门的敏捷转型，引入了OKR方法，并且制定了优秀项目的评选标准，基于此定期进行内部项目管理培训和激励。需要强调的是，所有这些都是手段。每个企业希望实现的战略目标不同，需要的策略和手段也不同。

从图4-8可以看出，战略运营型PMO就像组织的一个枢纽，一方面承接战略并推动执行落地，促进决策从上到下贯彻落实；另一方面持续收集和整合过程绩效信

息，支持上层决策。

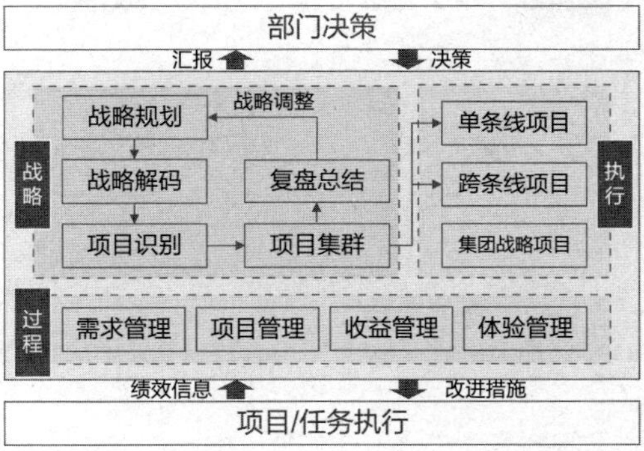

图 4-8 战略运营型 PMO 的运转逻辑

下面将详细介绍从战略制定到项目落地的整个过程是如何进行的，基于这个过程，我们可以更好地理解战略运营型PMO的运转模式和价值所在。

4.3.2 五步实现有效战略拆解和落地

战略运营型PMO的工作从战略承接开始。承接就是将宏观的、高度整合的战略目标和策略变为可以执行和管理的任务，并推动落地的过程。

什么是“有效”？笔者认为，有效包含两个方面的原则，即Integrity和SMART。

（1）Integrity（整合）。项目整合管理是十大知识领域之一，而整合管理本身源自组织的系统性特征。

对于系统的解释有很多种，笔者曾这样解释过系统的内涵：系统就是各个部分之间通过某种关系相互连接和相互作用，并因此表现出一种统一的整体特征。一个人也可以看作一个系统，当你生病的时候，不能头疼医头，脚疼医脚；治疗感冒的药可能对胃不好；治疗失眠的药可能伤害大脑。为什么？因为人是一个系统。

同样，当我们做战略拆解的时候，也需要确保拆解的结果具有系统性。具体来说，所有拆解出的下层举措，必须能够支撑对应的上层目标实现；同时，同一层级的举措之间，必须能够形成相互协同、相互促进的关系。

（2）SMART。SMART是五个英文单词的缩写，每个单词的含义如下。

- 具体的（Specific），能够理解和执行。
- 可衡量的（Measurable），能够管理和监控。
- 可行的（Attainable），具有可操作性。

- 相关的（Relevant），能够相互支撑或促进。
- 时效性（Time-Bound），有截止日期。

有效战略拆解和落地五步法如图4-9所示。

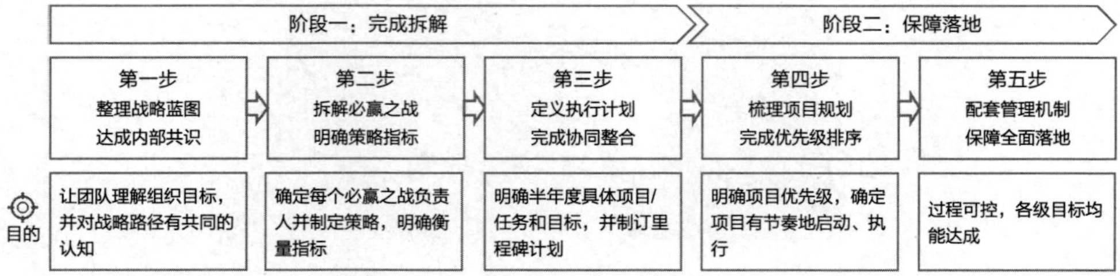

图 4-9　有效战略拆解和落地五步法

1. 整理战略蓝图，达成内部共识

无论是外部顾问，还是内部战略部门协助完成规划，我们都会得到很多信息，包括以下几种。

- 组织使命和愿景
- 长期、短期战略目标
- 组织核心优势
- 各业务板块战略
- 保障机制

……

为了让所有员工都能理解这些信息，并形成整体印象，我们首先需要对其进行结构化整理，并形成战略蓝图或战略屋（见图4-10）。

战略屋从以下五个层面展示了战略规划的结果。

1）战略目标。战略目标是一个长期目标，常以年为单位。由于互联网企业普遍需要根据外部环境变化迅速调整业务方向，因此一般制定1～3年的战略目标。1年属于指令性目标，必须实现；3年属于指导性目标，根据环境变化每年修正。

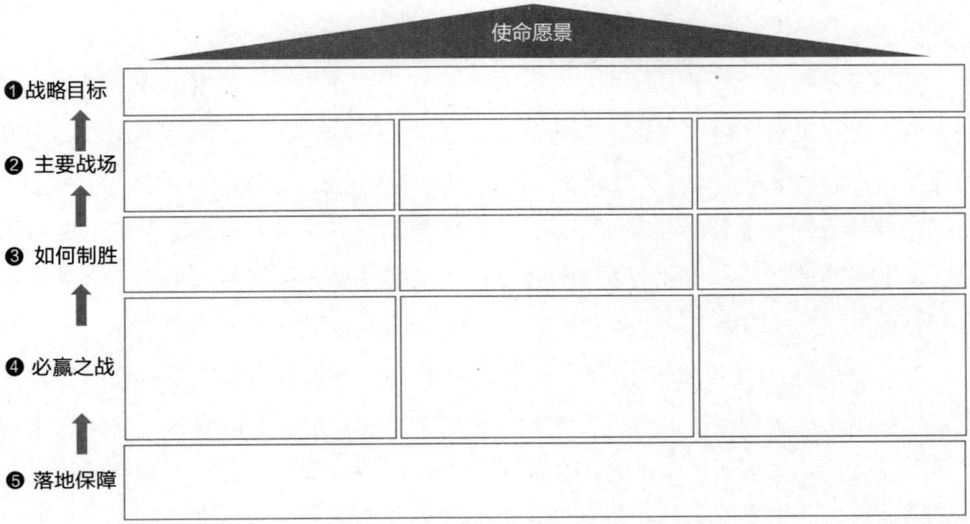

图 4-10　战略屋示例

战略目标的描述一般包括定性和定量两个部分。定性部分会先用一句话阐述在接下来的战略周期内业务规模和服务能力要达到什么水平；定量部分会增补对应的年度经营指标，举例如下。

- 某产研部门战略目标。全面升级集团职能数字化平台，构建面向不同角色、业务驱动的一体化职能系统平台，提高业务管理效能，优化员工办公效率和体验。效能指标达到/提升××%，平均用户满意度达××%。
- 某业务部门战略目标。升级××业务模式，沉淀课程和讲师资源，在经营规模和服务能力上均实现跨越式提升。GMV：××亿元；营收规模：××亿元；利润率：××%；覆盖用户规模：××亿人。

2）主要战场。主要战场是为达成战略目标所做的业务选择（选择意味着取舍）。

通常，主要战场是组织的几个核心业务板块，这几个核心业务板块可能按照价值贡献不同，分为第一曲线、第二曲线和第三曲线。第一曲线代表现金流业务，成熟稳健，是组织生存的基础；第二曲线代表发展业务，是未来突破的方向；第三曲线代表探索业务，是为了博取更远的未来的一个机会而做的准备。

比如，某化肥企业共有五个业务板块，分别是磷铵、复合肥、设施农业、农产品和农业装备。这五个业务板块中，磷铵和复合肥属于现金流业务，也是该企业最初发展起来的基础；设施农业和农产品是发展业务，是在化肥业务基础上向产业链下游的延伸；农业装备是探索业务，是在农业服务周边的孵化业务。

如果是互联网企业的平台类部门，业务板块可能就变成了流量运营、服务运营和平台治理。流量是整个平台的生存基础，服务的多样化和高品质是平台价值实现的前提，平台治理是整个平台健康发展的条件。这也构成了战略目标的三根支柱。

主要战场部分要写的是某业务的核心业务策略，就是该业务未来要怎么做的思路。需要说明的是，根据业务发展阶段不同，需要明确当前战略周期内哪个是最重要的业务板块。战略屋中的主要战场部分按照从左到右排序来体现优先级。

3）如何制胜。如何制胜是为了赢得市场/客户，我们具有或需要打造的差异化核心优势（又称护城河）。不同行业细分领域、不同业务、不同模式，需要的核心优势千差万别。比如，上文所述的传统化肥企业深耕该领域十几年，核心优势之一就是渠道能力。对于互联网产研部门，核心优势可能是某种新技术的应用、数据分析和洞察能力、某王牌产品拥有的用户规模等。对于互联网业务部门，核心优势可能是沉淀的服务商/合作伙伴资源、供应链能力等。

总之，如何制胜部分既要包括已有的有助于支持战略实现，在所选战场胜利的核心能力，也要包括未来需要打造或强化的核心能力。

4）必赢之战。必赢之战是为实现目标，在确定的方向上，未来一年内必须做成的三件大事（最多四件）。必赢之战是对主要战场中描述的策略和如何制胜中需要打造的核心能力的进一步落实。

比如，如果主要战场之一是流量运营，策略是通过拓展流量渠道、优化算法分析模型和搭建用户成长体系实现流量的有质量增长，那么必赢之战就是要做成的具体的事和要实现的结果，结果要有对应的验证指标。

总体来说，战略目标是组织未来1～3年要取得的结果；为了取得这个结果，组织需要做出业务方向的选择和取舍；为了在选择的业务方向上取胜，组织应具有或打造一些核心能力，并且需要通过做成三件大事取得某种业务结果，从而支撑以上目标的实现。这就是整个战略屋自上而下的逻辑。

5）落地保障。落地保障是为了支持必赢之战的胜利，在组织、机制、人才方面需要进行的建设和调整。

由于和业务之间没有特别直接的关系，很多企业都会忽视落地保障部分。实际上，组织、机制和人才的发展才是企业基业长青的前提，在组织分工和机制流程设计上不成熟的企业，通常会被日常的各种突发情况搞得焦头烂额。这部分也是PMO需要特别关注的。在战略运营型PMO的职能架构中，机制建设、组织和人才发展都和这部分密切相关。

完成战略屋的整理后，需要进行全员宣贯，并对以上五个方面和它们之间的关系达成共识。之后，我们就可以开始拆解了。

2. 拆解必赢之战，明确策略指标

为保证战略落地，我们必须完成的三件大事称为必赢之战，其中不仅包括必须达成的某些业务目标，也包括必须建立的某些核心能力。接下来，需要拆解必赢之战。拆解必赢之战的方法源自OGSM战略落地工具。OGSM是以下四个英文单词的缩写。

- Objective：目的
- Goal：目标（量化）
- Strategy：举措
- Measures：衡量指标

OGSM由彼得·德鲁克的目标管理演变而来，在世界500强企业中广泛使用。它的原理如表4-2 所示。

表 4-2 OGSM 战略解码表示例

What：要实现什么结果		How：如何做到	
目的（Objectives）描述	目标（Goals）量化	举措（Strategy）描述	衡量指标（Measures）量化
月活跃用户数翻一番	2022 年 12 月 31 日前，月活跃用户数（Monthly Active User，MAU）达到 200 万个	网站流量翻三番	每周新增 3000 访问人次
		流量转化率翻一番	达到 6%

OGSM清晰完成了从目标到举措的拆解，但是有以下三点不足。

- 缺少目标负责人。
- 缺少对举措之后重点项目的拆解和规划。
- 与战略蓝图之间的关系不清晰。

结合PMI的相关管理理论，组织战略目标和项目之间要有明确的关联关系，称为战略一致性。我们希望能更直观地看出，为支持战略目标的达成，要做的重点项

目有哪些。另外，为了确保拆解的有效性，我们希望每个目标都有一个总负责人来承担整合的角色，协调拆解出来的各项举措，以及后续的各个具体项目。

基于此，我们把OGSM表做了一次优化升级，即OGSM战略解码图，如图4-11所示。

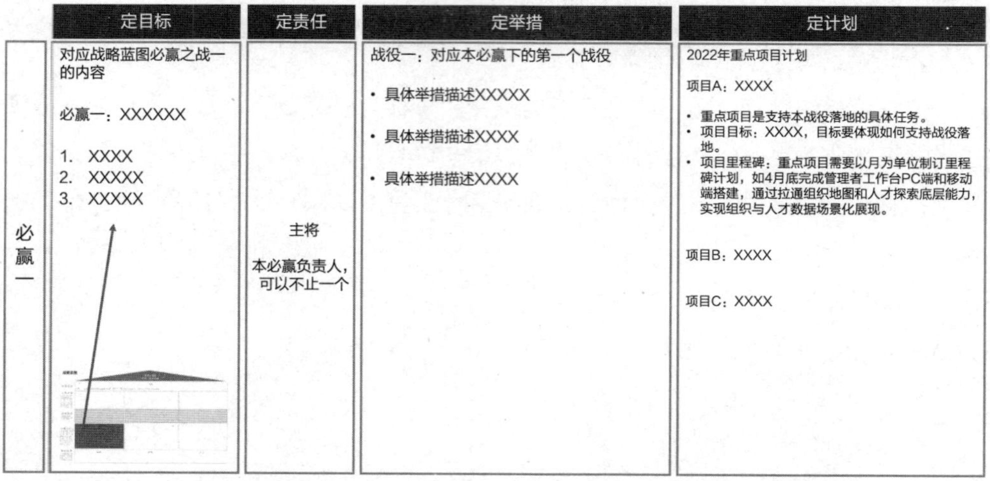

图 4-11　OGSM 战略解码图——定目标

OGSM战略解码图分成了四个部分，分别是定目标、定责任、定举措和定计划。先说明前三个部分。

1）定目标。从图4-11可以看出，定目标的内容与战略屋中必赢之战是一一对应的。在战略屋中，我们已经确定了必赢之战与战略目标之间的一致性，因此，可以认为必赢之战的完成可以支撑战略目标的实现。在这里，我们把必赢之战作为一个执行目标或子目标来看。

2）定责任。我们需要为这个必赢之战确定一个负责人。这个负责人的核心职责，就是从整体视角将后续所有策略和具体任务进行整合，确保子目标的达成。可以将其视为一个项目组合经理，通常由业务线负责人担任。

3）定举措。这部分是OGSM中S和M的结合，就是确定必赢之战落地的具体策略和衡量指标。在必赢之战中，可能有多个需要取得的结果，每个结果对应这里的一个战役（见图4-12）。

战役的举措就是达成战役目标的策略和思路。每个策略的有效性需要由若干衡量指标进行验证。每个战役还可以设定一个唯一责任人。

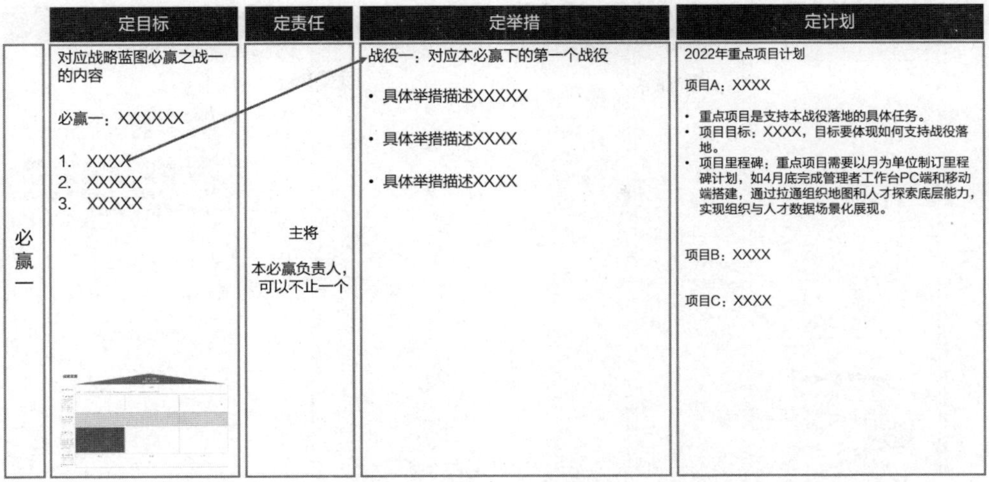

图 4-12　定举措

完成这三步之后，需要暂停一下。

按照有效性原则，我们需要对每个必赢之战对应的所有战役及其举措进行一次评审。评审的目的是确定策略的有效性和指标的合理性。

策略的有效性同样符合上文所述的两个原则，即Integrity和SMART。

完成策略评审和优化调整后，我们就已经完成了战略拆解的一半工作，接下来就可以制订具体的执行计划了。

之所以在定举措和定计划之间暂停一下，是因为如果策略本身没有被很好地检查和整合，就像方向出现了偏差，这种偏差再继续扩展到更细颗粒度的项目，就会离目标越来越远。

3. 定义执行计划，完成协同整合

定计划就是将每个战役下的策略变成具体的项目（见图4-13）。

每个举措可能对应一个或多个项目。每个项目都需要明确目标、负责人和里程碑计划（具体到月）。项目目标同样要包括结果和验证指标，它体现了这些项目如何支撑一个举措的实现。而里程碑计划反映了项目目标达成的总体思路。

到这里，我们已经完成了全部拆解，但是工作还没有结束。整个过程中，我们要时刻牢记“有效”的两个原则。因此，在完成定计划后，还需要再进行一次整合。

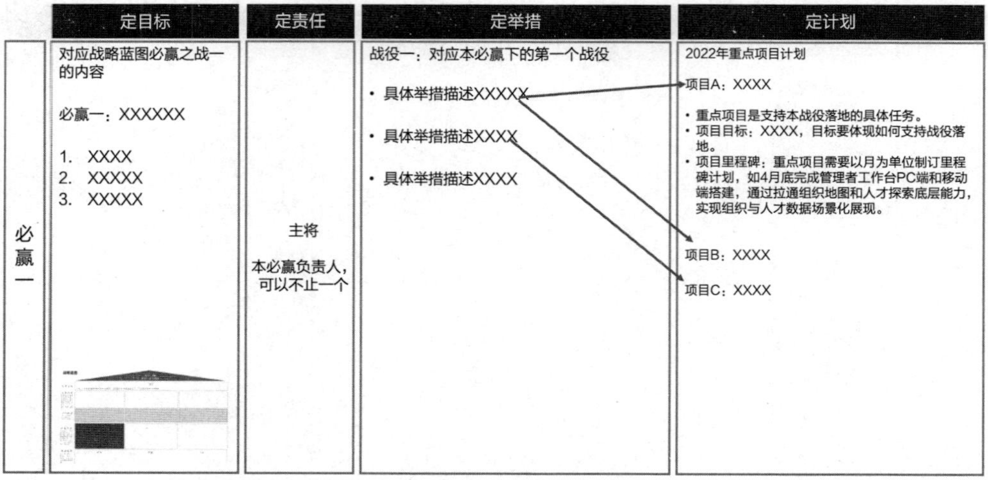

图 4-13 定计划

通常，我们会组织一次战略通晒会，对整个拆解过程再做一次系统性的梳理并达成共识。这次通晒会比较重要，建议的通用程序如图4-14所示。

战略通晒会通用程序（每个必赢之战都包括以下三个步骤）
1. 陈述 各主将陈述对战役的理解，以及战役与总目标的关系；各战役负责人陈述举措思路，以及对应的项目、目标和里程碑规划
2. 讨论 参会人对举措的有效性和充分性进行提问和讨论
3. 确认 与该战役相关的其他负责人需要对各举措对应项目的里程碑计划进行确认；主将需要对所有战役的举措进行最终确认

图 4-14 战略通晒会通用程序

战略通晒会上，我们可能发现一些新的机会，如某些项目或许可以整合，避免重复劳动，从而节约资源；或者某些参会人对举措有更好的优化建议。基于这些讨论，各个必赢之战的负责人需要最后完善OGSM战略解码图并定稿。

你可能会说，外部环境变化很快，我们无法一次性确定所有的项目。笔者的建议是，项目可以先拆解到上半年，或者至少到第一季度，这样更敏捷。在后面的步骤中，还有一些机制对其进行调整。

到这里，我们就完成了阶段一的所有拆解工作，得到了一份完整的战略拆解图。接下来我们要进入阶段二：保障落地。

4. 梳理项目规划，完成优先级排序

拆解完成后，我们最终得到了可以执行和管理的项目，把这些项目及其与战役的对应关系单独梳理出来，就形成了项目规划表（见图4-15）。

必赢之战	战役	序号	项目名称	项目目标	项目负责人	优先级	项目状态	项目周期（月）																									
								1	2	3	4	5	6	7	8	9	10	11	12	13	14	15	16	17	18	19	20	21	22	23	24	25	26
必赢之战一：×××××	战役一	1				P1	待启动																										
		2				P0	待启动																										
		3				P0	待启动																										
		4				P0	待启动																										
	战役二	5				P1	待启动																										
		6				P0	待启动																										
	战役三	7				P1	待启动																										
		8				P1	待启动																										
		9				P0	待启动																										

图 4-15　项目规划

这张表由两部分组成：前6列是从战略解码图中梳理出来的项目信息；第7列是项目优先级，这是本步骤要做的一个重要工作。

优先级的划分通常考虑以下两方面因素。

- 项目之间的协同关系。有些项目要先启动并产生一定的成果，其他项目才具备启动的条件。
- 资源。项目的价值决定了优先将资源投入哪里。在资源有限的情况下，价值越高的项目优先级越高。

我们把优先级分为三个等级，P0、P1、P2。假设我们规划了半年的项目，以一个季度为单位来看，每个等级对应的定义如下。

- P0：立即启动（1个月内）
- P1：本季度内启动
- P2：下个季度启动

当然，你也可以基于公司的管理节奏以其他方式定义优先级。完成优先级定义后，P0级的项目就是当下PMO要重点关注的。

第8列是项目状态，一般包括待启动、进行中和已完成三种。

第9列是项目Pipeline，呈现了所有P0项目的周期和里程碑节点（用△表示）。我们用以下三种颜色代表项目当前的整体健康程度。

- 绿色：正常

- 黄色：风险/问题可控
- 红色：风险/问题不可控

项目Pipeline的表现形式，公司可以根据自己的习惯来设置，它的意义是为组织提供一张项目全景图。这张图既可以将项目与战略关联，也可以监控项目整体状态和进展情况，识别出滞后或需要重点关注的项目有哪些。它也是战略运营型PMO的一个工作底表，用于监控和汇报公司整体的战略落地情况。

为了保证组织对环境变化的敏捷性，通常以季度为单位审视下个周期的项目规划；以半年为单位审视所有战役举措是否需要调整；以年为单位审视战略目标是否需要调整。审视和调整的频率与所处层级相关，层级越高频率越低，层级越低频率越高。

5. 配套管理机制，保障全面落地

相关的管理机制主要有两种，一是项目管理机制，一是会议管理体系。这里重点介绍会议管理体系。

4.3.1节，笔者展示过京东某部门设置的几类会议，这些会议从不同维度对组织运营进行了拆分，拆分出了项目、产品、技术和组织管理。如果聚焦在战略落地这件事情上，会议管理体系应该如何设计呢？这里提供一种思路。

组织管理大致发生在三个管理层级，如图4-16所示。这三个层级从上到下做战略拆解，一直拆解到运营和项目类工作；从下到上做信息整合，从项目绩效一直整合到战略绩效。

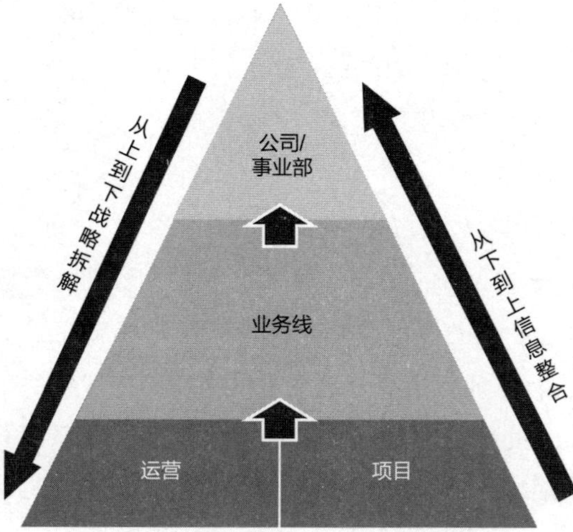

图 4-16　组织管理的三个层级

前面所有步骤都在说拆解，而会议则是促进信息整合上升的方式。为了确保会议与各层面的管理相契合，信息整合有效，需要明确以下三个原则。

- 结果导向。需要确保每个层级的目标都能持续追踪、跟进和纠偏。
- 分层侧重。每个层级关注的目标和信息颗粒度都不同，明确每个层级的管理侧重点有助于确保会议聚焦和高效。
- 责任明确。信息的流转是从下到上层层整合的过程，每个层级负责对下一个层级的信息进行整合，并满足上一个层级的管理需求。

基于以上原则，结合前面战略拆解的过程，可以设计会议管理体系，如图4-17所示。

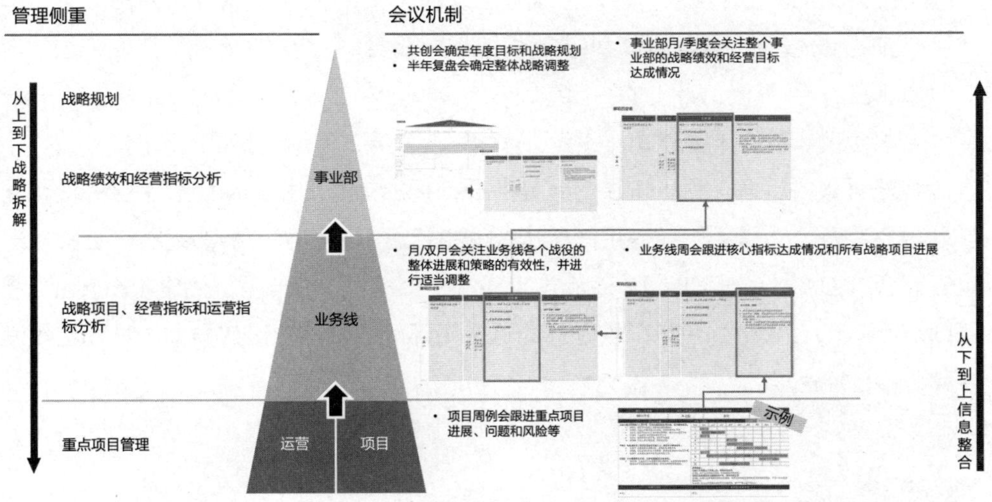

图 4-17　会议管理体系设计

图4-17左边是战略拆解的过程。

- 最上层是战略蓝图中的战略目标和必赢之战，对应事业部的经营指标，如营收、GMV等。这是最高层级的指标。
- 中间层是各个业务线的战略项目，对应业务线的经营指标和运营指标，如业务线营收、GMV、用户规模等。
- 最下层是单个项目和运营工作，这里我们重点关注项目的情况，对应单个项目的绩效指标，如进度绩效、成本绩效、问题和风险等。
- 从上到下，每个管理层级关注的颗粒度越来越细。

图4-17右边是通过不同层级的会议进行信息整合的过程。

- 最下层是单个项目例会，如项目周例会，关注重点项目进展、问题和风险，由项目经理负责。每个项目分别制定自己的例会时间。PMO不参与。
- 中间层分成了两种例会，一种是业务线周会，关注整个业务线核心指标达成情况和所有战略项目进展，对应“定计划”；另一种是月度会，如月/双月会，关注业务线各个战役的整体进展和策略的有效性，并进行适当调整，对应“定举措”。由业务线负责人负责，业务线如设有PMO，可以协助进行信息整合工作。
- 最上层也分成两种会，一种是经营例会，如事业部月/季度会，关注整个事业部的战略绩效和经营目标达成情况，对应“定举措”。一般由事业部层级PMO协助进行信息整合，形成报告，通常按月度/季度召开。另一种是半年复盘会或共创会，对年初制定的战略进行整体复盘，修订战略蓝图和战略解码图，并形成下半年的执行纲领。

会议管理体系的具体形式，各公司可能略有差异，但原则都是一致的。

战略目标的拆解过程，本质上就是各项指标的拆解过程，而信息整合的过程，就是对各项目、举措、战役等手段所达成的指标进行整合和分析的过程，它的底层逻辑符合PDCA［计划（Plan）、实施（Do）、检查（Check）、处理（Action）］原则。而PMO在其中的角色，就是驱动这个闭环的“车轮”滚滚向前，推动组织发展和战略目标达成。

4.4 体系建设十步走，PMO孤独感不再有

袁照泰

4.4.1 管理体系让项目成功的偶然变成必然

管理是无边界的大概念，任何事物都需要管理，管理是使事物从混乱、无序走向有序、有效发展的唯一方法。

管理与人类发展并存，人类从原始走向现代，管理也随之从低级走向高级，从自发走向自觉，从分散、孤立的思想和方法走向综合、统一的学科体系。这种学科体系的建立是不断探索、逐渐完善的过程。

项目管理学科也正在经历这样的发展历程。项目管理作为一门独立的管理科学，已经得到普遍认同，并由经验管理走向科学管理。

在经验管理阶段，项目成功更多有赖于项目管理者个体的经验和处理问题的“艺术”。出色的管理是连续成功的项目管理。对一个管理者而言，仅仅一个项目成功不代表其项目管理能力很强；对一个组织而言，仅仅一个项目成功也并不代表整个组织在项目管理方法上的成功，因为任何项目都可能在特殊条件下或强大的行政干预下获得成功。为使项目能够连续成功，人们开始对项目的特点进行思考，找规律，即具有普适性和可以重复的管理方法。

科学的项目管理走向组织的项目化管理，科学的项目管理方法离不开项目上级组织的管理运行平台的支持，上级组织相应的管理模式和机制决定了项目能否连续成功。随着项目规模越来越大，涉及专业越来越多，项目内部越来越复杂，项目过程具有很大不确定性。项目管理迫切需要系统管理方法体系帮助项目成功，让项目利益相关者都能满意。

互联网企业的目标就是业务成功。在现在的经济环境下，企业要有效保障业务交付，就非常需要科学的项目管理体系。科学的项目管理体系为工具应用提供统一参考标准和依据，能指导团队以统一的管理标准进行协作，减少沟通成本和不必要的冲突，推动管理数字化沉淀，为组织效能提升提供强有力的保障，为管理活动提供基础环境。

项目体系是项目化管理方法体系的基础。项目化管理需要对应的体系流程和方法，需要组织建立对应的项目化管理机制，以及统一对项目化管理思想的认知。项目流程规范体系是项目选择与决策机制、资源配置与整合机制、绩效考评与激励机制、信息沟通与支持积累机制，以及项目管理能力持续改进的依据。

项目化管理的各种机制最终也是通过流程来体现的。将项目管理的方法分解为具体的流程或规范制度，通过工具配置流程，促进工具在项目中得到运用，在项目化管理过程当中有效地实施流程。

项目管理流程从多项目及多组织两个维度出发，可以细分为四个部分：组织内部的单个项目管理流程、组织内部的多个项目管理流程、单个项目管理流程、跨组织的多个项目管理流程。单个项目管理流程和多个项目管理流程的重要区别是多个项目更需要关注其与组织的关系。以项目立项流程为例。项目立项主要包括收集和分析信息、跟踪用户需求、分析和筛选潜在项目等内容。根据项目来源，可将项目立项分为两部分：企业内部发起项目和外部投标项目。每个项目的活动都以流程为指导，流程背后隐藏着承载流程的工具，以及项目管理体系的框架设计。流程管理颗粒度涉及企业发展情况等，项目体系建设依赖组织需求情况。

再以多个项目资源优化流程为例。多个项目资源优化配置是充分挖掘企业资源潜力的有效方法，通过资源在各项目间的有效配置，降低资源成本，最大限度地满足各项目对资源的有效需求。多个项目资源优化配置主要包括以下步骤：项目经理提交资源需求计划；确定各项目资源分配优先级；确定资源获取方式；资源部门确定各项目资源分配计划；项目经理制订项目资源配置计划。

资源永远都是有限的，用有限的资源创造更大的企业收益，需要提升企业管理效率和组织效能。项目管理资源决策流程直接决定资源有效率，这也是项目管理体系必不可少的组成部分。

4.4.2 从实战中来，到实战中去：项目管理体系建设“PMO 环”理论

2022年，数据显示，中国有85%的PMO是在近10年成立的。其中，战略性PMO占比已经超过了30%，同时，80%的PMO帮助企业提升了运营效率。由此可见，PMO在企业运营管理、企业项目管理交付中体现出重要价值。

随着行业发展及内外部环境变化，PMO在建设过程中也出现了很多问题，要么“只见树木，不见森林”，要么“我手里有锤子，看什么都像钉子”，始终缺少成熟的理论指导或成功的标杆案例，结果是创建的PMO体系如“空中楼阁”，无法落地。

笔者所在公司是一家大型跨国互联网IT金融集团，分公司遍布全国各地，主要集中在一线城市，国内客户百余家，境外客户约十几家。集团主要面向银行、基金、股票、信托，为其提供IT金融业务整套解决方案。集团在PMO体系建设过程中，也邀请过两家头部管理咨询公司参与。经过努力尝试，集团PMO部门取得了巨大进步，发挥了重要作用，从最开始的顾问型、支持型、运作型，一直发展到当前的控制型，甚至参与到集团的关键战略规划中。

在创建PMO体系的过程中，我们积累了丰富经验，提炼了一套具有实战价值的指导方法，并进行了高度理论归纳，将其总结为PMO体系建设应遵循的十步法，也称“PMO环”，即DLSCDOCVSS模式，如图4-18所示。

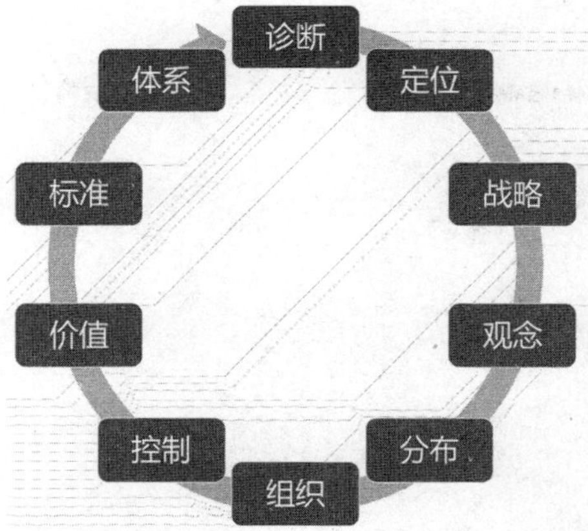

图 4-18　PMO 体系建设全流程之“PMO 环”

- 诊断（Diagnosis）——基于成熟的组织级项目管理框架进行差距分析。
- 定位（Location）——基于企业的现状和蓝图定位PMO的愿景与使命。
- 战略（Strategy）——通过多个项目管理机制，支撑组织战略落地。
- 观念（Concept）——通过项目管理培训，获得领导和员工对项目管理的认同。
- 分布（Distribution）——构建分布式多层级PMO纵深管理体系。
- 组织（Organization）——设计可落地的PMO管理职能和职责组织。
- 控制（Control）——通过分阶段的项目评审对项目建立控制。
- 价值（Value）——让PMO体系建设的价值在业务中体现出来。
- 标准（Standard）——在企业内部形成统一的项目管理标准化制度和流程。
- 体系（System）——基于项目管理标准构建系统化的PMO体系。

整个流程从现状诊断、愿景定位等基础出发，到搭建支撑战略、分布架构的相关平台，再到最后统一标准、自成体系的自我演化，层层递进。

DLSCDOCVSS模式的关键环节是分布和控制，它们承上启下，更形象地说，分布架构就是“撒大网”，而建立控制就是“捞大鱼”。依照DLSCDOCVSS模式，希望你也能编织自己的项目管理之网，捞起自己的项目管理之“鱼”。

1. 现状诊断：基于成熟的组织级项目管理框架进行差距分析

没有调查，就没有发言权。一个企业要想实施项目管理体系，首先要做的事情就是调查。调查就是诊断，就是针对企业现状，基于成熟的组织级项目管理框架进行差距分析。调查包括四大关键要素：组织关系、项目集合、项目数据、核心人物，如图4-19所示。

图 4-19　四大关键要素

笔者所在企业是一家大型互联网IT金融集团，业务包括金融AI、金融大数据、金融区块链、金融云平台等。总集团规模已超万人，调查工作谈何容易。各部门领导每天都很忙，约不上时间，调查工作该如何开展?

经过一段时间的苦苦摸索，笔者制定了一个策略，就是“恶补”业务、“卧底”项目、蹲守部门、跨界搭桥。笔者称该策略为“潜艇战术”，后来又多次完善，其间也发生了很多有趣的故事。

当时，作为小范围尝试，笔者先安排了三个成员到三个项目，辅助项目经理进行项目管理，全程参与项目管理交付。笔者也“潜伏”了其中一个代表性项目，但是项目成员不太清楚笔者是“何方神圣”。在此期间，笔者以一个普通员工的角色，与项目成员深度沟通，了解了项目成员的真实想法，最终获得了第一手宝贵资料。其间，笔者也多次与各部门各级领导“热聊”，包括几大业务部门、技术部、产品部、需求部等。一个月后，我们调查小组几人碰面，笔者拿出了一份项目管理体系建设报告，共3万多字，内容涉及方方面面。

另外，分布架构是关键，关系到各层级PMO小组建设。笔者先找了一个基金业务线进行尝试，然后是股票产品线，最后才成立了部门级PMO组织。整个实施路径是从下到上、从单线到多线的过程，经过一年多的时间，最终有效落地。

2. 定位愿景：基于企业的现状和蓝图定位 PMO 的愿景与使命

一件事情能否成功，有一个关键条件，就是“定位”。在进行PMO体系建设之前，我们必须明白PMO的动力源在哪里、方向在哪里。动力找得准，方向才能控得稳，在后期的体系落地过程中，才能有的放矢、不盲目。

愿景与使命定位是个宏观的概念，需要结合公司具体业务，主要思考方向包括与集团战略同步、同频，建立市场导向机制，以人为本，激发组织活力，如图4-20所示。一家大型互联网金融解决方案供应商，随着企业发展、市场环境及国际环境的变化，不同时期自然有不同规划。如果不了解公司业务、公司架构、部门关系，愿景与使命定位就无从谈起。

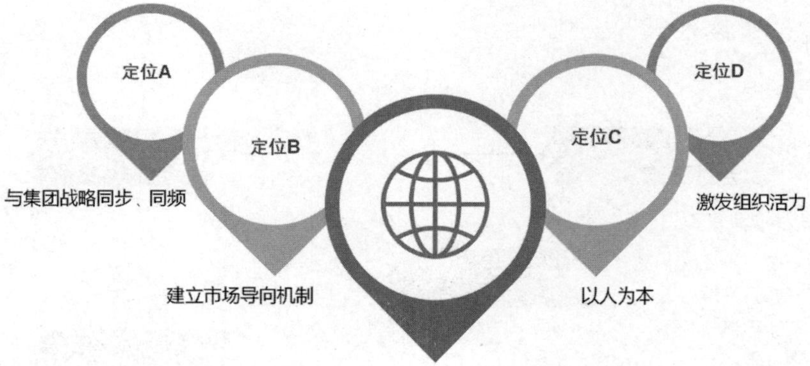

图 4-20　集团 PMO 愿景与使命定位

定位是一个虽抽象却很关键的环节，愿景决定了方向。关于这个问题，不同领导有不同回答。需求部领导说：“现场的项目经理能不能消灭那些不合理需求，你看现在需求池都快变成沼气池啦。”这时，我们就要学会透过现象看本质，沟通的过程就是心理探寻的过程。这里笔者采取了“曲线救国”路线，没有直接找寻原因，而是先制定了团队理念、数据决策方式、量化指标管理、以项目为单位的协作工作方式，这是个策略问题。

关于愿景制定，我们小组与领导举行了多次会议。作为一家大型互联网金融解决方案供应商，PMO的使命是什么？愿景是什么？这个问题的回答者必须是一把手，至少是各部门第一负责人。过程中，笔者以专业的项目管理方向为指导，并站在领导的角度换位思考，采用正式和非正式沟通方式，从不同部门、不同业务中提炼答案，逐渐丰富并完善我们的最终答案。最终，经过十几次调整，确定了愿景与使命定位，即与集团战略同步、同频，建立市场导向机制，以人为本，激发组织活力。

3. 支撑战略：通过多个项目管理机制，支撑组织战略落地

国家有国家战略，公司有公司战略。同样，推广PMO体系建设也要有战略，否则就会偏离业务方向，南辕北辙。项目管理体系不以支持公司战略为目的，最后都是自欺欺人。总体来说，首先是集团战略，然后是集团战略分解，包括关键目标责任、战略方案措施、业务战略规划。PMO要各个兼顾，逐级落实，不可偏颇。多项目管理机制组织战略架构如图4-21所示。

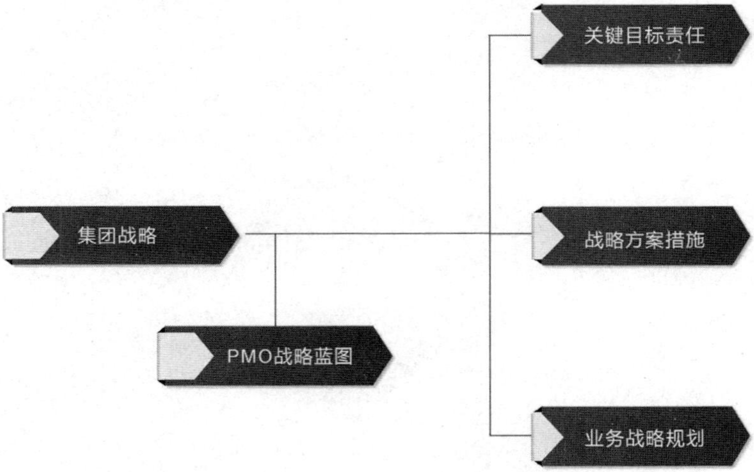

图 4-21　多个项目管理机制组织战略架构

笔者所在公司，从无战略到有战略，同样经历了很长时间的摸索。公司领导曾说过，公司项目都是单打独斗，产品线割裂、业务部门沟通不畅、底层技术缺少共享，重复“造轮子”现象比比皆是。其实，根本问题就是缺少战略，一堵堵隐形的墙隔开了部门和产品，结果是大家只能闭门造车。

战略方案到底该如何制定？当时，我们小组“解剖”了几个项目，深入了解集团各项目集业务特色，从上到下制定了操作路径。比如，我们在关键项目中制定了目标和收益指标，以及中心级目标责任书，特别在架构的最上层定义了战略规划、战略蓝图。

集团的战略支撑，核心就是“多个项目管理机制”，即通过建立各级项目群、各类项目指标、各业务线目标责任书，共同服务于项目落地，进而实现战略落地。我们的第一版方案还没有中心级目标责任书，后来我们考虑到，中心级目标责任书

和其他业务线同等重要。所以，最终通过项目组合管理节点，打通了业务线项目组合中的中心级项目集。双路线实现资源共享和联动，共同服务于战略落地。战略支撑架构得到了领导的认可，提高了公司战略落地效率。

4. 转变观念：通过项目管理培训，获得领导和员工对项目管理的认同

世上最难的事情，就是把自己的思想装进别人的脑袋。思想决定观念，观念决定行动。实施PMO体系建设，我们需要影响的人有很多。首先是公司管理层，这是最核心的，其次是各部门领导。具体怎样做？我们小组把PMO体系中最吸引人的内容进行深加工，把一个个活生生的案例、一个个真实的感人故事，充满感情地讲给领导听、演示给领导看。

笔者所在集团虽然规模超万人，但是项目文化建设一直不够理想，大家对此没有统一认知。领导层也曾尝试过各种办法，但都不见成效。前些年，集团聘请过一些外部咨询顾问，但因缺乏金融业务背景，项目文化建设效果不尽如人意。

把自己的思想装进别人的脑袋，这就是观念输入。我们需要让公司管理层认可方案，同时需要说服十几位部门领导，这项工作当然充满挑战。后来，笔者结合公司业务，经过多次提炼，创建了四个学习推广小组，分别负责建设项目管理知识库、培养项目管理技能、传授项目管理经验、评选项目管理标杆，如图4-22所示。

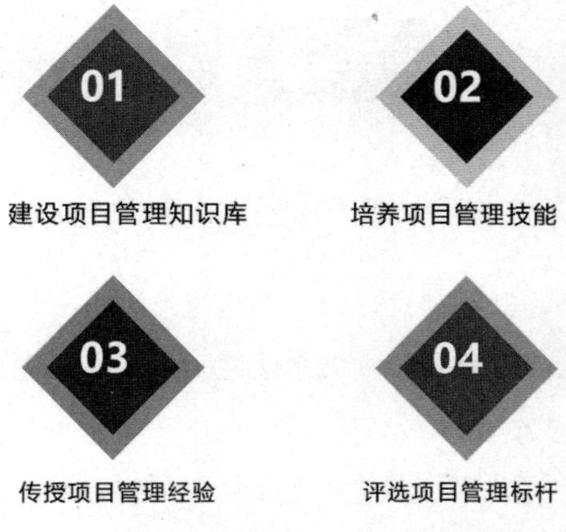

图 4-22　体系建设实施观念转变常用方法集

在项目观念推广过程中，我们小组进行了360°无死角观念“攻击”。先是撰写项目管理材料，分享到各个项目群，分享了一段时间后，慢慢形成了集团的项目管理内刊。后来，大家逐渐理解和接受了项目管理观念。趁热打铁，我们紧接着又安排了一次项目管理基础培训，通过专业课程培训的形式，为大家讲解项目管理思

想及行业成功案例。除了项目层面，笔者也组织了几次领导层分享会，让各部门领导都参与进来，了解我们正在做的事情。所有行动最后都变成了集团项目文化的一部分。

5. 分布架构：构建分布式多层级 PMO 纵深管理体系

PMO体系建设既不是点，也不是线，而是面。在推进PMO体系落地的过程中，首先要勾勒蓝图，这个蓝图就像一张网。这张网笼罩了研发级PMO组织、部门级PMO组织、项目群级PMO组织，以及最高级的集团PMO组织，如图4-23所示。从最小到最大，层层包围，所有项目层级都“一网打尽”，这就是分布架构的优势。

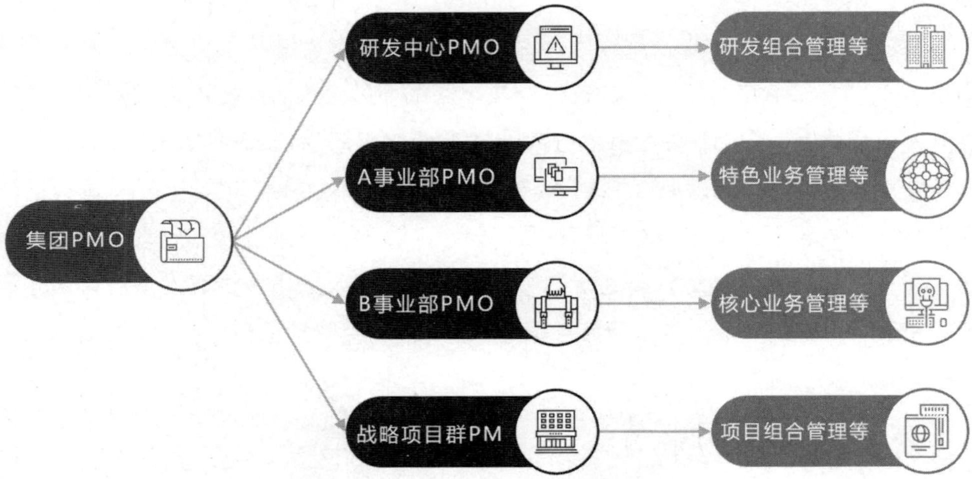

图 4-23　PMO 体系建设中分布式多层级 PMO 架构

公司的项目管理组织形式经历过数次变动，但很多都是“微创”手术，“病症”依然不能根除。公司曾经尝试过以产品线维度划分、以事业群维度划分、以部门维度划分，前后实验过各种形式的体系搭建。但是，问题依然如幽灵般存在，上传下达依然阻塞，项目交付成本依然居高不下。

PMO组织可大可小，关键在于执行效果。PMO面对问题，如不能一针见血，则只能隔靴搔痒。需要把各层级、各部门统一起来综合统筹，项目有项目的PMO、产品有产品的PMO、技术有技术的PMO，同时需要一个统领集团的超级PMO。当时，笔者采取的主要策略就是“集中兵力，各个击破”，不同部门有不同的沟通方案，都要进行充分的全方位调研，最后都要形成Word和PPT方案材料，而且要跟最高领导进行多次汇报，必须争取得到领导支持。我们小组在与各部门、各业务条线沟通前都做了充分的准备。笔者始终相信，“有准备，不狼狈”。最终，我们在集团内构建了上下协同、横向联动的全覆盖PMO分布式组织架构。

在建立各级PMO的过程中，我们进行了很多次策略调整。我们的第一版方案其实只包含部门级PMO，后来领导提醒，这个PMO职能局限在自己的部门内，跨部门如何解决？于是，经过几次会议沟通，我们又创建了研发中心PMO及各业务单元PMO。有了这些还不够，最开始的规划是战略项目部，所以，紧接着又构建了集团级PMO。集团级PMO整体人数控制在10人以内，其中包括各部门领导、各业务领导等，采用扁平化管理，保证了各层级信息高效传达。

6. 构建组织：设计可落地的 PMO 管理职能和职责组织

有人的地方就有江湖。一件事情能不能做成，关键在于人，把人组织起来了，事情就好办了。PMO管理职能和职责组织关系常划分为三类，如图4-24所示，一是计划职能组织，二是交付职能组织，三是卓越中心组织。这种组织结构的划分已经被广泛认可，所以在我们集团也同样适用。

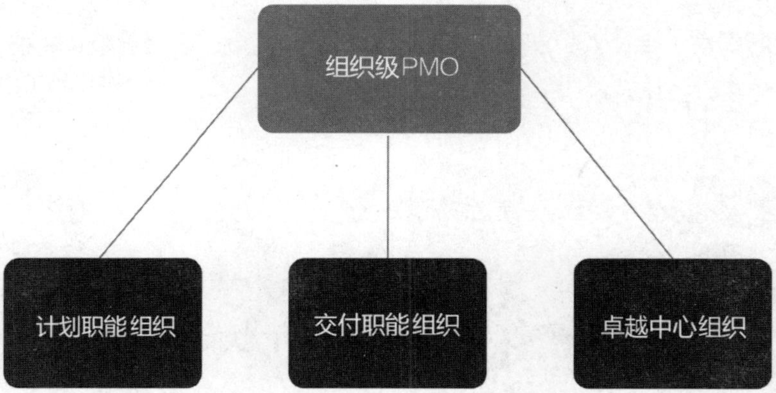

图 4-24　PMO 管理职能和职责组织关系

集团当前的组织架构形态是经历了十几年的发展最终形成的，包括五条产品线、六大部门，每个部门还划分为数个子部门，子部门下还有子业务。这是一个复杂的组织体系，牵一发而动全身，所以，无论在哪个层级搭建PMO，都会直接或间接受到掣肘。

后来，笔者重新梳理了公司历年来的组织关系，通过组织关系的“历史变迁”大事年表，制定了一版全新的PMO职能和组织架构图。在计划职能中，定义了绩效监控、规划与预测、收益实现管理。在交付职能中，定义了监控、评审和汇报、信息管理配置和资产管理、质量保证、过渡管理等。在卓越中心中，定义了标准和方法、内部顾问、组织学习等。这些建立的组织最终都成了PMO体系模块中的关键组成部分。

PMO部门团队构建还算顺利，没有出现大的操作障碍，这主要得益于在中华人民共和国工业与信息化部的工作积累，我们具备这些理论知识和实践经验。公司项目管理部，团队成员主要包括公司总经理、各部门及各产品线第一负责人，相关部门则包括需求部、技术部、营销部等，领导更多地作为参与者和决策者。还要确定PMO部门的具体负责人和其他成员。其他成员的选择很关键，怎么选？出题考试！根据考试成绩和平时表现，最终选择了五位同事，他们都具备一定的理论知识和一线业务经验，这一点很重要。实践证明，我们做对了，这是一次成功的尝试。

7. 建立控制：通过分阶段的项目评审对项目建立控制

PMO的灵魂是什么？就是建立、宣传、引导和控制。我们制定项目管理体系，就是要清楚所有项目从哪里来，到哪里去；项目执行路线图必须清晰，所有项目相关数据做到可随时追溯，项目要有“黑匣子”。一般来说，PMO体系建设分阶段评审路线包括需求评审、立项评审、方案评审、设计评审、研发评审、实施评审及结项评审，如图4-25 所示。

图 4-25　PMO 体系建设分阶段评审路线

公司之前采用单一项目群管理，虽然有一些评审，如项目评审、质量评审、部门评审，但很多都流于形式，没有达到评审的目的，评审发现不了问题。同样，项目的各阶段管控也形同虚设，如项目启动草草了事，风险管控缺少预判和预案，人月投入更像人海战术，完全处于随意的状态。

PMO部门的核心价值之一就是建立控制。在集团内，PMO现在已经制定了各类控制流程、审批流程、项目交付流程等。比如，项目建立了组内评审，各业务项目集都建立了质量评审，事业群也建立了部门间评比机制。同时，成立了项目指导委员会、质量专家委员会等。

建立控制是整个流程中的重点步骤。此前，管控就像一条被分割的龙，每段看起来都很完美，但它不是一个生命体。流程的建立好比一把神奇的手术刀，把这条龙重新“链接”，让它重获新生。以一个QFII（合格境外机构投资者）子业务为例，因国家监管部门严格的监管要求，该产品模块交付流程受PMO全程监控。部门流转跨度大，从客户到子项目部、营销中心、研发部，最后到产品部。纵向流程从需求评估、方案确认到合同签订，从需求调研到需求实施，一直到最后的业务交付，全流程各环节都由PMO全程监管。PMO严控合同环节、质量环节、研发环节、规范环节、风险环节，直到最后的交付环节，环环相扣，缺一不可。此外，交付物主要有产品需求规格说明书、功能模块清单、产品模块设计方案、产品报价方案、工作量评估表、产品报价方案等，直到最后的上线部署文档，总体交付物材料多达40多份，而其他业务产品一般是30份左右。每个控制过程的建立，都经过多次调整优化，先由小项目组试运行，最后再统一推广复制到其他大项目组。所有这些都是建立控制的一部分具体工作。

当时，笔者召集了五大部门开会沟通，但是很多领导都站在自己部门的角度讨论如何建立项目控制。比如，研发部领导说：“项目中发现问题，应该争取在项目内解决，不要动不动就找公司支援，我们也有很多任务啊。”类似这样的意见很多。针对这样的意见，笔者定义了一个问题等级，一般问题必须在项目内解决，性能问题可以提交到研发部。另外，公司还建立了四类评审，包括评审制度、评审组、评审职责、评审材料，这也是建立控制的关键环节。

8. 价值导向：让 PMO 体系建设的价值在业务中体现出来

在集团内，PMO体系建设最终为业务服务，这就是体系的价值体现。在IT金融行业，价值和业务如同一对孪生兄弟，你中有我，我中有你。价值能否服务于业务，业务能否因价值的支撑而更加高效，这就是跟业务紧密相关的价值导向。

PMO体系建设要以业务价值的实现为准绳。笔者公司交付的IT金融项目，最突出的就是其业务性，要求PMO成员在股票、基金、保险、QDII、QFII、融资融券等领域具备金融专业人士的业务知识。PMO体系建设的负责人如果不了解各项目业务特点、技术特点，则脱离业务价值建立起来的PMO体系是毫无价值的。

PMO体系应该如何与业务紧密结合才能符合公司业务特色？经过几次流程调改，现在集团内已经落地的价值体现包括六个层级，分别是战略价值确立、业务职能支持、产品业务分配、项目业务判断、系统开发安排及市场价值开展，如图4-26所示。这六个层级就像PMO海洋中的灯塔一样，指引着价值交付的航向。

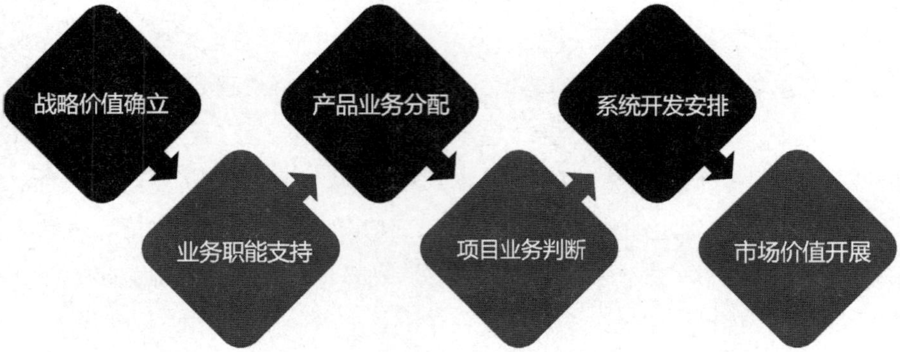

图 4-26　PMO 体系在业务中的价值体现

在价值体现落实的过程中，公司领导多次强调，项目一线要关注的是“业务、业务、还是业务”，业务的重要性不言而喻。集团的金融资产相关系统有多少个配置？1000多个！所以，项目交付的各个阶段都有业务的身影。在启动环节关注业务，在规划阶段关注业务，在评审阶段关注业务，在实施和监控阶段更要关注业务。这些业务流程都是笔者公司的硬性要求，如在启动阶段，我们就要清晰定义客户产品范围，是境内还是境外、是场内还是场外、是T+0还是T+X等。总体而言，高效的业务实现就是以最终价值为导向的。

9. 统一标准：在企业内部形成统一的项目管理标准化制度和流程

国家有国家的《中华人民共和国民法典》，一个公司也应该有自己的《PMO法典》，这个法典是什么？法典就是一种规矩、一种制度、一种标准。只有统一，才能高效，一切都按规矩来。PMO最终要做的就是统一标准，如立项流程标准、评审标准、项目经理能力标准等。

公司经历了十几年的发展，已经形成了各类标准。此前，公司在项目群、项目集管理方面有积累，但是远远不够；而在产品部、事业群、项目等维度，大部分规范是零散的，没有哪种规范能够贯穿上下，所以严重缺乏最高级别统一标准。

所有的前期工作，最终落地的成果都会形成一种制度和标准。在集团内，我们团队已经创建并良好运作了一个顶级标准，笔者称之为《项目管理基本法》。它是各类制度和流程的标准，是标准的标准，包括项目决策机制、项目激励考核机制、专家库管理机制、项目经理职业规划机制，如图4-27所示。

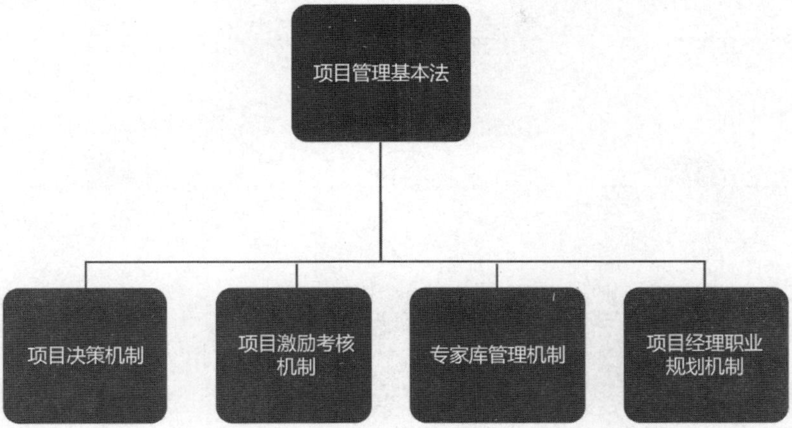

图 4-27　标准化制度和流程

当前公司已形成12类标准、50多项制度和流程，同时保持实时更新，如《项目立项报告》《项目阶段报告》《项目决策意见表》《项目工作量评估表》《部门间业务协作流程表》《项目和研发协作流程表》《项目经理绩效考核表》《各项目产值对比表》《项目案例讲师争霸赛》《敏捷落地案例分享会》《项目经理梯队建设》《项目管理资料库》《项目管理视频库》等。此外，我们团队还创建了读书会、好书分享会、案例复盘会等。总之，从各个维度出发，建立了一个统一的、共享的、标准的、可演化的全套项目管理流程体系。

10. 形成体系：基于项目管理标准构建系统化的 PMO 体系

经济学中有个原理，称为“看不见的手”，在PMO领域内，这个原理同样存在。前面的九大步骤一路走来，走到最后，形成了标准。这个标准成熟吗？假如公司架构有了调整、业务有了变化，之前的制度和流程还适用吗？它们是有生命的吗？会自我演化吗？而一个好的PMO组织，就应该具备自我调整、自我修复、自我适应、自我演化的能力。只有适应才能生存，这就是项目管理体系独有的生存法则。

制度标准运作的质量如何评价？通过体系！公司之前有一些标准，主要问题就是随意性大、缺少依据和规范。制定的制度问题很多，主要是条理不够清晰、落地质量无法评估。是否符合项目管理标准、成熟度是否达标、业务流程和交付流程是否顺畅，找不到一套标准评判依据。根本原因还是没有形成体系。

现在，公司已经制定了完整的制度、标准、流程，大部分已经达到了自我进化、自我完善的水平。大部分流程都可以在几天时间内完成变更，可以自动适配各类业务，根据外部环境自动调整。在体系制定过程中，笔者主要参考了各类标准，如国家标准GB/T 37507、国际标准ISO 21500等，具体如图4-28所示。

图 4-28　构建系统化的项目管理体系

公司内部的体系日趋成熟，已经形成了具有IT金融行业特色的项目管理体系。比如《基于ISO 21500的项目管理体系》《组织级项目管理标准（OPM）》，这些体系可以为各类标准提供指导。除了项目管理体系，我们团队还制定了各类业务体系，如《新会计准则体系》《基金业务产品体系》《QFII产品体系》《回购、债券、期货、转融通业务体系》等。另外，流程体系包含的内容主要有项目价值论证、项目群价值论证、产品与技术决策委员会、交付职能、计划职能等，它们共同构成了集团的PMO体系，共同服务于集团高效运营。

在具体的方案制订、落地过程中，存在种种意想不到的问题和困难。这些困难可能随时把你打倒，但也可能随时成就你。乱世出英雄，而逆境可以造就人才。笔者看到现在集团的项目管理成果，不由想到了撰写的数十万字的体系建设报告，度过的多少个不眠之夜，召集的数不清的大大小小的会议，也想到了几次长达3个多小时的项目经理课程培训等。

以上这些内容，更多还是一个PMO从业者在PMO体系建设的基本过程中提炼的一些经验。PMO体系建设不存在通用法则，在不同行业、不同领域的具体操作中，没有一个放之四海而皆准的方法论。所以不要迷恋理论，因为世上最远的距离，就是从知道到做到。

笔者知道，一个PMO最大的价值在于执行力，枯燥的理论则一文不值。杜绝纸上谈兵吧，我们只做行动的巨人，只有经历过枪林弹雨的洗礼，才能变成真正的勇士！

4.5 从被动适应到主动变革：互联网企业敏捷转型探索 杨久成

数字化时代已经到来，企业面临的市场竞争愈加激烈。在运用数字化技术实现快速响应和探索新方向的同时，也需要时刻关注价值产出，而敏捷正是一剂良方。

作为组织中项目管理和过程改进的关键角色，PMO也随之从传统定位转向敏捷。同时，在组织敏捷转型过程中，多数情况下都由PMO承担指导并落实转型的重任。

本节将重点阐述PMO及相关角色在推动组织敏捷转型的过程中需要关注的核心要素，帮助读者快速理解敏捷转型的核心关注点。

4.5.1 敏捷转型项目启动前的准备

企业敏捷转型是一件非常严肃的事情，可能涉及从组织架构到人员角色，甚至战略打法上的诸多转变，所以敏捷转型试点尤为重要。试点是试金石，也是企业寻求突破的重要手段。在试点启动之前该做哪些准备呢？笔者认为，需要从如下六个方面考虑。

1. 选择试点团队

1）试点团队数量。试点选择要考虑的因素很多，试点选择错误可能造成试点失败，甚至让敏捷转型项目流产。试点团队数量非常重要。试点团队数量的选择受到很多因素的影响，如组织规模、组织转型动力、领导决心等。同时，试点团队数量也代表了需要的投入，应该结合试点目标，考虑内外部资源情况进行规划。

如果有咨询公司的支持，试点团队的选择就要结合咨询师的建议确定；如果由内部角色驱动，则要考虑有多少可以推动试点工作并给予指导的人，能够覆盖多大范围。整体来说，2~3个试点团队是比较理想的，太少难以起到示范作用，太多可能无法确保试点效果，也可能因为试点的失败产生更多不利影响。

2）试点团队特性。团队特性指的是团队是否包含必要的角色、团队规模是否合适，以及团队负责的产品在组织中的重要性等。虽然敏捷转型的过程很可能涉及角色的增减、团队组织架构的调整，但是如果团队本身的特性与敏捷提倡的团队特性比较贴近，必定能使敏捷转型更加顺畅。比如，从角色来看，是否包括产品、前端、后端、测试、运维等；从规模来看，是否符合10人左右的小团队；从产品来看，团队负责产品的重要程度是否相对适中，因为过于重要可能带来较高的失败成本，过于不重要又可能无法起到试点的示范作用。

2. 评估试点团队现状

确定了试点团队之后，就需要尽快开展试点团队的现状评估。所谓“知己知彼，百战不殆”，清楚团队现状和问题是后续工作顺利开展的基础。评估方式可能包括问卷、访谈、现场观摩、工作坊探索及查看文档等方式；评估维度可能包括流程管理、工程实践、业务价值、文化氛围等多个方面。这时应该抛开对试点目标的预设，对团队进行完整和深入的评估，这样才能发现问题，制订合理的转型方案。

3. 制订初步转型方案

在转型工作正式启动前，需要结合评估结果输出初步转型方案。转型方案不需要过细，但是范围应该足够广。要考虑方案中从流程改进到工程实践及文化建设的各个方面如何形成合力，要整理出转型的全局视角。这样可以避免陷入部分细节，只进行局部优化，同时有利于为后续更大范围的转型工作做好铺垫。

在方案中，对于组织架构和人员角色的设想也需要阐述。流程和工程实践可以在过程中摸索和调整，但是架构和职能定义需要尽量思考得足够清楚。如果已经确定了架构调整和角色定义，后续再发生变化，会对团队产生非常不利的影响，导致团队成员缺乏安全感，对敏捷转型失去信心。所以，启动之前要尽量明确组织架构设计和角色安排。

4. 制订培训计划

试点启动前，根据前期了解到的现状，要制订合理的培训计划。从内容上，应该根据团队具体情况定制，而不是拿模板化的培训课件进行灌输。另外，应该充分考虑到团队的时间安排：是通过几天的训练营导入，还是每天花费1~2小时持续培训？是占用工作时间，还是利用下班时间？各方面的选择都需要考虑团队现状，尽量与团队负责人充分对齐。

还要对参训人员提前澄清培训计划，充分考虑不同场次培训之间的关联关系。可以以培训、工作坊、集中实践不断交叉的方式做到理论和实践相结合，效果可能更好。

5. 制订内部敏捷教练培养计划

如果试点启动前，组织对敏捷转型还抱有较大疑问，只是希望“试试水”，那么内部敏捷教练的培养似乎并不急迫。如果试点启动前，组织已经有了长期的转型规划，那尽早考虑内部敏捷教练的培养就很重要。需要考虑试点过程中需要多少教练资源，试点结束后期望达到的培养目标是什么，从而制订出可行的培养计划。可能包括内部敏捷教练的选择标准、职级体系、培养手段和评估方式等。

6. 明确度量体系

在试点启动前，应该明确转型目标，根据目标分解出适合的度量指标。有了明确的方向，便可以在转型过程中重点发力。

常见的目标可能涉及人员能力、流程效率、质量保证、业务价值探索等多个方面。度量没有统一的标准，找到团队最适合的度量指标更重要。而对于整个度量体系，有了合适的目标只是第一步。如何获得指标，谁来负责度量工作，以什么样的周期进行度量，以及度量最终产生的价值该如何体现，都需要在度量体系中有所规划。

4.5.2　敏捷转型案例

常见的敏捷方法和框架都不算复杂，也给了使用者足够的空间进行尝试和调整。但是当我们将方法落地到团队中时，才发现大多数方法并不容易达到预期的效果。

本节分享了在实际落地过程中有哪些原则，哪些注意事项需要推动者关注，以及流行的Scrum和看板方法该如何使用并产生预期的效果。

1. 敏捷实践的四个原则

在组织或团队中引入敏捷实践，理论往往非常简单，有非常多的理论框架和方法可以选择。但是不管采用哪种方法，敏捷转型的推动者都需要注意遵循一些必要的原则，避免不合适的做法影响团队敏捷转型进展。

1）不要引入过多新名词。引入过多新名词是企业敏捷转型过程中比较常见的现象。很多企业在敏捷转型时，无论是由外部咨询顾问提供咨询，还是由内部有一定经验或有一定理论基础的敏捷教练推动，都可能在转型初期就引入过多新名词，导致整个团队产生比较高的认知成本。这样做带来的问题是团队成员需要花费过多精力理解新概念。

笔者的观点是，无论是敏捷转型，还是其他团队变革活动，都应该从实际问题出发。除了必要的基础概念介绍，我们可以用团队比较容易理解的语言描述常见的工作方式和实践，帮助大家用敏捷的方式解决问题。当团队发现类似的方法可以解决实际问题时，自然会开始产生兴趣，希望推动者详细介绍相关理念，以及怎样更好地运用到实践中。而这就是推动者把整个敏捷体系导入团队的最好时机。

2）不要忽略任何一个角色。企业进行敏捷转型，如果推动者经验不足，可能仅仅将敏捷转型关联到开发这个角色上，认为很多敏捷实践都是和开发角色相关的。举例来说，笔者看到很多团队测试的话语权都比较低，严重影响了测试人员的工作积极性。如果在团队转型时依然忽略部分角色的话语权，则必定导致相关角色配合度不够，团队凝聚力低，进而影响敏捷转型工作的进度和效果。

3）不要生搬硬套流程和方法。敏捷有很多方法和框架，但如果我们在项目开始时就把一整套方法推给团队，要求团队按照这样的方式运作，就可能带来很多问题。团队的转变需要一个演进过程，如果我们急于求成，就会让团队出现较大的不良反应。所以，我们可以根据团队的具体问题，将最能解决问题的方法分步骤导入，让团队感受到方法带来的效果，再逐渐将更多敏捷方法引入团队，并最终构成完整的价值交付闭环。

4）不要扎在团队里。敏捷转型需要很多关键角色的支持，如团队领导、公司高层等。如果转型推动者或负责人只扎在某个团队里，带着团队低头实践，就有可能偏离整个组织管理层对敏捷转型的期望，不利于后续持续推动敏捷转型。所以在埋头工作时也要多抬头看看方向是否正确，确保敏捷转型能够真正解决组织存在的问题，并与组织变革目标相匹配。

2. 敏捷实践落地案例

得益于Scrum框架的流行程度，多年来Scrum一度成了敏捷的代名词，但是对于很多企业，Scrum常常只浮于表面，按照Scrum理论生搬硬套，而忽略了团队差异性，缺少了个性化适配。本节分享了笔者推动Scrum落地的一些案例，帮助读者加深对Scrum框架的理解，并理解落地Scrum框架的技巧和经验。

1）迭代需求梳理会。迭代需求梳理会并不是Scrum框架中的标准活动，但笔者认为它是Scrum框架落地必不可少的活动之一。迭代需求梳理会是在当前迭代的后段对下一个迭代的需求进行初步澄清的活动。可以通过迭代需求梳理会让团队初步理解下一个迭代的需求规划，也为迭代计划会顺利、高效进行作铺垫。

但有一点需要注意：迭代需求梳理会不是需求准备的起点。在迭代需求梳理会之前，就应该对需求进行整理和准备，同时确保需求条目已经进行了初步的优先级排序。在这个阶段，没有必要过度纠结需求计划的准确性，而更应该关注需求是否清晰，相关干系人是否具备一致的理解。

接下来用一个例子介绍迭代需求梳理会落地的关键因素。

A团队是一家互联网公司二级部门下的研发团队。由于团队负责的产品比较重要，团队研发效能提升的诉求也比较明显，因此，A团队被选为敏捷转型试点团队。在启动敏捷转型项目时，团队正处于一个三周的迭代周期中。

在当前迭代的后半段，A团队引入了需求梳理的相关活动。需求梳理可以提前对下一个版本的需求进行澄清和整理，为后续迭代做好准备工作。相比A团队以前完全由产品负责人独立负责的状态，现在更强调全员参与需求梳理带来的价值。

迭代需求梳理会之后，产品经理对迭代需求的价值做了明确阐述。这是和A团队之前的状态有明显区别的地方。在迭代需求梳理会引入团队的一段时间内，团队对需求管理做了很多改进工作，如制定需求优先级标准、优化需求文档模板等。而优化后的需求文档更加明确输出用户故事和验收标准，从而帮助开发和测试等相关角色较好地理解需求，为后续验收作铺垫（见图4-29）。

优先级

作为：系统用户
我希望：可以在系统中搜索
以便：找到想要查看的信息

场景：登录用户按照物料名称搜索
操作1：当用户打开物料信息页面时
结果1：系统自动查询所有物料信息并分页展示
操作2：当用户填入物料名称搜索时
结果2：系统根据物料名称模糊匹配符合的产品信息并分页展示

图 4-29　需求文档描述用户故事和验收标准

2）迭代计划会。迭代计划会是Scrum框架的第一个活动，目的是在迭代开始之前明确迭代目标和迭代计划，通过一次高效的会议确保计划相对合理。会议过程中需要团队给予产品负责人足够的反馈，也需要Scrum Master帮助团队做好风险识别和依赖管理。

在迭代计划会开展过程中，比较容易出现的问题是团队的过度承诺。尤其是敏捷转型初期的团队，由于迭代周期缩短，加上过度承诺带来的交付压力，很容易导致团队士气下降，对Scrum和敏捷转型产生抗拒和误解。

在A团队的案例中，通过迭代需求梳理会，团队已经对需求有了初步理解。在迭代计划会上，开发团队通过对需求的理解，并结合技术概要设计，给予产品负责人比较明确的反馈，如是否能按照产品期望的计划执行，有没有可预期的风险，每个用户故事的规模估计等。团队渐渐感受到需求管理的规范性有了很大提升，迭代中的不合理需求变更次数有了明显下降。

3）每日站会和看板管理。每日站会是Scrum框架中最容易上手的活动。虽然每日站会是非常简单的一项实践，却是能够帮助团队解决很多问题的活动，也是把看板管理引入团队的好时机。可视化不一定能解决问题，但一定能发现问题！每日站会与看板方法的结合是帮助团队快速敏捷，及时发现问题并改善的有效措施。

在A团队，笔者首先带领团队梳理交付价值流，再根据价值流关键要素帮助团队搭建产品交付看板，同时结合每日站会机制，帮助团队进行工作的可视化管理，如图4-30所示。图4-30中，从上到下分别展示了A团队的第一、第二、第三块看板。A团队搭建的第一块看板并没有把笔者的设计完全展现出来，因为需要充分尊重团队的想法。第一块看板可能存在很多问题，但是遵循上文阐述的原则，改进应该是渐进式的。只要团队觉得目前的看板可以起到管理作用，我们就可以开始试用了。

A团队的第一块看板只是把需求、开发、测试等相关的研发流程可视化，同时规定了卡片的含义和使用方式，整体看起来还不够美观。在使用了一段时间之后，大家发现通过看板已经可以看到一些问题，但同时发现当前版本的看板对团队工作管理的支持还不够。当团队自己意识到看板不能满足管理需求之后，便可以自发地探索和调整看板的结构和内容。

第二块看板，团队把开发阶段分成了开发中和已完成，把需求阶段也分成了规划中和已确定。同时在看板上加入了每周日历，把一些重要事项放在对应的每周关键节点上做可视化管理。运行了一个月之后，团队认为看板还存在一些问题。笔者便与团队一起以工作坊的方式探索，思考看板还能够帮助团队解决哪些管理问题。在此基础上，团队搭建了第三块看板。第三块看板主要有以下两个方面的变化。

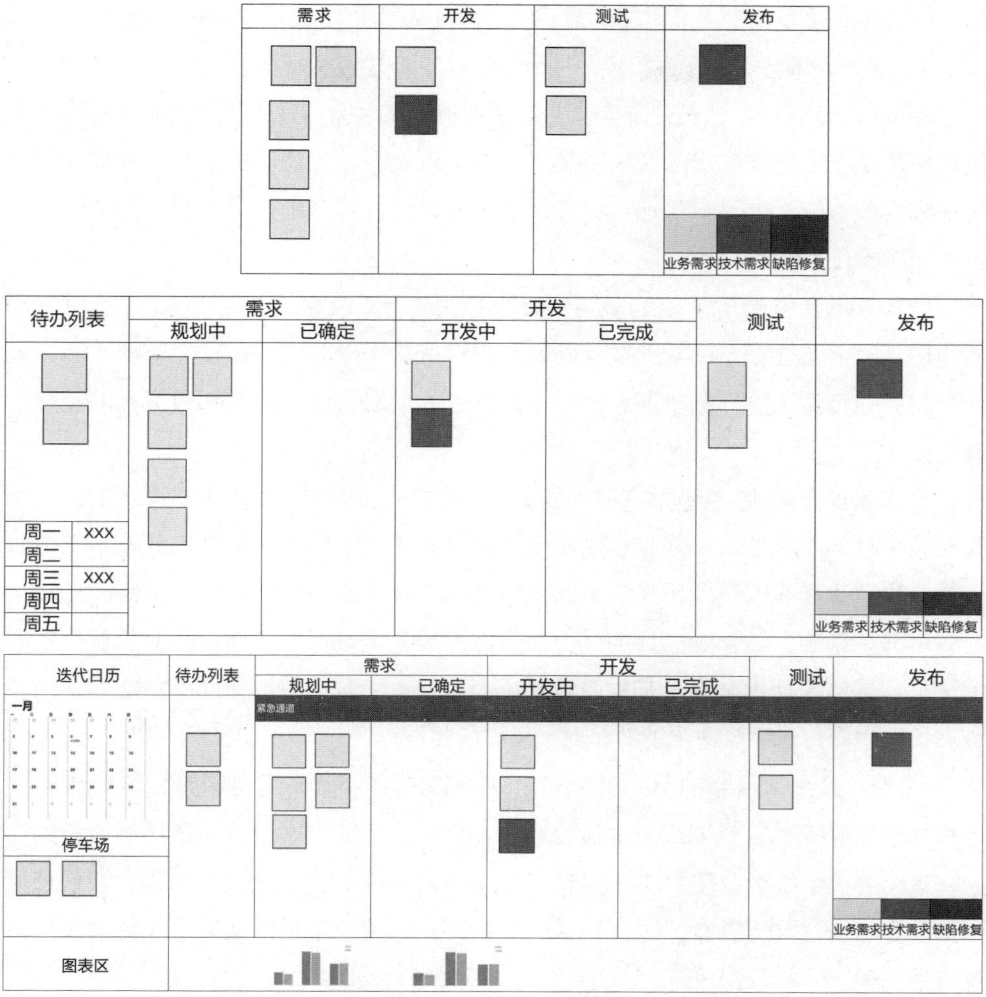

图 4-30　看板示例

（1）增加了两个区域。首先增加了迭代日历，扩展到了月度，以便团队对迭代做整体监控和管理，而非聚焦在某一周的时间范围内。其次增加了“停车场”。在每日站会上发现的问题，如果不能立刻解决，需要会后讨论，就放在“停车场”，会后由敏捷教练负责跟进问题。

（2）增加了紧急通道。紧急通道用于处理一些紧急需求。紧急通道的使用需要明确规定，如每次只能有一项工作处于紧急通道中等。

另外，因为团队已经推进敏捷转型一段时间，笔者带着团队绘制了图表区，帮助团队展示一些需要关注的信息，如迭代燃尽图、敏捷知识卡片等。这时的看板可视化效果好了很多，使用也更加规范，对团队日常管理有很大的帮助。

4）迭代评审会。敢于进行产品演示是团队信心建立的第一步！

在Scrum框架中，迭代评审会是在产品即将发布之前召开的一个会议，由开发人员讲解并演示已完成的产品解决方案。这个会议，测试人员、产品经理甚至业务方代表都会参加，目的是希望通过该会议让多方对团队的产出达成共识，并给予开发团队功能是否有价值的反馈。

迭代评审会想要开好，Scrum Master需要关注会议流程是否足够高效。会议过程中不应该过分关注细节的功能性问题，而应该聚焦于核心业务流程的演示，确保大方向与产品负责人的计划相匹配。对于细节上的问题，做好记录和跟进，确保后续修正即可。

笔者发现，A团队存在的主要问题是开发提交测试的功能质量比较差，测试需要花费较多时间反复测试。并且，由于自动化测试能力缺失，测试工作都是手工的。测试过程严重延长了迭代周期。为此，笔者将迭代评审会前移，在开发团队提测之前就召开评审会。这样做的目的是：由于需要较早地进行产品演示，对质量有较高的要求。虽然短期内加大了开发人员的压力，但也实实在在地提升了功能提测的质量。长期来看，对缩短迭代周期起到了正向的促进作用。

当然，因为评审会的节点提前了，对评审的要求也要适当调整。这时候不要求将质量做到完美，只要产品主流程顺畅，可以演示即可。随着团队提测质量的提升，这个会议最终会调整到产品发布之前，与Scrum中的流程一致。这里，我们获得的启发是：方法和实践都是“死”的，如何运用则需要根据团队现状和待解决的问题灵活调整。

5）迭代回顾会。笔者认为，不开回顾会的敏捷都是假敏捷！

敏捷是注重团队持续改进和提升的思维和理论，而Scrum中的迭代回顾会是团队持续改进的重要机制。如果团队不开迭代回顾会，好的实践便很难得到深化，也无法发现团队的问题，更无法做到持续改进。

迭代回顾会除了帮助团队复盘和改进，也可以通过团队成员的深入交流，改变团队氛围，提升团队凝聚力。开展回顾会的关键是确保参会人有足够的安全感，可以畅所欲言。这也是回顾会非常考验Scrum Master引导能力的地方。

在A团队中，对于回顾会产生的改进项，笔者会让团队结合看板进行可视化管理，在后续迭代中不断跟进改进项落实情况，帮助团队改进和提升。同时，根据A

团队的运作情况，采取不同形式的迭代回顾会。有时给团队成员提供足够的话题空间，针对团队运作的任何问题进行交流和探讨；有时针对团队存在的某个重要问题进行深入分析和方案规划。不知不觉中，回顾会的改进项逐渐落实，A团队的每个成员都感受到了团队的变化和成长。

通过以上过程，读者可以发现，笔者在推动敏捷转型的过程当中，并没有生搬硬套Scrum框架或看板方法，而是根据团队目前运行的现状，找到一个切入点，帮助团队解决问题；循序渐进引导团队自我探索，而不是把自以为正确的方式直接灌输给团队。这样做的意义就是团队能够感知到方法带来的变化和解决问题带来的好处，进而增强敏捷转型的动力，使敏捷转型快速落地。

本节分享的内容都是笔者在企业中的实践经验总结，希望读者能够从中获得一些启发。对于敏捷转型，并没有灵丹妙药。任何一个团队的敏捷转型，都需要根据团队具体情况进行规划和探索。最核心的是推动者充分掌握敏捷理念，活学活用，以帮助团队解决问题为根本目标，运用最适合的敏捷实践帮助团队成长。

4.5.3　业务敏捷不是需求管理那么简单

1. 业务敏捷为什么重要

企业在敏捷转型的过程中，一般都从团队的研发活动做起，也就是如何开计划会，如何开每日站会等。但是如果只采用了各种敏捷方法和敏捷实践，只能说我们掌握了正确的做事方式。对于一个企业，更重要的是需要找到正确的方向，确保做正确的事。所以，在企业转型过程中，我们需要持续关注业务敏捷的探索，也就是需要把目光转移到业务团队，通过与业务团队的共创、共识，进行产品规划，找到正确的方向。

怎样才能做好业务敏捷呢？首先，业务敏捷不仅仅是需求的拆分和文档的管理。它需要对齐公司战略、业务规划，并从产品的发展愿景和战略方向思考，再逐层拆解到需求管理层面。确保产品规划足够清晰之后，再通过敏捷研发及DevOps能力的支持，实现快速交付和验证闭环。

有一点同样很重要：产品规划的过程一定需要团队共创。团队不仅涉及产品管理相关的责任人，还涉及研发团队的相关干系人及与产品相关的各个相关方，因为产品的规划完整性、正确性和有效性是非常重要的，需要从不同的视角思考和共创，并产出产品的战略规划和愿景。而落实到具体方案和举措，也涉及技术角度的评估，并要考虑相关方的影响。所以，以共创的方式产生的产品愿景和产品规划更加符合大家的共同目标，同时由于已经做了透明和对齐，对后续持续推动落地是非常有帮助的。

2. 共创活动的注意事项

共创是与利益相关者进行价值探索并达成共识的活动。在共创的过程中，除了多角色的深度参与，还需要一个非常好的引导者。引导者应该具备以下几方面的能力。

1）对引导过程的把控和设计。这是非常关键的。好的引导过程可以不断激发新的创意及更丰富的想法，可以让共创的过程更加高效，产出的结果更具说服力，与共创的目标更加匹配。

2）对产品规划相关知识的储备。相关知识的储备能起到助推器的作用。如果引导者具备一定的产品相关知识，那么引入的案例会更符合产品调性，设计也会更合理，对于整个工作坊目标的达成会有非常大的帮助。但是，同时应该注意引导者身份和专家身份的切换，避免由于个人的专家判断影响团队共创效果。

3）对意外场景的应变能力。由于共创的过程涉及多个关联方，有可能产生各种各样的争论和冲突。引导者发挥应变能力，把大家拉入正轨，避免不必要的冲突，就显得非常关键了。

3. 实践案例分享

笔者在A团队进行业务敏捷探索时，是从产品规划活动入手的。虽然产品规划不能直接代表业务敏捷，但这里还是把相关实践经验分享给读者，希望读者可以从中得到启发。

首先介绍这次产品规划工作坊的背景。在辅导团队进行敏捷转型的过程中，笔者发现，团队在产品管理领域存在较多问题需要解决：目前团队主要基于业务方提出的各种意向进行开发，更多地聚焦于短期利益而非长期规划；这个产品已经经过几年的沉淀，如果完全依赖业务方提出的需求进行功能迭代，可能困在“提效”需求消化的泥潭里。而这个产品的核心能力，应该是提量、降本，并最终成为走出公司，具备独立盈利能力的产品。

基于以上背景，需要一次能够激发大家思考的共创会。在开始之前，笔者对共创会的流程做了简单设计。由于产品团队对产品愿景的思考比较欠缺，笔者也参考了《EDGE：价值驱动的数字化转型》一书中提到的精益价值树工具，帮助团队梳理从愿景、目标到举措各个层面的内容。

【案例】

产品价值梳理共创会

会议开始时，笔者作为引导者简单介绍了为什么要有这样一次共创会，让大家理解共创的目标和核心关注点，避免后续跑题。

第一阶段：铺垫。共创会开始，笔者并没有直接让参与者开始思考产品愿景。这主要基于两方面的考量。首先，如果在开始阶段就立刻聊愿景，显得过于突兀；其次，共创会需要让大家“开脑洞”，如果思路没有打开，直接带来的问题是后续的产出非常局限。所以，笔者先做了以下两件事情。

第一件事情，笔者举了一个耳熟能详的产品的例子。通过为大家说明这个产品的业务模式，帮助大家理解业务模式的概念，以及如何通过可视化的方式直观展示产品业务模式。

第二件事情，笔者为大家介绍了“亚马逊飞轮”的概念（企业的业务需要形成互相促进的关系，就像几个齿轮咬合在一起飞速旋转，进而实现业务高速发展），并通过例子让大家理解如何构建产品飞轮。

通过以上铺垫，再让参与者思考，我们的产品业务模式应该是怎样的？如何才能让我们的产品飞轮滚动起来？经过20分钟的讨论，已经有了初步成果。笔者还找了这个团队经验丰富的产品专家，帮助大家做了方向修正，确保大家的思考具备业务可行性。

第二阶段：共创愿景。有了第一阶段的铺垫，大家的思路更加开阔，突破了产品现状的局限，开始从行业和市场机会的角度思考产品的未来发展。这样就可以顺理成章地进入产品愿景的讨论。引导者需要注意，每个阶段都应该有一定的示例作为团队思考的补充，帮助团队快速抓住共创的重点方向。

这次会议由于时间限制，没有完全、充分地讨论，但是已经输出了第一个版本的产品愿景。笔者的观点是，产品愿景应该是经过几次讨论和打磨才能形成的，不要急于通过一次讨论找到最佳答案。而在这个团队的真实案例当中，产品愿景的最终版本也是在后续的工作中不断打磨出来的。

第三阶段：目标制定。团队结合产品愿景制定目标。在目标制定时，笔者为团队介绍了麦肯锡的地平线模型（Three Horizons Model），即企业业务发展需要梳理清楚自己的核心业务、新兴业务和未来探索性业务，希望推动大家思考并找到产品的第二曲线和第三曲线。这个阶段让参与者思考能够支撑愿景的多个目标，同时针对每个目标输出1～3个指标进行成效衡量，类似于为产品定了OKR。

第四阶段：机会和举措探索。目标制定后，笔者引导团队结合目标和衡量指标思考了产品未来的业务机会，并根据机会进行具体举措的拆解。反过来看，就是哪些举措的实施可以帮助我们实现目标。这个阶段也是参与者讨论时间最长的部分。引导者需要根据团队的产出，提出强有力的问题，确保举措足够清晰，并具备较高的可行性。

第五阶段：总结收敛。最后，笔者对工作坊的成果做了总结，对未完成的任务做了分配，也对整个过程做了简单的回顾，帮助团队理解工作坊过程设计的目的，并形成可复制的共创模式。

总体来说，共创的效果比较理想，大家对产品有了很深的认识，规划更加清晰，并且脱离了现有需求的牵制，团队对未来的产品发展也有更充足的信心。

但是，这样就够了吗？

到目前为止，团队已经有了结构化的业务规划产出，但是输出的内容视角很高。如何把以上内容流转到研发迭代中去？这么多内容，先从哪里下手？产品举措的粒度这么大，怎么开发？这些正是第二次共创会需要解决的问题。

【案例】

产品滚动规划工作坊

在A团队梳理上个案例中产出的产品规划的过程中，团队一直在迭代交付，需求也发生了一些变更和调整。团队开始思考，之前已经梳理出的大粒度需求（上个案例中的举措）如何细化，如何与每个迭代的迭代计划相结合，如何流转到迭代看板上去。因此，笔者认为产品需求细化的好时机已经到来，便组织了第二次共创会——产品滚动规划工作坊。

第一阶段：价值矩阵梳理。根据团队已有的信息，笔者引导团队将举措按照客户体验的不同阶段（如贷前、贷中、贷后）分类，同时根据业务价值划分出价值导向类别（如提效、降本、提量）。根据业务整体规划，A团队的业务侧表示，“价值导向1”是优先级最高的，笔者将这个信息记录下来，作为后续环节检视各价值导向上需求数量的参考。至此，基于不同阶段和不同的价值导向，就可以整理出如图4-31所示的二维矩阵。

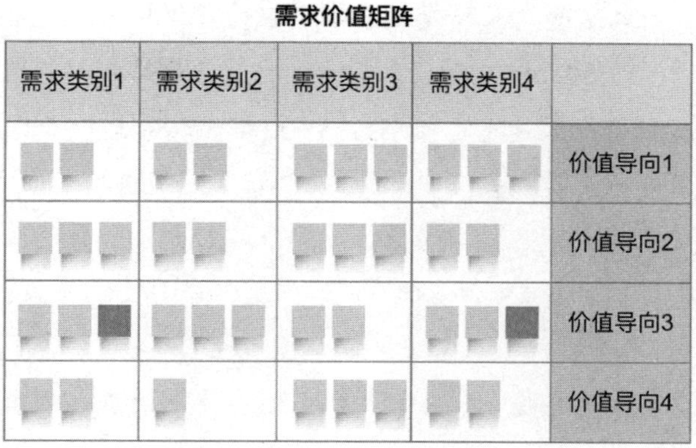

图 4-31　需求类别 / 价值导向矩阵

为了确保需求完整，在团队将已经整理出的举措、需求条目罗列在矩阵中之后，笔者让业务侧参考已有内容，思考是否有遗漏，尽量头脑风暴更多的需求条目，并使用不同颜色的卡片进行可视化展示（不同颜色是为了后续可以直观感受到新增内容的比例）。业务侧补充完成后，研发侧也需要思考是否还有补充的内容。这个过程产出不多，但仍有一定的收获。更重要的一点是，在这个过程中，团队发现了一些与现有价值导向不匹配的需求，笔者要求团队把这类需求记录下来，在下一个阶段进行整理。

第二阶段：价值检视。头脑风暴结束后，作为引导者，笔者统计了不同价值导向的卡片，发现目前投入最高的是"价值导向3"，随即抛出了一个问题：这与我们之前考虑的"价值导向1是第一优先级"存在冲突吗？我们需要针对这个问题深入讨论吗？当然，最后的结论是团队忽略了这个现象，但从参与者的表情可以看出大家都深有触动。毕竟，大家一直认为"价值导向1"最重要，而目前的规划反映出，在"价值导向3"上花费的时间更多。第一阶段发现的与目前的价值导向不匹配的内容，经过10分钟的讨论，全部摒弃了。

第三阶段：产品路线图梳理。有了以上成果，就可以引导团队开展产品路线图梳理。这个阶段的目标是制定下一年及更远期的产品规划。我们通过时间线分出了一季度（Q1）、二季度（Q2）和远期规划三个泳道，要求业务侧同事按照规划将需求分到时间线里。在这个过程中，笔者看到了业务侧同事的纠结和痛苦，也看到了研发侧同事意味深长的笑容。不管怎样，取舍是必要的，经过近40分钟的讨论，大部分内容已经划分好（业务侧认为）。

第四阶段：规模估算。由于目前规划的需求（举措）颗粒度非常大，常规的人天估算没有意义，所以笔者要求研发侧同事采用相对估算法，使用斐波那契数列进行需求规模估算，得到了Q1和Q2的估算结果。经过几轮的调整和比对分析，需求分配趋于合理。而从估算结果来看，目前Q1和Q2的需求都比较多，根本无法按期完成。这个过程势必受到业务侧的质疑："为什么估算的规模这么大？""真的有这么复杂吗？""不能都排上吗？"而研发团队要给出充分理由，说明工作的复杂性。最终，双方对估算达成了一致，工作坊的目标初步达成了。

第五阶段：线下补充完善。因为时间限制，工作坊只是初步达成了一致，很多内容还需要进一步思考和细化，所以又在线下组织了两次小范围讨论和对齐。滚动规划也从季度、远期规划的两个维度细化到了迭代、月度、季度和远期规划四个维度。

上述案例内容只是业务规划工作的一部分，产出的内容还需持续打磨。从业务敏捷的视角来看，后续定期规划机制的建立和团队思维的转变更加重要。如果团队仍然把这次共创的成果当成一年的规划去执行，那和传统的规划管理区别并不大。

产品规划不是一蹴而就的事情，不能认为做好一次规划之后就能按照这个规划执行一年甚至更久。产品规划应该是一个定期回顾和调整的过程，所以需要不断思考产品方向是否需要调整，产品规划内容是否存在问题，不断探索，才能找到最适合企业发展的产品规划。

团队管理者则要推动团队固化定期的检视机制，根据市场动态、产品成效和创新想法不断更新业务规划。

所以，一切只是起点，对A团队来说，业务敏捷探索的路还要持续走下去！

4.5.4 敏捷教练的价值和培养方法

1. 敏捷教练的价值

随着敏捷管理的流行，企业的PMO常常需要承担起敏捷转型的重任。敏捷转型对一个组织来说归根结底还是变革，而任何变革的核心因素都是人。外部顾问和咨询公司可以成为企业转型的启明灯，但是不应该成为企业转型的栋梁。变革的成功要依赖逐步建设的人才团队，而内部敏捷教练是敏捷转型成功的关键！

敏捷教练的价值，不仅体现在驱动具体实践，更体现在加速变革进程。所谓"一鼓作气，再而衰，三而竭"，组织变革需要坚定的意志和紧凑的节奏，而不是拖拖拉拉，使团队疲惫。而敏捷教练就是帮助组织保持转型节奏的关键。

另外，敏捷转型是一个非常漫长的过程，所以咨询顾问离场之后，需要内部敏捷教练持续赋能组织，通过长期的持续改进，紧跟市场变化，从而帮助企业获取价值。

敏捷教练可以一步步影响团队的任何层级和角色，从高层到中层再到普通员工，这一点咨询顾问是很难做到的。而做到了这一点，意味着企业文化会随着企业员工的变化而发生根本性转变。对一个致力于长期发展壮大的企业来说，这才是变革的最终收益！

2. 敏捷教练是“银弹”吗

笔者曾经不止一次被问到，做敏捷转型是不是一定要有敏捷教练的角色？我个人的看法是一定要有！既然要做敏捷转型，就意味着此前团队是不够敏捷的，也意味着团队需要慢慢学习、摸索敏捷研发模式。这个摸索的过程需要敏捷教练持续辅导，而即使团队已经充分掌握了敏捷方法，对于一个团队的长期发展，依然需要敏捷教练持续关注团队改进，帮助团队找到更好、更适合自己的研发模式。

笔者亲眼见到过一些组织没有培养内部敏捷教练，做了五年以上敏捷转型，但在咨询公司离场后又开始退化。五年够长吗？真的不算短了。五年按理说应该形成习惯了吧？是的，形成习惯了！甚至研发流程都已经固化了。但是很重要的一点是，固化的东西就已经表现出不够敏捷了。而没有敏捷教练的支撑，组织便缺少了改变现状、持续改进的基础动力。

敏捷思维一部分来源于精益，所以比招式更重要的是持续改进。没有敏捷教练或类似的角色关注持续改进，成长的空间就完全依赖职能经理的个人管理能力。所以，敏捷教练带来的收益不应该限定在敏捷范围，持续改进和优化才是敏捷教练的价值点。

3. 敏捷教练的培养

敏捷教练的培养要用敏捷的方式。如果用传统知识灌输的方式，敏捷教练是很难成长的。所以需要给敏捷教练实践的空间和条件，把好的方法和经验传递给敏捷教练，并加以指导。举两个例子，或许更能说明问题。

一个例子是，如果你让敏捷教练引导一次回顾会，你只告诉他回顾会的标准流程、话术技巧，然后放手让他去做，只要过程中出现意外情况，那回顾会多半会失败；如果你告诉他回顾会的目标、期望成果、设计思路等，他便可以根据自己的思考，进行过程设计和引导准备。他也许仍然会借鉴你的流程和技巧，但是对他来说，只是利用现成的流程帮助达到目的而已。

另一个例子是，如果你告诉敏捷教练敏捷是什么、Scrum流程是怎样的，并要求他背下来，他也许可以按照流程去执行Scrum，但收益有多少就很难预测了；如果你告诉他各种实践可以帮助我们解决什么问题，过程为什么这样设计，他也许可以创造出Scrum2.0。所以知识虽然很重要，但是授人以鱼仍不如授人以渔。

敏捷教练的成长依赖完备的培养机制。敏捷教练的培养需要从教练选拔、教练能力评估、教练培训、教练辅导和教练反馈、教练认证几方面进行。

1）教练选拔。教练选拔听起来很简单，但是管理者应该意识到，如果选择了不合适的敏捷教练，对组织和个人来说都是很大的浪费。组织需要花费较多的成本、精力对教练进行培养，甚至一部分企业花高价请咨询公司进行专项培养，如果选择不当，既不能培养出优秀的教练，又浪费了培养机会。而对个人来说，很多候选人甚至第一次听说敏捷教练这个岗位，抱着好奇和一腔热情报了名，这时就需要选拔负责人与候选人充分沟通，避免让候选人产生误解，导致半途而废或渐渐对敏捷教练工作失去热情。

所以，教练选拔需要有经验的敏捷教练或相关人士把关，从候选人的经验、性格特点、职业规划等方面综合评估，以筛选出合适的人选。

2）教练能力评估。所谓“知己知彼，百战不殆”，想要培养好敏捷教练，就需要对教练的能力水平有充分的了解。在企业当中，敏捷教练也会根据不同的现状有不同的定位。所以，不同组织和阶段的敏捷教练需要的能力不一样，需要有针对性的技能评估模型。比如，可以从引导、培训、辅导、问题解决等多个方面评估，再根据教练各方面能力的现状制订有针对性的提升计划，帮助教练快速成长。评估维度可以参考现成的敏捷教练能力评估框架，也可以根据企业需求做个性化定制。

3）教练培训。系统性的培训是教练培养必不可少的过程。培训的内容可能涉及专业教练技能、引导技巧、敏捷知识、产品管理知识、变革管理等。除了内容，更重要的是培训的时机、方式和内容的个性化定制。不同企业内部，教练面临的情况并不一样，培训讲师需要根据教练情况和组织特点做有针对性的课程设计。课程设计可能包括课程内容、单课程时长、理论课程与实践课程的结合、课程反馈的收集，甚至对不同背景的培训对象设计个性化的案例。好的培训安排是帮助教练进行转型的第一步，需要相关责任人重点关注。

4）教练辅导和教练反馈。日常工作中的辅导是帮助教练将培训的知识运用到实践中的过程，需要从每个实践细节上为教练提供指导。更重要的是制订一个定期检视计划，帮助教练总结成长情况，并结合教练能力模型，针对各方面能力的进一步提升制订可落地的提升计划。应该针对每位教练的情况制定个性化的指导方式和成长规划，充分帮助每位教练探索出适合自己的成长路径。

5）教练认证。敏捷教练是一种明确的职能，需要清晰的发展路径，所以要制定敏捷教练级别和对应的能力模型评价标准。之所以强调敏捷教练的认证，是因为笔者在很多企业中看到，兼职的敏捷教练在企业中的发展受到约束，导致教练工作没有热情，也无法充分利用敏捷教练的职能帮助企业持续改进，直到最后变成有名无实的角色，逐渐被人遗忘。

以上是关于敏捷教练成长的一些总结。但是，敏捷教练成长了，并不意味着企业就会因此受益。敏捷教练需要注重将技能运用到实际工作中，帮助组织持续成长。一般来说，敏捷教练可以从日常团队辅导、过程改进和敏捷社区三个方面入手。

- 通过日常团队辅导沉淀可复制的经验和方法，利用社区机制进行经验分享和宣传，并最终扩展到组织层面，实现组织过程改进。
- 反之，过程改进工作也可以充分利用社区机制进行扩散，通过敏捷教练对团队的辅导实现改进工作的落地。
- 敏捷社区在帮助组织实现经验复制和过程改进的同时，也不断滋养着组织，培养更多优秀人才成为团队辅导和组织改进的种子。最终，社区机制会成为组织文化转变的有力手段和组织转型的加速器。

敏捷转型并不是按下开关就获得反馈的过程，而是需要长期发展和改进的过程。敏捷教练是改进的抓手，值得每个敏捷转型组织探索和尝试。

05 第5章

人人都可以是“CXO”

人人都可以是“CXO”
宏观下的顺势而为，微观下的破茧成蝶
宏观
摸索
微观
解决用户的痛点、痒点及爽点
快速且保质地交付
以用户市场为中心
进化的力量
找到自己
静一静，你现在在哪儿
沉下心，找根尺，发现你在哪儿
放对位置
停一停，你应该在哪儿
复盘自己，找到自己现阶段适合的位置
突破自己
动一动，你可以在哪儿
给自己设定一个规划，目标才能实现
每个人都应该有的人生地图
搭建并界定职业的生存之基
建立并维持职业的可持续性
高效完成平台的核心事项
业务线项目管理者的成长之旅
一线管理者
亚历克斯作为一线管理者的故事
分析
值得肯定的
重视与下属的关系，非常负责
需要注意的
不能有效分配任务，缺乏管理者思维，不能辅导下属成长
认知
难点和困扰
先执行，后思考
没有底气，无法服众
解法
如何升级
靠团队完成工作
确立管理者角色
用好管理者抓手
基础
必备基本功
通过他人完成工作
任务分解与定计划
科学开会

部门负责人
亚历克斯作为部门负责人的故事
分析
值得肯定的
有解决团队冲突的意识，保质保量完成任务
需要注意的
无法培养和激励一线管理者，
不能客观对待下属多个小组
无法缓解部门执行压力
认知
难点和困扰
缺乏掌控感
一线管理者能力不足
团队压力大，争取不到更多资源
解法
如何升级
制定流程规范
充分了解相关部门的工作
拔高视角看部门
基础
必备基本功
选拔和培养一线管理者
识别关键路径，计算投入产出比
复盘与知识沉淀
业务负责人
亚历克斯作为业务负责人的故事
分析
值得肯定的
考虑到了各部门的工作策略，制定了业绩目标
需要注意的
过于关注熟悉的部门，忽略外部环境与战略应变
认知
难点和困扰
思维局限性大
对不确定性的焦虑
无法让所有部门勠力同心
解法
如何升级
用系统性思维看问题
辩证思考问题
相信自己
基础
必备基本功
顶层设计能力
组织和人才诊断
落实企业文化

管理线项目管理者的成长之旅

项目经理

维奥莱特作为项目经理的故事

- 分析
  - 值得肯定的
    - 制定了项目迭代目标，与项目成员细化工作任务
  - 需要注意的
    - 调整心态，制定流程和规范，不断与业务方沟通，做好团队建设
- 认知
  - 难点和困扰
    - 做不完的项目
    - 计划还是“计画”
    - 需求变更
- 解法
  - 如何升级
    - 从理论到实践
    - 从管事到管人
    - 从混乱到规范
- 基础
  - 必备基本功
    - 沟通/RASCI模型/换位思考
    - 项目范围管理
    - 结构化思维/工作任务分解/活动清单
    - 启动会/例会/评审会/复盘会
    - 风险识别/分析/监控/应对

PMO

维奥莱特作为PMO的故事

- 分析
  - 值得肯定的
    - 制定项目管理沙盘，建立项目档案，制订项目经理培养计划
  - 需要注意的
    - 要明确项目经理的职责与工作规范，要执行管理工作，项目交付过程透明化
- 认知
  - 难点和困扰
    - 新手项目经理如何快速熟悉流程规范
    - 项目组之间发生摩擦
    - 项目经理隐瞒问题
- 解法
  - 如何升级
    - 角色和工作方式的变化
    - 从项目经理角度出发
    - 找出问题是为了改进
- 基础
  - 必备基本功
    - 项目管理手册
    - 项目管理系统
    - 过程审计

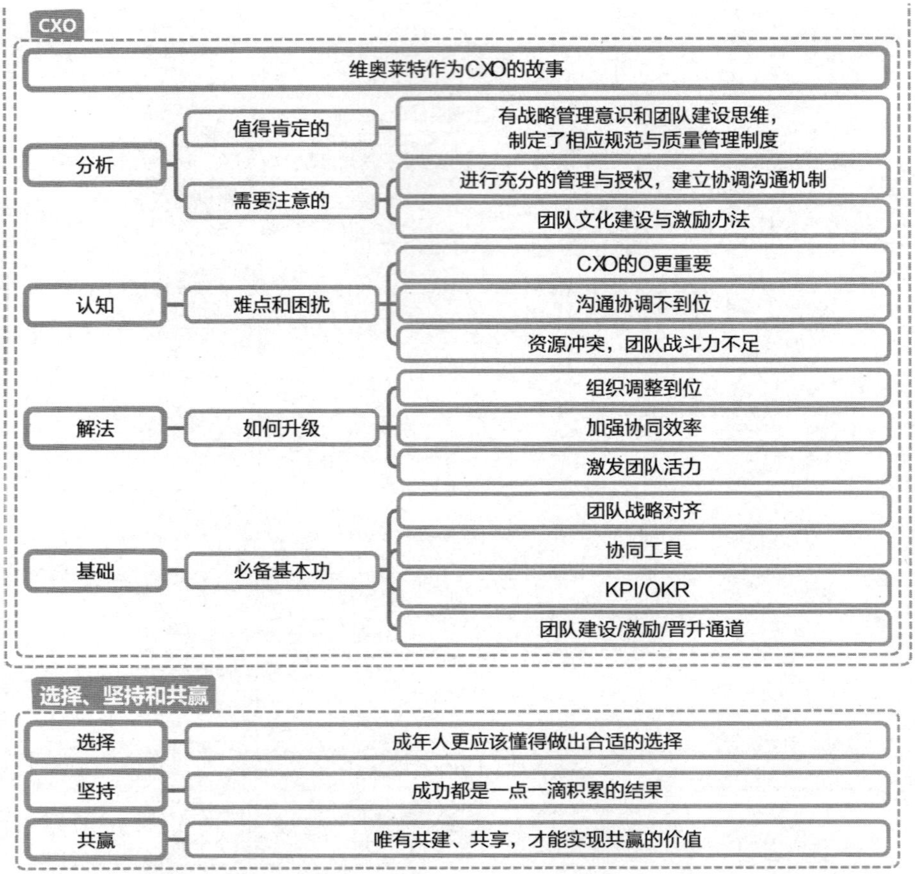

5.1 宏观下的顺势而为，微观中的破茧成蝶

陈浩

什么是顺势而为？我们先来看《山海经》中的一个故事：“洪水滔天，鲧窃帝之息壤以堙洪水，不待帝命。帝令祝融杀鲧于羽郊。鲧复生禹，帝乃命禹卒布土以定九州。”

这里不谈其他因素，仅从方法来看：鲧治水，以堵为法，水患未解且身披刑罚致身灭；禹治水，以疏为法，百川归海，洪水息而天下安。夫禹者，因水势而为，所以息水患。顺势而为不是单纯的随波逐流，也需要大智慧。正如在上面的故事中，禹考虑到了地理环境等因素，以疏为法，最终才解除了水患。

在宏观背景下，笔者认为项目管理有以下四个阶段。

- 第一阶段：只是为了完成任务而产生，但没有合适的方法、工具，也局限于认知水平等因素，没有从中沉淀相关的方法论，如古埃及金字塔和古罗马的供水渠等。
- 第二阶段：各种方法及工具开始形成、逐步发展，基于成本、时间及质量三大制约要素，主要运用于军工、国防、航天、建筑等少数领域。
- 第三阶段：随着高新技术的发展，互联网在改革红利、人口红利及经济红利影响下，各类产品，如工具型、社交型、媒体型、娱乐型、平台型等应时而生。层出不穷的新创意、新理念、新方法、新思想，各类信息的聚合、碰撞，使组织更加困惑，给互联网时代的项目管理带来了巨大的挑战。
- 第四阶段：VUCA时代，项目管理更应从目标使命、包容、勇气、适应的角度进行突破。

在宏观背景下，所有项目管理从业者及组织都在摸索。传统的项目管理强调计划，注重实施，更加关注进度、成本、范围，而互联网项目管理往往具有多样化、不确定性的特点。市场的无序化、产品的更新迭代等都需要企业运用项目管理快速适应并占领市场，以具备长期生存的能力。

在微观背景下，互联网项目管理需要适应几个点。第一个点：解决用户的痛点、痒点及爽点。互联网产品需求的触发来源于切切实实需要解决的痛点，如现在就想吃一份肯德基快餐，但是天气太热不想出门；想买一张火车票并想看看该方向都有哪些车次，合适的话想尽快购买。需要尽快找到用户真正的痛点、痒点、爽点，快速进入产品研发阶段，项目管理也要快速反应（组建团队、流程高效、敏捷管理等）。第二个点：快速且保质地交付。由于市场的迅速变化及不确定性，互联网产品需要快速试错、验证及修复，传统的瀑布流方式显然无法适应，运用不同的方式（Scrum、看板、XP等）才能确保及时响应。第三个点：以用户市场为中心。互联网产品满足用户的需求，以用户市场为首要价值，所以传统的以交付为目的的管理方式势必影响以用户市场为中心的价值触点，因为当你反应过来的时候，可能你的产品已无法进入市场了。

当代项目管理发展之快已超出了我们的想象，项目管理的发展也呈现出全球化、多元化及专业化的特点。所以，项目管理的发展是人类生产实践活动发展的必然产物，因创造了价值而有了存在的正当性，既适应了宏观的时代潮流，也在微观下发挥了作用，最终，人人都可以是“CXO”（公司高级管理人员，Chief X

Officer，其中，X代表不同职位，如CEO、CFO等）。下面一起来看“进化的力量”，找到在宏观环境中自己所处的位置，顺势而为，并且在微观中创造自己的价值，之后从长期角度考虑自己的破局点，最后绘制自己独有的人生地图。

5.2 进化的力量

陈浩

如何规划自己的职业？找到自己、放对位置及突破自己，进而找到自己的第二曲线及破局点。“凡事预则立，不预则废。”想要完成职业规划，先要系统性地解决以下几个问题。

- 你应该选择什么方向，才有可能实现价值，获得成功？
- 要达到怎样的高度？不同阶段要达到什么样的目标？
- 用什么策略保证达成目标？

最重要的是找到自己的发展方向，接下来才可以设定具体、清晰、可执行、可拆解的目标。无论是通过学习培训来提升自己，还是通过自我探索创新，或者是突破自己的局限来实现职业和人生目标，都是可以尝试的路径。

5.2.1 找到自己：静一静，你现在在哪儿

现在的你是否迷茫？比如“我到底适合干什么”“工作适不适合我”“想换一份高薪资高职位的工作”等。不知道自己最想要什么，很多事既要、也要、还要，但大多数人必然有所割舍。与其迷茫焦虑，何不先沉下心，找根尺，发现你在哪儿？

周期性盘点你拥有和缺失的，并且设定一个周期性的目标，明晰自己目前所处的位置并及时调整方向。图5-1所示的三维能力模型可能对你有所帮助。

从这三个维度出发，结合自己的现状稍作权衡，找到自己目前所处的位置。在权衡专业范围的时候，你可以考虑自己现有的专业技能、相关性技能，如专业证书、学历学位等。在权衡能力范围的时候，你可以考虑自己解决问题的能力，给公司、客户、同事带来了多少帮助、益处等。影响力曾被称为“软技能”，在权衡影响力范围的时候，你可以考虑自己的人际交往技能，如何施加影响、激发改变，并建立关系、推动变革。

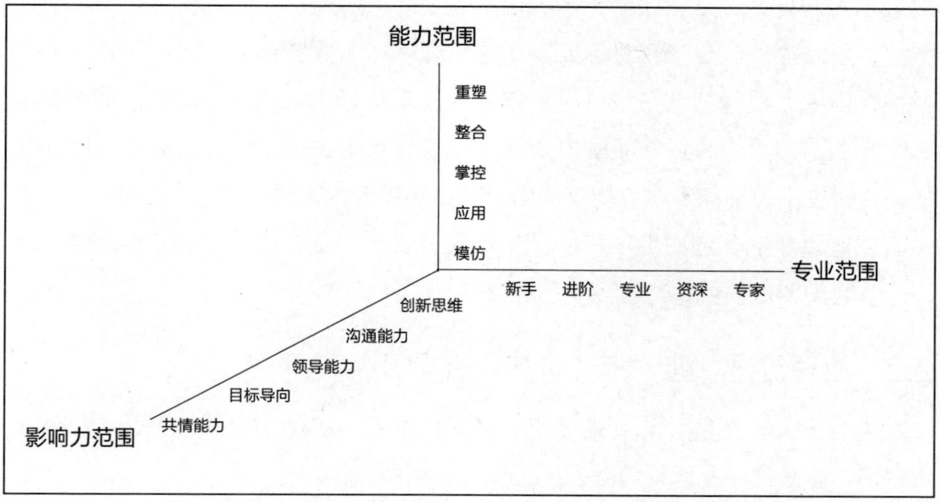

图 5-1 三维能力模型

图5-2展示了一个例子。一个初入互联网项目管理行业的新手，虽然接受过一定的专业培训，但是还处于摸索阶段。对于项目管理工作流程，他可以按部就班地按照规定好的流程模仿式地执行，但当一个或多个不可控因素、变化等出现后，他就会变得不知所措，找不到重点和后续的工作方式。基于此现状，他需要通过对现在主要的问题点进行分析和改进，对自己进行定位，后续可以一周、一个月、一个季度甚至一年（时间范围越大，显现的结果越真实）再进行定位，这样就可以清楚地知道自己处于什么阶段、提升了哪方面的专业技能、有什么不足之处等。

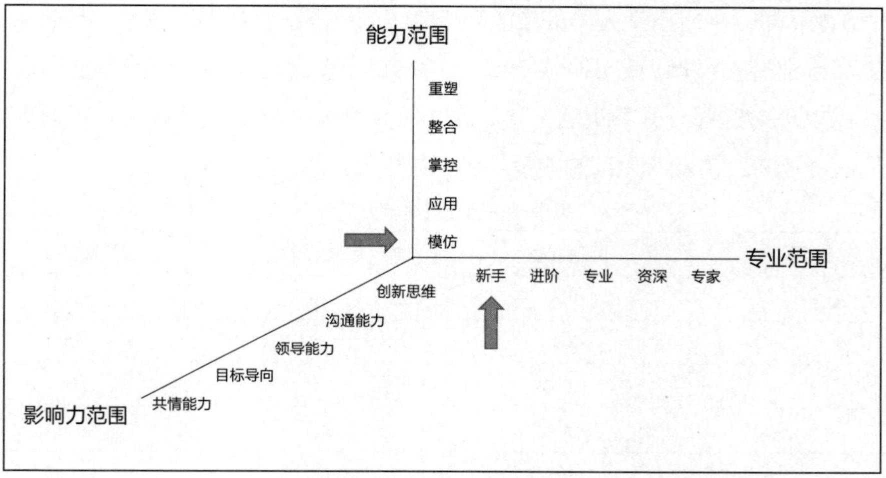

图 5-2 三维能力模型示例

长期关注自己在以上三个范围的位置是很有意思的。由于这些权衡非常独特、有个性，所以很难制定量化的标准。如果你在你认为比较重要的方面基本令自己满意，那么说明你很清楚地了解自己。如果不太满意，你就要认真对待。你要自问："我追求的东西是否合适？我的期望是否正确？这份工作是否适合我？"但也不要纠结，关键在于，你能定期权衡工作中那些重要的动力来源，并做出改变。

衣服可以定制，但职业不行。没有百分之百合适的职业，但肯定会有称心的职业，所以我们要做的就是：找到自己在哪儿。

5.2.2 放对位置：停一停，你应该在哪儿

找到自己的位置后，你就需要审视你是否适合现在的职业，以及现在的职业是否适合你，这是两种不同的思考。

你是否适合现在的职业，指的是现在的你从能力范围、专业范围甚至影响力范围是否能持续胜任。而现在的职业是否适合你，指的是现在的工作、职业合不合适，如果无论你如何努力，还是没有任何提升，同时毫无方向，那么此刻的你就应该复盘自己，找到自己现阶段适合的位置。接下来要做的是从以下两个方面思考。

- 你拥有哪些能力且分值是多少？
- 你倾向的职业方向需要哪些能力？

从三维能力模型的三个维度出发，分别以100分制给自己打分，结合自身的专业范围、能力范围及影响力范围，通过当前权重、期望权重的占比来审视自己应该在哪儿。

表5-1和表5-2展示了某人的权重能力打分表的例子。根据当前权重，他将很多时间投入了专业范围及能力范围，并对现在的结果十分认可，但是对影响力范围投入不够，所以他对这部分并不满意。接下来他会调整方向，将更多精力投入影响力范围，同时对能力范围及专业范围的投入会略微降低。

表 5-1 当前权重能力打分

维度	当前权重	自我打分	能力
专业范围	40%	90	36
能力范围	40%	90	36
影响力范围	20%	30	6
合计			78

表 5-2　期望权重能力打分

维度	期望权重	自我打分	能力
专业范围	30%	80	24
能力范围	30%	80	24
影响力范围	60%	60	36
合计			84

5.2.3　突破自己：动一动，你可以在哪儿

企业不可能以一成不变的商业模式、运营模式等持续发展，职业发展也一样，也需要找到自己的破局点，持续贡献价值。

对大多数人来说，如果经验或能力保持不变，其实你的贡献时间只有1～2年。你需要不断突破职业瓶颈，才能在宏观背景下的微观场景实现自己的目标。

举例来说，某企业的通用项目专业线路图如图5-3所示。假设你现在处于新手阶段，属于新手项目经理（新手–级别3），在不考虑实际公司晋升政策的情况下，想在3年内达到专业–级别7，你要如何设定合理的目标并实现自我突破呢?

某企业通用项目专业线路图

范畴	层级	新手			进阶			专业			资深			专家		
		级别1	级别2	级别3	级别4	级别5	级别6	级别7	级别8	级别9	级别10	级别11	级别12	级别13	级别14	级别15
能力	模仿	1	1	2	2	2	3	3	3	4	4	5	5	5	5	5
	应用	1	1	2	2	2	3	3	3	4	4	4	5	5	5	5
	掌控	1	1	2	2	2	3	3	3	4	4	4	5	5	5	5
	整合	1	1	2	2	2	3	3	3	4	4	4	5	5	5	5
	重塑	0	0	1	1	2	2	3	3	4	4	4	5	5	5	5
技能	业务能力	1	1	1	1	2	2	2	2	3	3	4	4	5	5	5
	敏捷管理	1	1	1	1	2	2	2	2	3	3	4	4	5	5	5
	风控管理	1	1	2	2	2	3	3	3	4	4	4	5	5	5	5
	规划能力	1	1	1	2	2	2	3	3	3	4	4	4	5	5	5
	成本管理	0	0	0	2	2	2	3	3	4	4	4	4	4	4	5
影响力	共情能力	1	1	1	2	2	2	3	3	3	4	4	4	5	5	5
	目标导向	1	1	1	2	2	2	3	3	3	4	4	4	5	5	5
	领导能力	0	0	1	2	2	2	3	3	4	4	4	4	4	4	5
	沟通能力	1	1	1	2	2	2	3	3	3	4	4	4	5	5	5
	创新思维	1	1	1	2	2	2	3	3	3	4	4	4	5	5	5

图 5-3　某企业通用项目专业线路图

可以使用“OKRI发展突破模型”进行规划。目标肯定不是一蹴而就的，需要发展路径。首先要设定好自己的目标（一定是可挑战且可能达成的目标），也就是“O”（Objective）；其次要想好实现该目标需要的进阶路径（技能、分值、指标），也就是“KR”（Key Result）；最后要进行举措划分，就像WBS任务分解一样，也就是“KI”（Key Indicator），如图5-4所示。

O：目标
专业-级别7

KR1：进阶-级别4		
技能	分值	指标
规划能力		了解项目规划的基本概念、工具和方法，能在指导下制订项目计划
敏捷管理		了解敏捷基本概念，能在指导下参与每日站会、迭代规划会、回顾会等
风控管理		能在指导下参与风险识别和分析 能在指导下参与制定风险规避措施

KR2：进阶-级别5		
技能	分值	指标
规划能力		掌握项目计划制订的步骤、方法和工具 能独立制订小型项目计划 能进行基本合理的项目任务分解和计划安排
敏捷管理		掌握多种单个项目的敏捷管理方法，并可以灵活运用。帮助团队高效交付，提升团队能力，拥抱变化
风控管理		

KR3：进阶-级别6		
技能	分值	指标
规划能力		具有丰富的项目计划制订实践经验 能为中型复杂的项目制订有效计划 十分清楚项目的关键因素，灵活规划，能够进行多角度的度量分析
敏捷管理		能在复杂环境（如多项目并行、资源严重复用、多分支管理、“极速”发布等）下实施敏捷化转型
风控管理		

KI 1		
行动	标准	指标

KI 2		
行动	标准	指标

KI 3		
行动	标准	指标

图 5-4　OKRI 发展突破模型

1. 设定想要挑战的目标，即往哪里走

目标一定要清晰、具体和详细，切不可盲目自大，如图5-5所示。这个阶段关注目标的合理性。制定目标有以下三个重点。

O：目标
专业-级别7

图 5-5　提升目标

1）给目标设定梯度（质量）。首先，一定要结合自己目前所处的环境，结合实际场景设定，如在互联网行业场景下的项目管理，可设定如何运用敏捷项目管理确保产品高效、高质交付。其次，目标要有“标尺”，不可盲目自大。最后，要有成就感，可以用类似于迭代或里程碑的方式，每完成一个迭代或里程碑都是一次成功。在设定目标的时候多问问自己为什么，有没有说服自己，因为在实现目标的过程中，你并不是一个人在战斗。方向不正确且连自己都不认可，之后的路径都会偏离。

2）给目标设定围栏（范围）。实现最终目标的路程一般很远，可以试着给自己设定一些围栏，如目标的数量、目标的优先级、完成目标需要的条件等，制定可量

化的衡量范围标准，平衡自己的能力配置。

3）给目标设定可挑战的时限（时间）。即使是自己对自己的承诺，也要有时间要求，可以根据目标的大小设置时间，但建议不要太久，并且过程中一定要以季度、月度为单位复盘，甚至可以是双周，以便调整方向。

想一想：反问一下自己，你现在的目标和以上三个重点匹配度高吗？

2. 实现目标的路径设定，即如何实现目标

按照进阶–级别4、进阶–级别5、进阶–级别6设定路径，如图5-6所示。首先，路径服务于目标，一定要起到支撑目标的作用。其次，路径中的技能要具备一定的挑战性，以此充分激励自己，持续添加“燃料”。最后，拆解实现目标的路径其实类似于庖丁解牛，最终不仅可以实现目标，也会形成解决问题的思维模式。

想一想：无论是生活、工作，还是爱情，是不是都在持续地解决问题呢？

必要路径1：进阶–级别4		
技能	分值	指标

必要路径2：进阶–级别5		
技能	分值	指标

必要路径3：进阶–级别6		
技能	分值	指标

图5-6　路径分解

3. 实现目标的行动举措，即能够落地的实现方式

这里强调的重点就是执行力，而执行力取决于自我领导力。行为举措就是最基础的落地。目标易制定，必要路径易分解，但是实操落地往往是最难的，所以要高维思考，低维落地。

想一想：在过往的工作中，自己做过哪些真正落地的事情？

需要注意的是，OKRI的顺序并不一定要线性，前后顺序可以根据个人情况、环境因素等灵活调节。

总之，我们要有目标感，学会设定有挑战性的目标，并通过实现路径进行规划，最后落实到具体的行动上。同时，理解、包容现有的环境，接受不确定性，充满勇气，不仅关注成功，更关注闭环下的失败，这样才能适应多变的职场。我们还要思考企业的计划目标和自身的计划目标是否一致，个人能否保持初心。这需要时间沉淀和人生悟性，即所谓进化的力量。

5.2.4　每个人都应该有的人生地图

假如不同地域的人要去同一个城市旅游，虽然出发点不同、路线不同、出行方

式不同、制定的旅游路线也不同，但都为了同一个目标而努力。在我们的一生中，也需要一幅人生地图指引我们完成自己的使命并贡献自己的价值。如何设计我们的人生地图呢?

1. 搭建并界定职业的生存之基

曾经有这样一件事：笔者和一位老板完成了一轮整体战略规划工作，当时已经凌晨三点了。他忽然问我："你现在所做的工作是你喜欢的吗？"当时我没有立刻给出答案。老板又说："当公司逐渐稳定、进入正轨后，我要开一家咖啡店，地点就在安静的胡同中，赚不赚钱无所谓，主要为了开心，偶尔招待下老朋友，一起聊聊过去，哈哈。"回家以后，笔者也想了想，此时的工作是不是自己喜欢的？如果不喜欢，那为什么还要继续做下去呢？也许为了生存，生存是人性，是个体的本能。当你处于职业生涯的初始阶段，一定要打开适合你的生存大门。或许你在入职的时候有一位导师，其实你的人生中也需要一位导师，为你指引方向，为搭建你的职业生存之基提供高质量的参考。

2. 建立并维持职业的可持续性

通过复盘自己的三维能力模型，不断地规划、挑战及调整。建立并维持职业的可持续性，是指在满足当下需求的前提下，又不对后续的生存、发展造成大的风险。确认了自己的生存之基后，就要把这些"地基"建立得足够深，一切积累必然在某个时刻反馈给你应有的结果。

我们身边其实存在很多值得感慨的例子。有一种典型的职场人，看似职场发展一切顺利，实际上一直在消耗自己有限的能力、时间、资源，做不可持续发展的事情，用自己手到擒来的专业技能、职场关系重复、机械地工作。每个人都很乐意只做自己擅长的事情，可能还会很得意地说，有谁可以像我这样按时完成工作，不用加班？有谁能比我熟悉？此时的你应该认真想一想，今天的这种模式是牺牲了未来多少可持续性而得来的?

所以不要透支未来可持续发展的可能来换取现在的轻车熟路，一定要减少不可持续的资源消耗，同时在满足生存之基的基础上突破自己，建立并维持职业的可持续性。

3. 高效完成平台的核心事项

笔者之前看过一个视频，国外一名国家级的演奏家在桥洞下演奏，路过的行人很少驻足欣赏，而在大舞台上欣赏这名演奏家的演奏，门票是十分昂贵的。由此可见，任何一种职业、能力都需要一个平台去展现，所以一旦确认自己前进的方向，一定要在所属平台上高效完成核心事项，自然而然地证明自己。

人生地图可以以年龄为路径，也可以以职业生涯为路径（见图5-7）。不要给自己的人生设限，没有绝对的成功，所有成功都是概率，你要做的就是提高成功的概率。

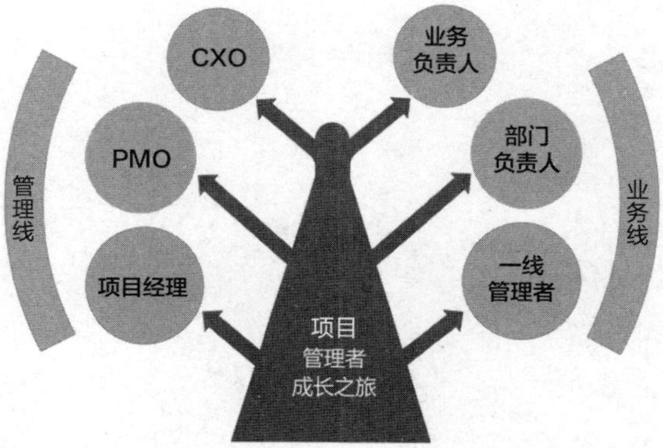

图 5-7 项目管理者成长之旅

管理者按所处的管理层次可分为高层管理人员、中层管理人员与基层管理人员；按所处的业务领域可分为管理线管理者和业务线管理者，前者负责管理整个组织或其中某个分部的全部活动，后者负责管理组织中的某类业务。不同企业管理者的岗位和层级划分都有差别。5.3节将从管理线和业务线两条路径分享项目管理者的成长之旅。

5.3 业务线项目管理者的成长之旅

何凡

亚历克斯是本节的主人公，他就职于一家小型互联网教育企业。本节将以他的经历为参照，逐步拆解他遇到的困难，提出解决办法，和你一起走完这段管理者成长之旅。

在旅程开始之前，请你思考两个问题。

第一，刚做管理者的时候，该如何管理团队？比如，总觉得该采取一些行动来管理团队，于是经常开各种会，但又觉得耽误时间，影响项目进度；想到哪儿说到哪儿，给团队定很多目标，结果第二天就变了；团队成员抱怨没有清晰的工作职责，要干很多非本岗位的工作，有些事也不知道怎么做。

第二，一个高级别的管理者是如何成长起来的？比如，你已经带了几个人，但没有清晰的职业规划，究竟业务负责人、部门负责人和一线管理者各自的核心工作是什么？假如给你五年时间，你知道该怎么提升管理水平吗？接下来，我们和亚历克斯一起寻找问题的答案。

5.3.1 一线管理者

1. 故事

亚历克斯作为技术人员工作两年了，从一个职场新手成长为技术领域的高手，平时有很多同事向他请教问题。他作为技术骨干，绩效突出，得到了上级和同事的认可，被晋升为一线管理者。

在组织第一次团队会议时，亚历克斯心里没底。他想起上级领导的做法，先让大家汇报工作，再点评和协调，于是就按这个思路推进会议。小李先说了一下手头的开发工作，亚历克斯点出哪里做得不对，需要改进。小李的第一反应是“我不知道该怎么做”。亚历克斯心想有反馈就好，于是说：“没关系，这事儿你先放放，我来做。”按这个流程，大家在一片和谐中结束了会议。

随着对新岗位的适应，亚历克斯对团队的要求逐渐提高。小孙工作不积极，总是拖到截止时间才交付，质量还不合格。亚历克斯真想直接辞退他，但团队缺人，时间紧、任务重，只能天天加班，给不合格的工作“擦屁股”。

夜深人静时，亚历克斯忍不住问自己：“当管理者到底有什么好，一个人做容易多了。结果不仅需要干大家的活，绩效还不好，有时更要看他们的脸色。到底该怎么办呢？”

思考：你会给亚历克斯打几分？初登管理岗位，你是不是也有同样的问题？你思考过如何解决吗？

2. 分析

1）值得肯定的：重视与下属的关系；非常负责，坚决完成任务。

2）需要注意的：不能有效分配任务，制定工作标准；缺乏管理者思维，还是执行心态；不能辅导下属成长。

3. 认知：难点和困扰

1）困扰一：习惯先执行、后思考或不思考。新手管理者一般还保持着执行心态，来了任务先干再说。工作推进主要靠身先士卒，很少主动思考工作的目标是什么，为什么要做，也缺乏工作拆解与工作计划安排的思路。

2）困扰二：自己没有底气，无法服众。总觉得下属的工作不符合预期，沟通时又无法说服下属按自己的思路工作。整体绩效不达标，又不知道怎么处理。

3）常见问题。

- 充当和事佬，遇到冲突总是躲避，感觉下属不听话，有时故意和自己对着干。
- 个别下属总是抱怨，而且完不成任务，影响团队氛围。
- 晋升后，角色发生变更，原来的朋友变成下属，工作安排和沟通出现问题。
- 更多的时间用于管理，导致个人绩效下降，团队绩效不升反降。

4. 解法：如何升级

在管理者的成长中，这些难点和困扰只是表象，重要的是思维上的转变。

1）理念一：你不是一个人，要靠团队完成工作。亚历克斯需要从关注个人绩效转变为关注团队绩效，争取个人和团队绩效双重达标；从关注自己的任务转变为关注他人的任务，从关注个人成长转变为关注团队成长。下属有工作不会做，要辅导他学会，而不是亲自上手。

你可能会想，说起来容易做起来难。下面用一个基本问题测试一下你的思考方式。你的团队有多少人，你会用哪种方式计算？是下属的总人数，还是包括自己在内的团队总人数？如果你常常按前者计算，是因为你没有真正意识到，自己和团队是一体的。

不管你处于何种岗位，都有可能因为过于关注自己的工作、感受、成长而忽略团队，这时很难领导下属完成工作。这种思维转变其实一点都不简单。

需要强调的是，一线管理者还要承担一部分个人业绩，但更多的业绩要靠团队来完成。

2）理念二：确立管理者角色。你有没有类似的情况，如对绩效不达标的小孙无可奈何；怕下属反对或受到打击，不愿意给出负面反馈；老员工的业务及学习能力与企业当前形势不匹配，但是不知道如何处理。

在管理过程中，要在打造高绩效团队和做舒服的个人中做出抉择。如果要打造高绩效团队，就需要确立一个管理者角色，用不同的角色身份思考不同的问题。比如，辞退不合适的下属会心存愧疚。这时问问自己，做这个决策的时候，应该用哪个身份？如果你问完自己这个问题还会纠结，就继续问自己，想要一个什么样的团队？我想你会回答，要成员能力强的、能打胜仗的、有集体意识的。如果你不处理这位员工，团队会成为你想要的团队吗？这样就能下定决心，除非你并不是真的想要，只是说自己想要。

对低绩效员工的仁慈，就是对高绩效员工的惩罚。越优秀的人越不希望跟低绩效的人一起工作。你的团队在不断汰换，也在不断聚集优秀的人才，这就能更好地达成目标，集体成长。

管理者角色的确立不是一蹴而就的，首先要意识到自己存在这个问题，才能针对性提高，加速成长。

3）理念三：用好管理者抓手。故事中，亚历克斯授权和分工不到位，揽了很多工作；对于下属，没有辅导，反而亲自上阵。这些都是管理权力和职责缺失的表现。很多时候，你不知道自己要做什么管理动作，不知道有哪些人事权可以利用。

晋升一线管理者后，你要意识到自己有一些管理权力和职责。管理权力意味着基础人事权，如招聘、晋升、评估、奖金、辞退等；管理职责意味着你需要执行管理工作，如分工、授权、辅导、反馈等。当然，不同的企业赋予的权力和职责可能不一样，请向企业确认自己的权力和职责。很多企业都有规定，绩效打分时不能都给优良；另外，如果管理者推荐的员工晋升答辩没通过，说明管理者工作不到位，负有一定责任，会影响管理评级。

5. 基础：必备基本功

这里的基本功指该阶段管理者核心的、需要反复训练的能力，而且是递进的，如果前一个阶段出现过，后一个阶段就不重复了。一线管理者的基本功如下。

1）通过他人完成工作。通过他人完成工作是一线管理者的基本功之一，具体包括以下四个方面。

第一，授权。要充分授权，给员工机会，即使承受一些损失，也不要过多干预他的工作。当然也要根据工作的重要性授权给不同层级的员工。

第二，辅导。对于一些关键工作，第一次布置给某个员工A时，可以安排经验更丰富的员工B为他做相应辅导，让A可以快速进入状态，掌握工作流程和规范。

第三，激励。对工作绩效较好的员工进行精神或物质上的激励，可以引导员工向你期望的方向发展。

第四，招聘。当现有团队不足以应对相关工作，又不能通过学习和培训解决时，就要从外部招聘相应人员。一线管理者需要掌握岗位详情书编写、面试、评价等能力，才能招聘到比较合适的新员工。

2）任务分解与定计划。一线管理者很重要的一项工作是把目标拆解成可执行的计划，再分解成任务让团队去做。有如下三个步骤。

- 拆里程碑。注意步骤是否必要，交付成果是什么，成果是否可验证，有没有前后依赖关系。
- 拆工作任务。工作任务不是越细越好，可以遵循独立负责、可完成、可验证、逻辑清晰完备的原则来拆。
- 拆优先级。要识别任务的优先级，区分核心任务、常规任务和可调整任务。

3）科学开会。开会是管理工作最高频的场景之一，但是很多企业的会议极其低效，一直做信息陈述，没有结论，更别提解决问题和执行。其实，开会最重要的是明确会议目标与议程。通常先同步信息，其次交流观点，再次达成共识，最后下达任务并执行。

一线管理者的成长如图5-8所示。亚历克斯意识到了自己的思维盲区，开始刻意训练基本功，不断反思和改进。

半年后，他能合理授权并及时跟进工作，开会也不只追求气氛和谐了。对于不合格的下属，辅导他们进步，多次不达标的，也开始进行人员替换。下属能力越来越强，团队整体能力也得到了提升。

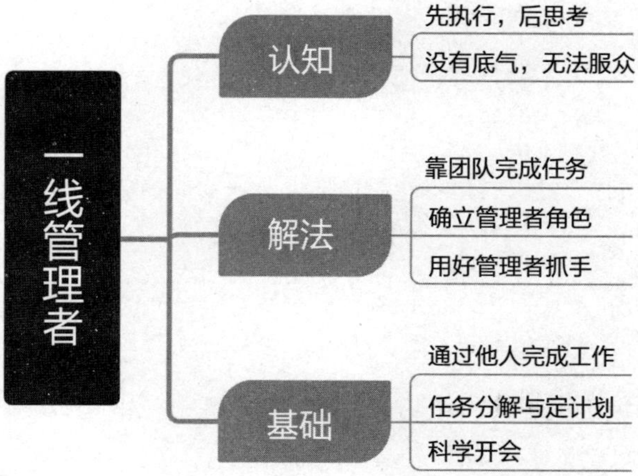

图 5-8　一线管理者的成长

5.3.2 部门负责人

1. 故事

随着公司业务发展，亚历克斯被提拔成为技术部门负责人，管理五个小组。亚历克斯虽然接触过平行小组的工作，但对他们的业务不太熟悉，再加上没有相关经验和专业知识，所以心里打鼓："该从哪儿着手呢？"亚历克斯硬着头皮任命了能力较强的小王作为自己的接班人，带领自己原来的小组。两个小组的负责人不做变动，剩下两个小组招聘了新的负责人。

在工作推进过程中，找亚历克斯的人越来越多，渐渐地，他被各种会议压得喘不过气来。公司业务会议需要亚历克斯出席，跨部门协作会议需要亚历克斯参与并协调，本部门会议需要亚历克斯参与并决策，还有各种项目评审、工作计划、成本收益等会议。亚历克斯的很多下班时间也被工作占据，他真想给自己放个长假，找个无人的地方，安静地休息休息。

另外，小组间协作也出现了问题。在一次部门会议上，亚历克斯提拔的小王和其他小组的负责人起了冲突，亚历克斯协调解决了问题，但维护了小王。之后，其中一位小组负责人与小王几乎不再交流。亚历克斯没有及时与他们沟通，结果这二人先后辞职。小王的辞职对亚历克斯打击很大。

这种情况下，亚历克斯为了赶上项目进度，决定代管这两个小组，熟练地拆解和分配任务，跟进每个组的情况，并且身先士卒，承担了大量的具体工作。有他带头，部门人员开始积极配合，最终按计划完成了项目，但是所有人都疲惫不堪。不久以后，另一个新来的小组负责人也递交了辞呈。

思考：你发现亚历克斯管理中的问题了吗?

2. 分析

1）值得肯定的：有解决团队冲突的意识；需要时身先士卒，领导团队，保质保量完成任务。

2）需要注意的：无法培养和激励一线管理者；不能客观对待下属多个小组；不能为部门争取资源，无法缓解部门执行压力。

3. 认知：难点和困扰

你可能认为部门负责人和一线管理者没什么不同，就是管的人多了，但其实是完全不同的。在部门负责人的岗位上，一线管理者的经验和技能可能妨碍你的工作。部门负责人这个阶段会遇到如下困扰。

1）困扰一：缺乏掌控。亚历克斯本来直接管理项目，什么事情都可以直接掌控，有问题很容易找到原因，但是晋升以后，发现很多信息隔了一层才能拿到。亚历克斯原来熟悉小组里的每个人，晋升以后，其他小组的人就不一定熟悉了，而且无法及时了解跨级下属的状态，很多客户反馈也倒了几手才拿到；对项目进展无法做到实时把控，有时与上级沟通项目情况时需要找小组负责人了解。

2）困扰二：一线管理者能力不足。有些一线管理者是从核心员工晋升上来的，管理意识和能力不足，导致其负责的项目进度与预期差距很大；有些新招聘的一线管理者无法适应企业环境，离职率高。结果部门绩效很差，部门人员流动性很大。

3）困扰三：团队压力大，争取不到更多资源。晋升之前，资源不足有上级想办法，现在遇到项目压力时，只能想办法带着部门人员拼命加班，对外却不敢施压与争取资源。

4. 解法：如何升级

1）理念一：制定流程规范。部门负责人需要有制定流程规范的意识，包括部门架构的调整、人员梯队建设标准、岗位成长地图、激励机制、知识积累办法、会议沟通机制等，以解决部门工作划分、人员培养与激励、信息沟通不及时等问题。

各种流程规范制定好了，部门大部分时间是可以自动运转的，你才有更多时间去思考和做更重要的事情。

2）理念二：充分了解相关部门的工作。部门负责人要跳出自己的局限，关注上下游和各个部门的工作，从只精通自己的专业转换到熟悉各个部门的业务知识，从盯着内部工作转换到了解上层需求并对接。这种思维的升级，基本上决定了你是否会成为上一层级管理者的候选人。

一个部门负责人，如果把自己的部门看得太重，就会影响整条业务线的有效运转；放低姿态，主动和其他部门融合，会带来更高的部门价值。但每个人都会被自己看不到的东西困住，该怎么打开思路，去了解各个部门的工作和知识呢？其实人人都渴望参与和沟通，让协作的人员一起参与，就是互相了解和学习的过程。通过积极学习其他部门的业务和工作，了解不同领域的思维方式，才能加快业务进展。

3）理念三：拔高视角看部门。要建立假设思维，假设自己是更高一级的管理者，从团队思维、部门思维提升到业务思维，进而站在公司视角整体思考问题，从战略的高度去俯视，看自己的部门要如何建设。这时需要收集各种信息，可以采取行业交流、客户调研、跨部门反馈、外部学习等手段。思考自己部门有什么样的组织架构需求和人员能力要求，各个小组的团队能力要如何建立并彼此互补，绩效目标如何制定才能激励团队前进。

如果这个阶段你还在追执行，就有职责下沉的问题。追执行是一线管理者的工作，你过多参与，不仅不利于下属成长，也会影响你的决策。部门负责人要选拔和培养一线管理者，让他们学会思考如何管理好他们的团队。职责下沉会带来很多隐形成本，拿着高层级的工资，干着低层级的事情，造成产品交付成本直接增加。

很多公司到了快速发展阶段才发现人才不足，招人困难，即使招来了也留不住。所以部门负责人要拔高视角，站在业务线角度思考某件事的战略意义；建立部门人才梯队，提拔和培养一线管理者。

5. 基础：必备基本功

1）选拔和培养一线管理者。选拔和培养一线管理者是部门负责人最重要的工作之一。一线管理者是人才梯队的基础，是发展的动力源。你要选的不仅是专业型人才，还有管理型人才。平时要关注员工的发展方向，注重培养员工的管理思维与相应工作方法。

2）识别关键路径，计算投入产出比。识别关键路径是顶层设计的一种思考方式，在思考某项业务时，从该业务背景出发，多花时间想清楚目标，接着梳理出实现这个目标的关键路径，关键路径各阶段目标的达成要能推导出整体目标的达成，最后评估需要投入的资源。

投入产出比是指做一件事情的价值是什么，产出是多少，投入的成本是多少，可以判断这件事值不值得做。

3）复盘与知识沉淀。复盘是通过还原项目的整个流程，梳理其中好的方面和坏的方面，归纳出对应措施与解决方案，并在复盘过程中让团队达成共识，把知识总结沉淀，形成组织过程资产。

部门负责人的成长如图5-9所示。亚历克斯与各个部门充分沟通，认真学习各种相关知识，并在一线管理者的培养上花费很大精力。同时，制定了部门流程规范，并不断优化；带领大家定期复盘，沉淀了大量的经验和认知；常常与其他部门探讨如何从不同维度支持同一个战略目标。亚历克斯获得了各个职能部门及公司领导的一致好评。

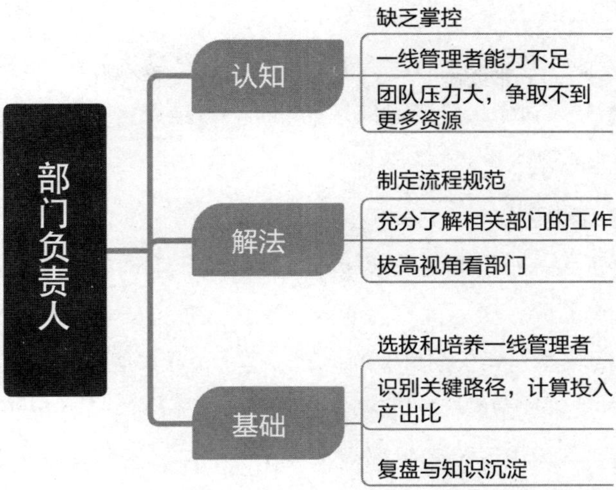

图 5-9　部门负责人的成长

5.3.3　业务负责人

1. 故事

由于亚历克斯的业绩突出，恰逢公司探索该业务线另一个细分市场，于是亚历克斯被任命为该业务线的负责人。角色的转变带来的是权责的变化，此时他不仅需要管理技术部，还需要同时管理教学资源部、销售部，对接部门的深度及范围也发生了变化。

虽然积累了很多业务经验，但要真刀真枪上战场，还需要做好充分的准备，所以他从下面几点着手：对于工作范围的扩大，界定基线；对于管理团队的增加，平稳整合；对于工作流程的建设，摸清脉络；对于工作目标的转变，找到痛点。

为了尽快开展业务，亚历克斯参考之前的数据，设定技术部、教学资源部、销售部的业绩目标，同时明确了沟通机制、协作机制等。但一段时间后，他发现设定的业务目标往往无法完成，而且团队的士气逐渐低落；沟通时间逐渐增加，当初设定好的协作机制也越来越臃肿。

此时，他为了尽快让业务走上正轨，想运用技术手段辅助解决矛盾，逐渐将大部分精力放到技术部，制定一系列的规划等，但收效甚微，甚至他之前提拔的管理技术部的老部下也有一些负面情绪。

思考：你看到了亚历克斯哪些值得肯定的做法？有什么问题？

2. 分析

1）值得肯定的：考虑到了各部门的工作策略；制定了各部门的业绩目标。

2）需要注意的：过于关注自己熟悉的部门，甚至亲自参与指导工作；过于关注内部问题，忽略外部环境与战略应变。

3. 认知：难点和困扰

升任业务负责人，视角要进一步拔高，要认识到不确定性才是常态，不平衡也是一种平衡。这个阶段，要以战略为导向，确定业务方向，凝聚不同部门、不同职能的人员，实现短期盈利和长期价值的平衡。这个过程中有更多困扰。

1）困扰一：思维局限性大。很多业务负责人由于之前长时间管理一个部门，不了解其他部门的业务，思维就容易局限在某个部门中，忽略其他业务部门及人力、财务等职能部门的工作，导致可能某部门的工作进展顺利，但总体来看无法达成业务目标；即使关注了所有部门的工作，也可能缺少用户与行业视角，不能及时发现市场变化，调整战略方向；有的关注了市场变化，但是缺少商业思维，业务目标出现问题。

2）困扰二：对不确定性的焦虑。部门负责人岗位，战略和业务目标比较明确，对目标进行拆解、监控与实现都有规程可依，但是升任业务负责人后，就需要确定一项业务到底有没有机会，能不能赚钱，但面对不确定的市场方向，往往不知所措。要增加确定性，业务负责人就要千方百计收集各种信息辅助判断，但是很多信息错综复杂，有些还彼此矛盾，自己又承担着所有人员的期待，所以害怕选错，变得谨小慎微，非常焦虑。

3）困扰三：无法让所有部门勠力同心。对企业来说，很多时候战略与目标不清晰，各个部门都有自己的工作重心，导致部门墙问题严重，甚至职责模糊或重叠，部门间协同工作问题很大。业务负责人需要拔高视角，并让部门负责人也意识到这些问题。部门间不是零和游戏，而是要共同努力实现业务增长。

4. 解法：如何升级

1）理念一：用系统性思维看问题。系统性思维指的是一种框架感，从战略出发，覆盖了一件事的全生命周期，也就是对顶层设计的理解。比如，亚历克斯的一个业务目标是今年销售额提升20%，怎么考虑这个问题呢？要拆解目前的销售情况，如决策、定价机制、优惠策略、销售流程等；分析各个环节，如调研外部环境，包括社会信息、宏观经济、竞争对手、行业科技、政府政策信息等，评估各种因素对市场定位、盈利能力的影响，判断出增加供应链和客服投入可以保证销售额增加，进而考虑调拨尽可能多的资金用于营销投入和销售激励。这些就是针对一个目标做出的系统性思考。在自己考虑不全面时，要学习不同层面的知识，请教不同视角的人员，才能更加全面地考虑多种不同因素。

2）理念二：辩证思考问题。对业务负责人来说，任何问题都要辩证思考，如战略、人才、组织三者要尽量保持动态平衡；对于销售业绩与价值观的建设、因人设岗与因岗招人、人才梯队建设与快速扩充、客户增长与客户体验、企业生存与使命愿景等存在关系的因素，都需要辩证思考矛盾点在哪里，一致性在哪里。其实，不平衡是常态，要调整它们的关系，使它们保持动态平衡来推进业务，就需要业务负责人不仅有明显的长板，还不能有太短的短板，如果短板太短，一定要赶紧补上。

3）理念三：相信自己。作为业务负责人，强大的自信很重要，这种自信不是盲目的，而是基于客观事实、逻辑自洽的笃定感。有时你对一件事没底气，有恐惧感，是因为不太确信这件事真的有价值，也不太确信能获得大家的认可。但是当你换个角度，推进一项逻辑通畅的业务时，心里是踏实的，你的内心确认业务前景广阔，并真实可行，这样在领导大家时就会有力量，并把力量传递给所有人员。

5. 基础：必备基本功

1）顶层设计能力。顶层设计的核心是战略管理，一般分为战略制定、拆解、通晒、对齐、复盘等几个步骤。其中战略制定是最难的步骤，而通晒、对齐与复盘是容易缺失的步骤。

2）组织和人才诊断。定期进行组织和人才诊断，有助于业务负责人掌握人员状态。比较成熟的企业大概半年做一次，据此结果调整组织架构，盘点人才，并指导用人策略。

3）落实企业文化。企业文化分解出来其实就是使命、愿景和价值观。很多企业迫于生存压力，不一定有使命和愿景，但一定有价值观。实际上，企业想要长期发展，并让大家一起奋斗，就需要持续思考使命和愿景。有了能够感召人心的长期使命，有了中短期可以激励团队、凝聚人心的愿景，就更容易形成对业务团队素质和业务目标进行衡量的价值观，进而明确做事的原则，减少沟通摩擦，增加团队战斗力。

业务负责人的成长如图5-10所示。亚历克斯重新调整自己的时间分配，把一部分时间用于学习和思考，并积极参加公司外的活动，如行业交流会、高端人才峰会、政府闭门会等，获取前瞻技术、顶级人才、政策法规等信息，提升了思维高度，也制订了改进计划，把测评、团队反馈、复盘等应用到工作中。同时，他开始思考如何搭建科学的组织架构和人才梯度，以保证战略和组织的灵活与协同。

更重要的是，他通过各个部门的配合，发现了教学资源部中可以大幅提升效率的关键点，于是组建了专项小组，共同推进了该项工作，为公司节省了高额课程制作成本，进一步提升了利润空间。

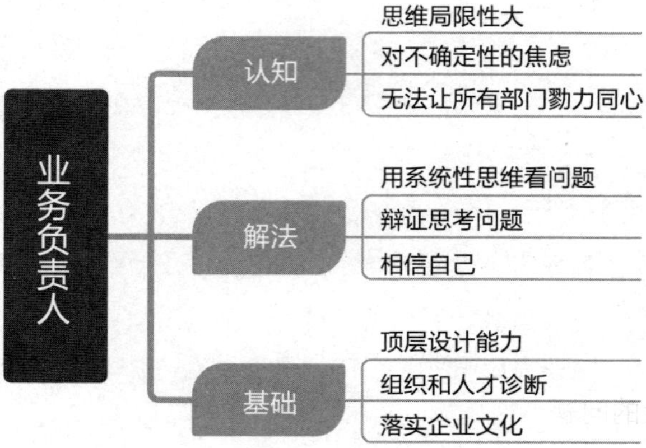

图 5-10　业务负责人的成长

至此，我们陪着亚历克斯走完了这段旅程。这段旅程是职业生涯的一个分支，也是其中的一个阶段，走到这里，无论是对个人还是对企业都是一个里程碑，未来有更广阔的空间等着亚历克斯。

5.4 管理线项目管理者的成长之旅

何凡

本节继续采用故事的方式讲述管理线项目管理者是如何成长的。主人公叫维奥莱特。我们跟着他一路成长，逐步拆解他遇到的困难，提出解决办法。

在旅程开始之前，请你思考两个问题。

第一，刚做管理者的时候，该如何管理团队？比如，总觉得该采取一些行动来管理团队，于是经常开各种会，但又觉得耽误时间，影响项目进度；想到哪儿说到哪儿，给团队定很多目标，结果第二天就变了；团队成员抱怨没有清晰的工作职责，要干很多非本岗位的工作，有些事也不知道怎么做。

第二，一个高级别的管理者是怎么成长起来的？你知道项目经理、PMO和CXO各自的核心任务是什么吗？如果你用五年的时间提升管理水平，你知道该把重心放在哪儿吗？

接下来，我们和维奥莱特一起寻找问题的答案。

5.4.1 项目经理

1. 故事

维奥莱特通过了PMP认证，属于懂项目管理的人了。在领导的安排下，他作为助理管理了一个小型项目，取得了不错的成绩，因此被提拔为项目经理，并被委任负责一个社交类的产品开发项目，等维奥莱特到位就正式启动。

初为项目经理，维奥莱特踌躇满志，盘算着如何开展工作。首先，制订里程碑计划；其次，遇到困难不能在项目成员面前表现出慌乱；最后，搞好团建，让成员合力解决各种问题。他甚至设想项目成功后，对成员论功行赏，让大家都有“奔头”。但项目进行的过程中，出现了各种问题，让维奥莱特焦头烂额。

1）团队建设的问题。维奥莱特到了项目组，见到的是一脸疲惫的项目成员，好几个是初入职场的新人。大家只是简单打个招呼就忙各自的工作去了。而随着项目推进，在压力下，有的成员控制不住情绪互相争吵，项目组人际关系比较紧张。

2）确认范围的问题。规划产品第一次迭代时，业务部门给出的描述比较模糊。维奥莱特与项目成员按照自己的理解整理出了功能清单，制定了项目范围，但执行了两周后，发现与业务部门实际需要的功能相差甚远。

3）计划制订与执行的问题。维奥莱特独自制订了工作计划，结果很多工作安排不合理。与项目骨干沟通后，大家决定一起制订计划。会议上，大家头脑风暴列出任务，密密麻麻列了很多，依赖关系也越来越复杂，会议场面越来越混乱。一个人制订计划智慧不够，团队制订计划智慧够了，但厘不清头绪。

项目开始执行，维奥莱特开始还能知道大家的进度，但没多长时间，就不知道每个人干什么了。开例会时，对于项目进展，有人说“差不多了”，有人说“还差点”。一旦认真检查成果，发现有的需要返工，有的没有按计划执行，项目失控。

4）变更的问题。项目第二次迭代的目标是Android Pad版功能上线，但是时间过半，业务部门反馈手机版才是用户急需的。如果切换目标，投入全部人员去做，也要多花两个月才能完成，导致项目亏损与延期；如果不切换目标，上线后满足不了用户需求。维奥莱特陷入两难境地。

2. 分析

1）值得肯定的：制定了项目迭代目标；与项目成员细化工作任务。

2）需要注意的：调整心态，做好应对困难的心理准备；项目组需要制定流程和规范，必要时形成过程文档和记录；要不断与业务方沟通，了解他们的想法；让大家知道全局，互相了解，做好团队建设。

3. 认知：难点和困扰

1）困扰一：做不完的项目。项目目标不等于工作范围，发现项目的潜在需求是确定工作范围的一个要点。制定当前迭代的工作范围是后续工作的依据。发生分歧，要积极澄清和谈判。项目经理最好开始就参与，尽量将模糊的范围识别清晰。

2）困扰二：计划还是“计画”。与核心成员制订迭代计划，确定迭代任务的产出物及验收标准。计划有调整和更新是正常现象，因为计划本身没有用，持续进行计划才有用。看板是计划执行的重要工具。

3）困扰三：需求变更。在这个VUCA时代，项目变更很常见，变更控制不是增加变更难度，而是让变更有序，避免出现灾难性后果。变更控制做好授权、审核、评估和确认，做出正确判断，才能避免出现按用户思路改，他们还不满意的情况。

4. 解法：如何升级

1）理念一：从理论到实践。维奥莱特作为懂理论的项目经理，以前还经常向其他同事传授知识，说起过程组、知识领域头头是道。而真正到了项目中，却发觉不知道学过的项目管理知识怎么用。

书本上的知识是“套路”，实战中的情况千变万化，不能照着理论管理。实际上，维奥莱特缺的是一个实践验证过的模板和流程，但这个差距就像“理论到实践的最后一公里”，看着就差一点点，但就是收不到实效。要想越过这最后一公里，需要的是实践经验，或者是有经验的人的帮助。

2）理念二：从管事到管人。初学项目管理时，维奥莱特认为管理的对象是项目，是事；但实际工作中，管理的对象都是人。同样的事情，不同的人做，或者用不同的态度应对，得到的结果完全不同。比如，项目组内一个刚刚毕业的年轻员工，能主动找相关用户了解情况，几天时间可以写完一份系统接口调研报告；另一个老员工，整天坐在计算机前却什么也写不出来，做的方案也漏洞百出。需要关注成员状态，主动进行团队建设，才能保持团队战斗力。

项目涉及的外部人员很多，项目经理处理人际关系的能力不同，可能造成不同的结果。比如，同样一件事，A与用户沟通被拒之门外，B去沟通就手到擒来。事后才知道，A受阻的原因是与用户沟通时没有考虑用户的心理感受，而B却在关键时刻帮用户渡过难关。多从用户价值的角度考虑问题，以双赢的思路去解决问题。

3）理念三：从混乱到规范。维奥莱特以前认为流程和规范是一种束缚，因此对于团队的管理相对松散。但是，工作内容增多，加剧了项目组工作状况的松散和混乱，由此维奥莱特逐渐意识到，规范在项目中很重要，不仅不会浪费时间，还能提高沟通效率，不用一遍一遍说，一遍一遍澄清。交付项目中的一处混乱可能引起一场灾难，项目组需要遵守流程和规范。

5. 基础：必备基本功

1）沟通/RASCI模型/换位思考。沟通是项目经理应具备的重要技能，项目经理可能80%的时间都花在沟通上，需要识别沟通对象和信息要求，确定正确的沟通方式。沟通重要的是“尊重”“聆听”“理解”和“共赢”。

沟通是有层级的，有些棘手问题提高一个层级沟通，往往能取得事半功倍的效果。需要改变思考问题的立场和角度。

一个项目的人员可以按RASCI模型分为负责人（Responsible）、批准者（Accountable）、支持者（Support）、咨询者（Consulted）、知会者（Informed）等角色，不同角色有不同的分工与职责。由于出发点不同，不同角色的关注点也有差异。沟通的时候，尽管在谈同样的需求，但是有人的出发点是“提高工作效率、提高用户满意度”，有人的出发点是“工作量”“难度”“性能”，思维不一样，语言不一样，沟通不畅就可以理解了。换位思考，才能发现本质的业务需求，进而结合自己的诉求，达成一致和共赢。

2）项目范围管理。有很多问题是项目范围没有界定清楚导致的。项目范围没有界定清楚主要有以下原因。

第一，没说清楚。项目前期遗漏需求，随着项目的深入，这些隐患暴露出来。因此，项目经理尽早参与，一定程度上能够避免类似问题出现。

第二，没想清楚。理想中的项目一开始就有明确的目标，但因为项目的独特性，一定还有很多不明确的地方早期没有想到。现在的项目，已经不是简单的业务流程电子化，而是通过信息技术对业务流程进行再造或业务创新。因此，对到底要做成什么样，可能遇到哪些问题，开始确实很难想清楚，需要在项目过程中逐步明确。

第三，没法控制。有时商业环境、政策法规的变化会对项目范围、需求造成重大影响。客户组织结构变化、人事变动等因素，对项目的影响更加直接。比如，新的上级思路的变化，甚至对项目的重视程度的变化，都可能直接影响项目的走向。

这些因素之间还可能相互影响，叠加之后就可能导致项目的工作范围不断变化，因此，如果没有对范围进行定义和说明，项目可能做不完。

为了做好项目，需要对项目范围进行管理。在项目初期，收集高层次的需求，并分解为近期迭代实现的需求；在项目推进过程中，随着需求和项目实际情况的深入，逐步集中和完善需求。

3）结构化思维/工作任务分解/活动清单。作为项目经理，结构化思维是必备的一种思维方式，工作任务分解就是该思维方式的思考和工作结果。制订复杂的项目计划需要团队协作完成。

活动清单的重点在于列出所有活动、确定责任人及活动之间的依赖关系，活动分解按照明确交付物、明确责任人和明确检查周期三个原则确定层次。进度计划和资源计划可以同时考虑，重点解决资源冲突，优化任务的起止时间。项目预算按照科目和时间两个维度展开，要知道每件事应该花多少钱，每个时点应该花多少钱。

计划的制订有明显的行业特点，专业知识、团队合作和实践经验是制订成功项目计划的关键。

4）启动会/例会/评审会/复盘会。为了统一思想，达成一致，启动会是必不可少的。例会便于把控进度，需要确定频次和形式，如每日站会、周例会等，不同项目可以采用不同的方式。评审会是把控项目质量的重要会议。复盘会是为了找出项目做得好和不好的地方，总结经验，继续发挥优势，逐步改进劣势。

5）风险识别/分析/监控/应对。

（1）可以从以下几个方面识别风险。

- 技术风险。如果项目采用了复杂或高新技术，或采取了非常规方法，就有潜在问题。技术目标过高、技术标准发生变化等也可造成技术风险。
- 管理风险。如进度和资源配置不合理；计划草率且质量差；项目管理的基本原则使用不当等，就可能造成管理风险。
- 组织风险。常见的是组织内部对目标未达成一致；高层或职能部门领导对项目不重视、资金不足或与其他项目有资源冲突等；组织人员沟通不畅，缺乏协作，人员变动，人员素质低下，矛盾和冲突激烈，缺乏激励等。
- 外部风险。如法律法规变化，项目第三方服务发生变化等，这样的风险往往是不可控的。

（2）分析。这些风险都有三个分析维度：一是风险发生的可能性；二是风险发生之后对项目的影响，包括对项目的工作范围、时间、成本、质量几个方面的影响；三是当前到风险事件预期发生时段的时间距离。

（3）监控。监控有三个目的：一是监视风险的状况，如风险是已经发生、仍然存在还是已经消失，对已发生的风险启动应对计划。二是检查风险的应对计划是否有效，监控机制是否运行。三是不断识别新的风险并制定对策，不断更新已识别风险的状态。一般随着时间推移，风险的发生概率会增加，风险的级别也可能改变。

（4）应对。对于不同类型的风险，可以采用不同的对策。有的承受，有的避免，有的提前准备。有效的风险管理可以帮助项目经理抓住工作重点，梳理工作疏漏；将主要精力集中于重大风险，将工作方式从被动救火转变为主动防范。

项目经理的成长如图5-11所示。维奥莱特解决了各种问题，最终产品正式上线。经过类似几个项目的锻炼，维奥莱特对各种项目管理工具都可以熟练运用了。他管理的项目规模越来越大，团队能力也在提升。

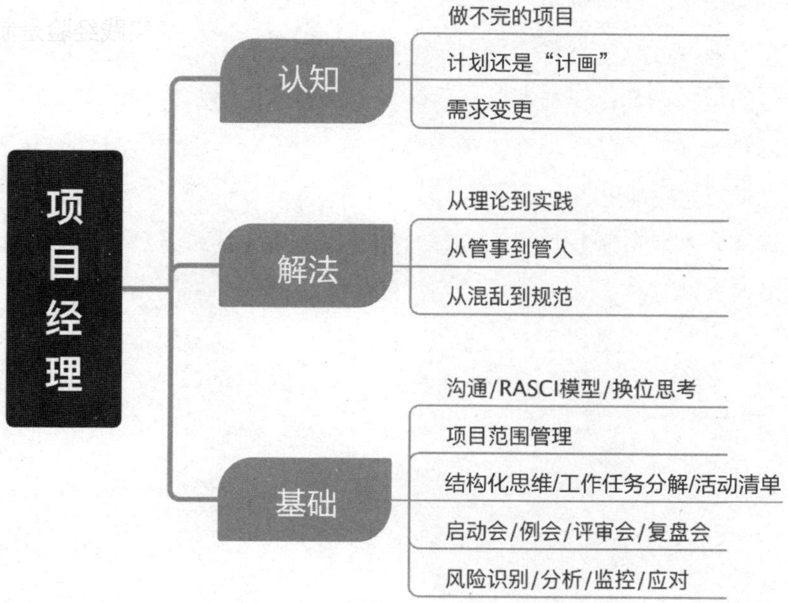

图 5-11　项目经理的成长

5.4.2　PMO

PMO是企业设立的一个职能机构名称，也称项目管理部、项目办公室或项目管理中心等。PMO是在组织内部将实践、过程、运作形式化和标准化的部门，是提高组织管理成熟度的核心部门。它运用业界最佳实践和公认的项目管理知识体系，结合企业自身的业务和行业特点，确保项目成功率的提高和组织战略的有效贯彻执行。

1. 故事

维奥莱特在项目经理的岗位上干了五年，先后担任过研发业务的项目经理、测试业务的项目经理、版本管理的项目经理，在第五年，还担任了端到端交付项目的项目经理。可以毫不夸张地说，他担任过公司所有类型业务的项目经理。在项目经理生涯中，维奥莱特不仅把自己的项目交付业务做得很好，而且严格按照公司的项目管理流程规范执行，效果不错，所以深得公司PMO负责人的欣赏。于是，维奥莱特获邀加入了公司级PMO组织，从此由一线直面用户的项目经理成了公司级PMO成员。

新上任的维奥莱特充满了激情，当然也满心忐忑。他上任的第一件事，就是完善项目管理沙盘，让自己负责的项目群通过一张项目清单清晰地展示出所有进度、质量和风险状态。然后，他给所有项目经理和项目分别建立了档案，并根据现有数据对项目经理的管理成熟度打了分，还制订了详细的项目经理培训计划。他甚至把项目经理培训计划细化到每个月，每次培训的主题都拟定好了。前两次培训活动，大家参与的积极性都比较高，可是越往后，大家越不愿意参加了。说好的每月固定更新项目管理沙盘，到了最后也是应付差事，很多项目经理干脆直接复制上一期的进展，直接把他打发了。

维奥莱特制定的管理措施不复杂，但是在推进中还是遇到了很大的阻力。项目经理抵触情绪非常大，认为很多项目进度管控有问题，有的项目提前开工是迫于市场压力，项目延期也是由于市场原因不能按期交付，项目经理自身在一线面对这么大的压力，后面还有PMO设置这么多障碍，不公平。

这些问题一直困扰着维奥莱特，他不知道该怎么办。

2. 分析

1）值得肯定的：制定了项目管理沙盘；建立了项目档案；制订了项目经理培养计划。

2）需要注意的：要明确项目经理的职责与工作规范，并培训到位；要执行项目过程审计和控制项目偏差等管理工作；项目交付过程透明化。

3. 认知：难点和困扰

1）困扰一：新手项目经理如何快速熟悉流程规范。项目经理是一个综合的管理岗位，需要面对许多管理流程。新手项目经理需要相当长的时间才能逐步掌握所需流程和规范。如何让新手项目经理快速熟悉流程规范，成了重要瓶颈。

2）困扰二：项目组之间发生摩擦。因为资源紧张，项目组之间发生摩擦，主要有以下几种情况。

第一种，临时性紧急需求。比如，老项目中的人员被调到了其他项目中，但是老项目出了问题，这时就需要从现有的项目中临时抽调人员解决问题。

第二种，关键的专家资源在组织层面共享，不属于任何一个项目组。但因为稀缺，势必成为各个项目组争抢的资源。

第三种，如果一个员工未来一段时间闲置，但是两个项目都想要他，同样会产生冲突。

第四种，已经被预订的人员，如果上个项目延期，不能按时释放，则新老两个项目之间就会发生冲突。

资源冲突的解决比较麻烦，公说公有理，婆说婆有理，冲突的时候是无法判断应该怎样解决的。为此，PMO需要按照一定的资源使用优先级进行裁定。

3）困扰三：项目经理隐瞒问题。有些问题，项目经理在报告中只字未提，直到出现了生产事故，才爆发出来。PMO找到项目经理了解情况，项目经理反馈这个问题早期并不严重，仅偶发了一两次，因此没有重视，觉得向PMO汇报没什么用，让用户知道会影响信心，项目组自己解决就行了，所以压下来没有上报。上线运行以后问题再次出现，引起了用户的强烈不满。

4. 解法：如何升级

1）理念一：角色和工作方式的变化。从直接管理项目，到通过项目经理管理项目，需要角色和工作方式的变化。PMO不是代替项目经理进行管理，而是从更高层次上帮助协调资源、共享知识、解决问题、预警风险，让项目平稳进行。

好的项目经理是成功的一半，与其匆匆忙忙派一个项目经理，不如好好评估和任命，避免中途换将引起项目波动。

好的制度还需要有力的执行，执行中不能回避问题，要分析清楚原因，对症下药，责权利一致才能落实。

2）理念二：从项目经理角度出发。制定流程规范要从项目经理角度出发。项目经理要从众多流程规范中挑出自己的职责，并且弄清该什么时候去做，不是一件容易的事，尤其新手项目经理，经常感觉无所适从。

比如，有一种团体表演，很多人同时举起不同颜色的板子，拼出图案。观众关注图案是什么，但是，对举板子的人来说，最重要的是知道什么时候该举哪块板子。所以要避免跟项目经理描述每个图案是什么，要告诉他们该在何时举起哪块板子。要想让项目经理清楚什么时候该做什么，就必须从项目经理的角度出发，制定流程规范。

3）理念三：找出问题是为了改进。管理流程中设定了审计过程，PMO负责检查多个项目，算得上见多识广。PMO可以从以下几个方面帮助项目经理改进。

（1）很多项目中的问题是有共性的。一些潜在的问题，项目成员自己不容易看到，但是PMO却可以类比其他项目，在早期就识别出潜在问题并消除隐患。

（2）PMO经常参加项目的里程碑和交付物评审，对于某类任务工作量和完成时间的评估有丰富经验。对于一个项目经理，某类项目可能第一次接触，由于缺乏经验，计划容易出现偏差。这时，PMO就可以帮助项目经理估算工作量和制订合理计划。

（3）PMO可以培训项目组的过程规范，分享各项目的最佳实践，推荐好的工具、技术和方法。通过传播一些团队建设方面的成功经验，还能起到一定的企业文化传播作用。

对于规范的执行和各环节评审要严格，只要不符合要求，就是不合规定；哪怕口头说得再好，只要拿不出要求的书面记录，就是没达标。

对于检查之后的改进工作，要认真听取项目经理的解释，可以请项目经理说明现行制度有什么不合理的地方。项目经理的替换方法不一定是错误的，也许正是组织可以采纳和推广的。

找出问题是为了改进。发现问题、改进问题的效率都提高了，才是这个理念的真正目的。

5. 基础：必备基本功

1）项目管理手册。编写项目管理手册，辅以培训与指导，在项目管理流程落地方面有显著作用。这种以项目经理为中心重组过程的方法有以下优点。

- 按照系统方法进行分解和重组，不容易遗漏，甚至可以发现原有体系的缺陷。
- 项目经理知道该在什么时间做什么。
- 通过这座桥梁，很好地建立了日常活动和管理流程之间的关系，将抽象的过程与具体的工作场景联系起来，便于培训和推广。

在推行中要注意以下两个问题。

- 熟悉项目管理手册内容不等于成了合格的项目经理，因为手册仅能保证大家动作一致，而不能保证效果一致。同样一招发出去，是否能将对手击败还要看功底。因此，绝不能忽视项目经理能力、素质和经验，以及团队管理、沟通技能等方面的培养。
- 容易养成项目经理照章办事的习惯，时间久了会束缚创造性，甚至形成重流程、轻效果的惰性。

因此，使用此方法要特别注意不要走偏。

2）项目管理系统。项目群规模较大，项目组之间关系增多，这时项目管理系统可以有效管理知识资产，将项目群变成一个虚拟的大项目组，提高信息同步和共享效率，以及项目组之间的协同水平。

对于规模较大、系统复杂的工作，基于任务的项目管理系统可以大大降低中间环节出错的可能，提高管理的准确性和效率，对组间协同也有很大帮助。

在系统选型的过程中，可以采用先试点再推广的方法。这样可以积累经验，降低风险，避免一个决策失误带来巨大损失。

3）过程审计。要确保过程能够长期执行不走样，过程审计是个有效的方法。过程审计一方面要靠有经验的人来保障审计效果，另一方面要通过有效的方法提高效率。

过程规范设置的关键检查点，可以保证过程基本不走样；结合检查点进行过程审计，可以提高审计的客观性和可操作性。不断定期审计检查点，能使大家养成执行流程规范的习惯，最后变成组织文化。

PMO的成长如图5-12所示。维奥莱特应用上述思想和方法解决了各种问题，总结了经验，逐渐适应了PMO工作，并为项目经理提供了支持和服务，完成了多项公司级项目，得到了项目经理和上级领导的认可。

5.4.3　CXO

CXO是现代公司制度下的产物，是所有权与经营权相分离的一种制度表现形式。CXO中的“X”是一种代称，代表公司里的一种特定职务。其中C表示首席（Chief），O表示官（Officer），中间的字母表示具体的分工类别，如行政、财务、营销等。因此，CXO可以是多种岗位，如CEO、CFO、CTO、CMO、CIO等。这些岗位的工作焦点都在“O”上。本节主要分享管理部分的故事。

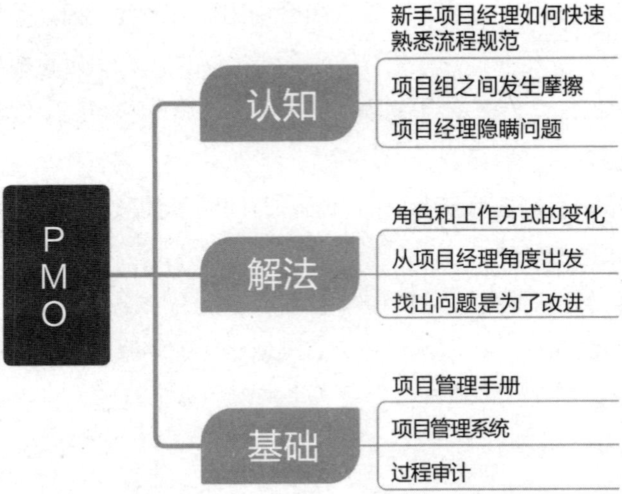

图 5-12　PMO 的成长

1. 故事

维奥莱特接受了一项重要任务，去一个已经有一定规模的研发中心任CTO。接此重任，维奥莱特既兴奋，又担忧。兴奋的是走过了单个项目管理、项目群管理之路，终于有机会独立管理一个业务单元了。担忧的是毕竟没有独立管理的经验，究竟该从何入手，心里一点儿底都没有。

赴任前夕，维奥莱特总结了过去，系统地审视了走过的路，规划了一个组织级项目管理体系层级图，包括组织级、项目级和人员级三个层次，以及在每个层级上的举措和支撑的IT系统。他还做了一番心理建设，研发中心比他之前管的部门大近十倍，理论上只要找到十个跟他一样的人，问题就解决了。维奥莱特有了这些准备，就到研发中心上任了。

工作一段时间后，维奥莱特发现，研发中心中的任何事情都跟自己有关系，大大小小的事情好像都要自己管理。人多了，事杂了，参加各种会议，客户和项目经理的电话不断。维奥莱特陷入了应接不暇的会议和电话海洋中，每天精疲力竭，而回到家最困惑的却是想不起来自己一天都忙了些什么。

维奥莱特组织制定了一整套项目管理措施，并且形成了制度化的管理体系与流程，管理的规范性上了一个新的台阶。但随着项目推进，维奥莱特发现研发中心的流程和规范在项目组中的执行情况并不乐观。特别是大批新任项目经理在管理时不断出现错误和遗漏，各种流程逐渐走形，规范慢慢退化。而且，虽然PMO不断提醒，甚至采取严厉的惩罚措施，仍没有好转的迹象。

其间，一个项目组出了生产事故，刚刚上线的系统停了半小时。幸亏在试运行阶段，还有老系统并行，没有对客户造成什么损害。但客户还是找到了维奥莱特，劈头盖脸一通谴责。维奥莱特安抚好客户之后有点儿纳闷：“不是有PMO吗？不是有周报吗？不是有过程审计吗？投入了这么多的人力、物力，可是为什么这么明显的问题却发现不了？目前项目进展状态透明了，执行过程透明了，也有各种各样的沟通渠道，不存在沟通障碍。为什么先兆这么明显的问题却一直没有发现呢？”

随着业务的不断发展，维奥莱特的研发中心签订了新的合同、拓展了新客户，但是，马上面临的就是人员匮乏的问题。维奥莱特加强了PMO与项目经理的团队建设，鼓励项目经理发扬“胜则举杯相庆，败则拼死相救”的团队精神互相帮助。这招开始还是非常有效的，只要一听说别的项目情况紧急，被抽调的项目都本着“败则拼死相救”的精神输出人员。但是副作用也非常明显，不仅影响了输出人员的项目的正常运行，也大大降低了客户满意度；有的项目则在预算的时候打余量，以备支援他人。这些情况都造成了部门总体效率下降，绝对不是长久之计。维奥莱特伤透了脑筋，应该怎么改进才能摆脱这种被动的局面呢？

2. 分析

1）值得肯定的：有战略管理意识；制定了相应规范与质量管理制度；有团队建设思维。

2）需要注意的：组织结构调整到位，并进行充分的管理与授权；加强协调与沟通，建立协调沟通机制；团队文化建设与激励办法。

3. 认知：难点和困扰

1）困扰一：CXO的O更重要。CXO角色和工作方式又一次发生了变化，需要良好的战略视野与业务理解力，更重要的是管理经验。“行百里者半九十”，管理有了规范和流程，相当于走了前九十里，剩下的十里就是过程“落地”；从难度上，这最后十里至少相当于征程的另一半。

2）困扰二：沟通协调不到位。及时掌握项目中的各种问题是交付过程透明化的关键要素之一。要想及时发现问题，首先要让项目经理愿意主动汇报问题，其次PMO要建立有效问题解决机制。重大问题得不到解决，就要不断升级、不断暴露，直到解决为止。

对于交付过程中存在的问题，主动告知可以获得客户的理解、信任和支持。与客户沟通时，将关注点放在如何解决问题上；并建立多个层级，不同层级的沟通内容各有侧重，立体沟通，有利于达成共识和解决问题。

3）困扰三：资源冲突，团队战斗力不足。组织资源规划直接影响整体效益。先要将项目的人力资源计划和组织的人力资源计划挂钩，这样才能预测资源的使用情况。资源规划的目的是知道未来的使用情况，争取准备人力资源的提前量。人员获取应分析人力资源的类型和特点，整合内外部资源并提前建立好梯队，这样在需要的时候才能有备无患。无论流程多么好，资源的使用还会发生冲突，这时，需要组织层面协调资源，并按照一定的规则有序处理。更重要的是转变观念，让大家达到组织同频状态，这样才会无往不利。

4. 解法：如何升级

1）理念一：组织调整到位。组织架构是公司协作的基础，决定了各团队如何思考、如何协作。如果组织架构不调整，技术研发团队是一条线、市场销售团队是一条线、产品团队是一条线，就天然形成了一定的壁垒和鸿沟，导致一些正确的战略决策落地执行慢，公司内团队协作效率差，容易扯皮。

在有权限、有能力，时机恰当的情况下，建议优先调整组织架构，从职能型组织架构调整为矩阵型或项目型组织架构。调整好组织架构以后，通过团队成员的投入产出比评定绩效，通过阶梯式绩效建立有行业竞争力的激励体系。

2）理念二：加强协同效率。协同就是让所有人向着同一个目标狂奔，并妥善解决奔跑过程中的合作问题。这里有两个关键指标，一是目标聚焦，二是顺畅合作。

为什么要目标聚焦？有两个关键认知：无论你的能力有多强，需求是永远做不完的；因为需求做不完，所以要努力通过全局视角思考，做到战略上舍九取一，单点突破。

尽可能打造极度透明、互相信任的文化。信息是高度透明的，所有人都知道目标是什么，才能顺畅合作。如果连目标都不清楚，项目背景都不了解，怎么协同？信息不够透明，最终会浪费团队更多的时间成本。协同的真正关键就是极度透明，无论是目标还是必要信息，越透明，大家的思想就越容易对齐，协同效率就越高。

3）理念三：激发团队活力。激发团队活力，其实解决的是关于人的问题，而许多关于人的问题，其实都是思想问题，找到同路人是关键点。管理的目的是将不那么自我驱动的人变得更主动、更积极，而不是当个监工，越管越严。

如果管理制度只是越来越多，最后公司会被制度束缚住手脚，响应外部市场的速度会越来越慢。做的事都对，但结果是输给了市场。管理要从少到多，然后从多到少，这个过程中团队成员的构成变了，团队中出现了越来越多自律、自驱的同路人。先管，向管理要效益；然后慢慢不管，团队自律、自驱，管理逐步达到无为状态。

5. 基础：必备基本功

1）团队战略对齐。愿景、文化、价值观很重要。团队成员正在做的工作是否被赋予了意义，会对工作效果产生巨大的影响。

产品、技术、市场、销售等形成一个整体，被赋予共同的文化价值观，为共同的目标努力，战斗力才能变得更强。和业务部门熟悉起来，和运营部门坐在一起，大家一起对产品负责。

2）协同工具。

（1）沟通协同。可以采用飞书等即时通信软件来实现。

（2）日历协同、会议协同。全员，尤其管理者要做到日历公开，只要有空白的时间段，就意味着可以预约会议，减少协调成本。

（3）文档协同。可以使用石墨文档、飞书文档等共享文档实现高效协同。

（4）目标协同。可以使用OKR实现上下目标对齐。中高层每月、每季度对齐目标；执行层每日、每周对齐目标。

3）KPI/OKR。有挑战性的目标很多，不确定性的因素更多。要鼓励人人奋勇争先，不以纯粹的KPI进行考核，而是确定性工作使用KPI，不确定性工作使用OKR，综合使用，才可能有更好的效果。

4）团队建设/激励/晋升通道。认真规划面试、企业文化宣传、激励措施……最关键的是，开除那些触碰底线的人，尤其能力很强但触碰底线的人。

每个人都有优秀的地方，不能等他做到十全十美再去表扬。要设计一套体系，努力发现团队中优秀的个体，如有些人虽然不是最勤奋的，却是最有契约精神的；有些人虽然不是实力最强的，却是进步最大的。

让团队感受到实际的业务和工作压力，制定有挑战性的目标，让大家一起比拼工作成绩。

打开晋升通道，管理者做得不好被罚下去了，以后做得好了还可以再升上来。组织内同赛道进行对比，可能在管理赛道上是倒数，但在普通员工赛道上就是“优等生”，又变得很有竞争力。第一次做管理者，可能做得不好，降职了；一段时间后，第二次做管理者，可能就吸取了许多教训，变得更成熟了。

CXO的成长如图5-13所示。维奥莱特经过上述调整，制定了战略目标，梳理业务，并对组织进行了调整，加强了协同效应，激发了团队活力，每个季度制定有挑战性的目标，组织并激励团队实现目标。胜仗打得多了，养成了赢的习惯，团队慢慢将打胜仗当作一种信仰，维奥莱特也成为企业的“常胜将军”。

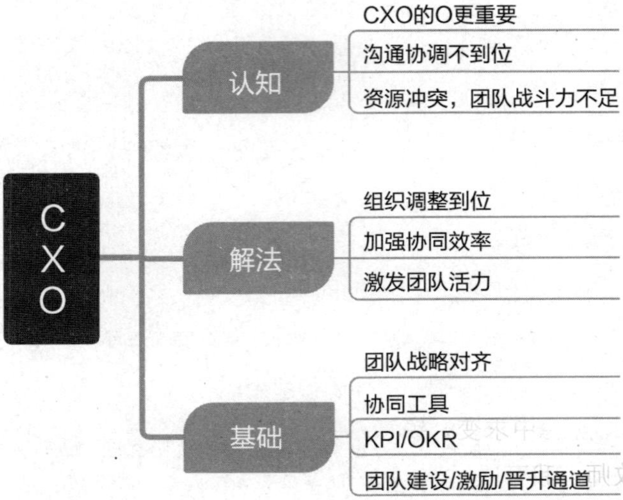

图 5-13　CXO 的成长

在这个“内卷”的时代，每个人都应该有CXO的思维方法与做事方式。就像稻盛和夫在《干法》中提到，松下幸之助“水库式经营”演讲后说“你不想可不行啊”，持续想这件事，才有达成的可能。这里抛砖引玉，在大家心中种下CXO的种子，未来一切皆有可能。

5.5 选择、坚持和共赢

陈浩

本书是共创的成果。前期感兴趣的参与者有近三百人，提交稿件大纲的约三十人，最后提交初稿的只有十几人。可能大家由于种种原因没有最终参与本书的写作，但还是十分感谢过程中大家的支持。本书的作者既有行业的资深专家，也有经验丰富的互联网“老兵”，将自己在互联网项目管理行业中的经历、所想、所做分享出来，与读者一起探讨与学习。

本书的五大维度如下。

1）背景。少走弯路，快速进阶：互联网项目全流程速通指南。知己知彼，百战不殆，学习、工作乃至做项目都需要事先了解背景，掌握当时的环境、文化、属性等，有助于你做出判断。该维度介绍互联网背景下的项目管理全流程及项目特点，如何搭建不同角色的班子及分工等，在认识宏观背景的前提下，理解微观下的做法。

2）武器。善其事者先利其器：互联网最佳实践荟萃。合适的“武器”，效率远高于复杂的团体交互及流程。该维度从前沿需求的管理到全局的项目管理平台搭建，介绍了百花齐放的各类工具。善于运用合适“武器”的人，必能先人一步。

3）数据运营。精进的罗盘，制胜的密码：企业效能管理。数据是未加工的事实，信息是处理过的数据，知识是鉴别过的信息。在项目管理探索及实践过程中，我们需要收集、整理、存储、提取，便于我们获得可靠的数据信息。互联网快速发展过程中，各类问题不断出现，企业研发管理效能的度量和数字化建设成为研发管理者的必然选择。数据运营不是结果，而是一个循序渐进的过程，指导企业快速反应及敏捷应对。

4）不破不立。稳中求变，锐意革新：互联网企业项目管理。有一个有趣的例子。一个人问牧师：我可以在祷告时抽烟吗？牧师说：不可以。另一个人问牧师：我可以在抽烟的时祷告吗？显然这个人得到了牧师的赞许。很多事没有绝对的对与错，不同时机、场景会产生合适的形态、业务、组织等。PMO就是在特定环境、规模及战略下诞生的必然组织形态。同时，为了适应互联网多变的环境，互联网项目敏捷转型也逐步开展。

5）人人都可以是“CXO”。项目能力是每个人应该具备的底层能力之一，它涉及工作模式、商业敏锐度、影响力，强调项目经理需要掌握多样的工作模式，并以创造性、适应性的方式完成任何工作。同时，在VUCA时代，项目经理需要具备较高的商业敏锐度、自我审视度等，宏观下顺势而为，选择合适的生存空间，微观下找到自己的位置，并坚持下去，与企业共赢。

5.5.1 选择：成年人更应该懂得做出合适的选择

成年人的选择更需要智慧。选择的思维模式因人而异，正如互联网项目管理在不同的产业背景、不同的公司文化、不同的组织架构下如何选择对应的工具、搭建体系、数据运营、找定位、做职业规划等。本书已经提供了大量实践案例，读者可以结合自身所处环境分析选择。

无论是生活还是工作，我们所做的事情其实都是概率事件，即使成功率99.999%，也有0.001%的失败率，而项目管理要做的就是选择合适的方法提升成功概率。其实没有选择比有选择更痛苦，而有选择之后的抉择就是展现智慧的时候。

5.5.2 坚持：成功都是一点一滴积累的结果

本书中有许多实践案例，看似总结出来很轻松，但其实我们这么多年走过的坑坑洼洼数不胜数，有成功也有失败。那最后为什么可以把成果呈现在读者面前呢？唯有坚持，唯有相信。

在这里，笔者想以一个项目管理中常用的工具为例，那就是“戴明环”。戴明环的意思是循环改进，现在也可以理解为“快速试错”，因为在如今变化的环境中，没有什么是一成不变的，只有敢于坚持并快速试错的人，才能最快地缩短与成功的距离，提高成功的概率。要对自己和团队有信心，相信水滴石穿的结果，很多成功其实都是用时间来证明的。与其纠结当下要不要做，不如先从“快速试错”开始。

5.5.3 共赢：唯有共建、共享，才能实现共赢的价值

项目管理涉及很多角色，沟通复杂、指标不同，该如何达成整体的目标呢？其实各个角色的对接就像一场接力赛，我们要做的就是确保每棒都遵循相同的流程、标准，在项目管理的大平台下完成自己负责的任务，齐心协力，达到共赢目标。

古代有廉颇与蔺相如的故事。战国时，赵国舍人蔺相如奉命出使秦国，不辱使命，完璧归赵，所以被封为上大夫；老将廉颇认为自己战无不胜，攻无不克，蔺相如只不过是一介文弱书生，只有口舌之功，却比他官大，对此心中很是不服。蔺相如知道此事后，以国家大事为重，请病假不上朝，尽量不与他相见。后来，廉颇得知蔺相如此举完全是以大局为重，向蔺相如负荆请罪。两人冰释前嫌，尽心尽力地辅佐赵王治理国家。

在实际工作中，类似的场景、例子有很多。真正理解了“共赢”并形成一定的机制，做到共建、共享，才能实现共赢的价值。

无论你是顺风顺水，还是正处于迷茫中，希望本书可以为你提供一定的参考，帮助你快速识别出合适的方向，带着合适的“武器”一往无前地冲锋，在项目管理这个共赢的平台上实现人生目标。